法学教育研究

（第四辑）

Studies on Legal Education (Volume 4)

主　编　刘定华　刘潇潇

知识产权出版社
全国百佳图书出版单位

图书在版编目（CIP）数据

法学教育研究．第四辑／刘定华，刘潇潇主编．-- 北京：知识产权出版社，2018.9
ISBN 978-7-5130-5744-8

Ⅰ.①法… Ⅱ.①刘…②刘… Ⅲ.①法学教育—研究—中国 Ⅳ.①D92-4

中国版本图书馆 CIP 数据核字（2018）第 186415 号

策划编辑：齐梓伊　　　　　　　　责任编辑：叶　雪
责任校对：王　岩　　　　　　　　封面设计：乔智炜
责任印制：刘译文

法学教育研究（第四辑）
刘定华　刘潇潇　主编

出版发行：	知识产权出版社 有限责任公司	网　　址：	http://www.ipph.cn
社　　址：	北京市海淀区气象路 50 号院	邮　　编：	100081
责编电话：	010-82000860 转 8173	责编邮箱：	yexue2018@outlook.com
发行电话：	010-82000860 转 8101/8102	发行传真：	010-82000893/82005070/82000270
印　　刷：	北京虎彩文化传播有限公司	经　　销：	各大网上书店、新华书店及相关专业书店
开　　本：	787mm×1092mm　1/16	印　　张：	21
版　　次：	2018 年 9 月第 1 版	印　　次：	2018 年 9 月第 1 次印刷
字　　数：	308 千字	定　　价：	68.00 元

ISBN 978-7-5130-5744-8

出版权专有　侵权必究
如有印装质量问题，本社负责调换。

编者的话

十九大报告指出,"全面依法治国是国家治理的一场深刻革命""全面依法治国是中国特色社会主义的本质要求和重要保障"。高校法学专业教育是贯彻党的全面依法治国方略,培育法治人才的重要平台。湖南省各高校贯彻法学教育改革计划,培育适应社会需要的应用型、复合型人才,改革计划在各高校有条不紊地实施。探讨法学教育问题,总结法学教育经验是提升法学教育质量的重要途径。《法学教育研究》(第四辑)是湖南法学教育研究会2017年有关法学研究成果的展示。

本辑收录的内容不仅有普通高校关于培育应用型法律人才的教学改革,也有党校和行政学院关于加强领导干部法治教育的深入分析;不仅有针对法学理论教育的论述,也有加强法律实践教学的探讨;不仅有针对法学本科和专科学生法学教育的研析,也有针对研究生阶段法学教育的探索。在分析方法上,除了法学理论分析外,更多的是立足法学教育实践,着眼法学应用技能提高的实证分析研究。

美中不足的是,本辑针对我国法学教育改革宏观层面理论思考和跨学科综合研究的文章较少。同时,由于时间仓促,书中不妥之处在所难免,敬请专家和读者批评指正!

编　者
二○一七年十一月八日

目　　录

法学教育理论

法律职业伦理教育比较分析　　　　　　　　郭　哲　王　洁　003
依法治国视域中高校学生法治教育发展的中心、重心与核心
　　　　　　　　　　　　　　　　　　　　　　　　彭　澎　018
建设完备法律服务体系与高校法学教育的因应之策　胡正昌　029
基于创客教育的法学教育创新路径研究　　　　　　王　频　038
女子高校发展知识产权专业的思考　　　　　　　　屈振辉　046
论法学本科教育中的职业伦理教育与法治信仰的形成
　　　　　　　　　　　　　　　　　　　贺枥溪　李琼宇　054

法学课程教学

交叉法学课程经济法律通论的教材内容重构与教学模式创新
　　　　　　　　　　　　　　　　　　　　　　　　张　辉　065
"三位一体"教学模式在民事诉讼法课程中的运用　张维新　083
女性学专业"性别与法律"课程教学探索　　屈振辉　颜　龙　090
论刑事诉讼法案例教学的思考与运用　　　　　　　刘作凌　098
本科法学案例教学模式的适用与完善　　　　　　　张亚利　107
国际法案例教学在地方普通本科法学教学中的意义与应用探析
　　　　　　　　　　　　　　　　　　　　　　　　朱　彧　114

法学实践教学

论地方院校法律硕士实践教学体系的完善	龚志军	125
地方高校法学专业实践教学体系创新研究	李进平	133
转型背景下模拟法庭与本科生法律应用技能的培养	丁德昌	143
法律专业院(学院)所(律师事务所)合作实践教学机制的困境与突破	雷连莉	157
论地方转型高校法科生法律实务技能的培养路径	肖灵敏	165
地方高校专业转型背景下法学实践教学新探索	冯钟鸣	184
法学专业学生实践能力生活化具体路径探讨	田华	191
基于专业技能培养的高职顶岗实习标准构建	吴畅	197
转型背景下高校法学教育的转型理论与实践	刘洲兰	203

法学师资建设

论卓越法律人才培养目标下的专业师资队伍建设	舒卓琼	215
对卓越法律人才培养目标下市级电大教师自我培养的思考	贺凤来	223
"校局合作"基础上试行"双导师制"初探——以湖南司法警官职业学院为例	刘莎 周世军	231
学术不端行为的成因及其整合治理研究	王明	240

法学人才培养

新形势下法治人才培养面临的问题及对策	胡海	255
法科学生在高校教学中的主体地位	黄栋梁	265
法治中国视野下法学本科职业人才培养模式的反思	杨传兰	271
领导干部法治教育的现状问题与完善对策研究	段红柳	280
新形势下实现我国法学本科毕业生充分就业的完善对策研究	李灿	290
提升领导干部法治素养的几点思考	王晔	300
试述电大毕业论文质量下滑的原因及解决办法	万静	309
普通高校法学本科毕业生就业难现状分析与原因探究	杨启敬	316

法学教育理论

法律职业伦理教育比较分析

——以美国、澳大利亚、加拿大和韩国为样本

郭 哲 王 洁[*]

摘 要:中国法律职业伦理的缺失,究其根本是法律职业伦理教育没有得到足够的重视,从而没有形成符合中国实际的法律职业伦理教育模式。相比之下,美国、澳大利亚、加拿大和韩国的法律职业伦理教育都渐次成熟,在教育目标、课程设计、教学方法等方面各成体系。在推进法治社会建设的过程中,应该充分借鉴这些国家法律职业伦理教育发展的经验,重视法律职业伦理教育、完善相关法律规制、健全法学教育目标以及创新教学方法,从而为我国法治建设提供决策参考、智力支持。

关键词:法律职业伦理 法律职业伦理教育 教育目标 课程设计 教学方法

一、问题的提出

2017年上半年热播的影视作品中,《我不是潘金莲》和《人民的名义》收获了很高的收视率,获得了广大观众的好评,这两部作品折

---

[*] 作者简介:郭哲,女,湖南大学法学院副教授,法学博士,主要研究法理学、法律职业伦理。王洁,女,湖南大学法学院2017级法律硕士。

射出我国法律职业伦理问题更引发了公众尤其是法律人的深思。受过良好法律培养的王公道和祁同伟在从事法律职业后反而修炼成法治的敌人,早年的法治理想败给了权力规训,这是对法治信仰的拷问,是严重的法律职业伦理的缺失。影视的映射或许不够真实,切换到现实,炮制雷洋案的警察、辽宁省沈阳市检察院收受贿赂的检察长、一审判决于欢案被告人无期徒刑的法官、李某某案泄密的律师,哪一个没有接受过良好的法学教育? 然而被曝光的只是冰山一角,我国法治建设还处于发展阶段,司法乱象仍然层出不穷。

我国法治梦的筑梦之旅时常出现纰漏,是由于法律知识的匮乏吗? 显然不是的,我们的法学教育确实欠缺语境化的实践,但更缺乏的是可以感染法律人做出正确抉择的强大精神动力。王公道、祁同伟等实际拥有社会珍视的专门知识,但却在伦理中迷失自我,利用自己的知识和权力蝇营狗苟。正如纪伯伦的批判:"你们乐于立法,更乐于破坏它们,如同海边玩耍的孩子,不倦地搭建沙塔,再笑着破坏它们。"法律职业伦理的缺失导致技巧凌践品德的现象时时发生,究其根本,是由于现阶段法律职业伦理教育虽然作为我国法治建设的攻坚力量却并没有得到重视,我国的法学教育只注重向学生传授法律知识和技巧,却极少向其灌输责任和义务意识。然而徒法不足以自行,法律终究要依靠人来实施,法学教育不仅要培养学生的职业技巧,还必须使其获得职业伦理来坚定法律信仰,以维护法律正义和社会正义。

相比之下,西方国家,尤其是美国,在 1974 年水门事件发生之后,法律职业伦理教育问题开始被高度重视,不仅法律职业伦理教育课程成为越来越多法学院的必修课,而且教学投入、师资力量、研究热情等都走在世界前列。丰富的经验,让西方国家更早确立了自己的法律职业伦理教育模式。他山之石可以攻玉,对其他国家的法律职业伦理教育进行比较分析,在比较中选择精华部分供我国法律职业伦理教育的发展借鉴,不失为一种捷径,对我国法律职业伦理教育的发展具有添砖加瓦的作用。而且比较分析法是社会学的一个重要分析方法,本文采取这一分析方法,在指出我国法律职业伦理及相关教育缺失的问题后,选取法律职业伦理教育的代表性国家——美国、澳大利亚、加拿大和彼岸国家韩国为比较对象,研究这些国家法律职业伦理教育的发展路径,从而为解决我国法律职业伦理教育遇到的问题做出努力。

二、我国法律职业伦理教育现状

近年来,尤其是十八届三中全会召开后,我国的法治建设攻坚克难,取得了许多成就。但是,法律职业伦理式微、法律职业伦理教育被悬置的现状却依旧严峻。

首先,我国法学教育重技巧轻伦理的观念仍然没有得到改观。早在1998年,教育部就确定了法学教育的14门核心课程,然而其中并没有法律职业伦理教育。而且据了解,中国有将近700所法学院,开设这门课程的法学院却非常少,专门从事该领域教学及研究的人员也少之又少,中国政法大学法学院法律职业伦理教研室是全国近700所法学院中唯一专门性的法律职业伦理教学及研究机构。[①] 但是,近几年来,司法乱象丛生使一些法学院开始垂青法律职业伦理教育,法律职业伦理的教育投入和研究力度都得到改善。如中国政法大学为本科生开设了法律职业行为规则课程,中国人民大学法学院设置法律伦理课程为本科生的必修课,中南大学出版社2002年出版李建华、曹刚等主编的《法律伦理学》一书,法律出版社2005年出版李本森主编的《法律职业伦理》一书,由此可以看出,虽然中国大学法学院的法律职业伦理教育的现状并不理想,但是必将出现一个快速腾飞的局面。[②]

其次,法学教育的应试化。当前,我国法学教育应试化现象非常

---

① 根据《民主与法制》杂志社记者祁彪的报道,中国近700所法学院中只有非常少的法学院开设法律职业伦理教育这一课程,而且法学院在这一教育领域的师资力量和研究热情也很薄弱,中国政法大学法学院法律职业伦理教研室是法学院中唯一一所专门、正式的法律职业伦理教学及研究机构。当然,这种状况在发生变化,开设法律职业伦理教育课程的法学院在增加,教学投入、师资力量在加强,研究热情也在高涨。

② 摘自中国人民大学法学院教授张志铭在"民商法前沿"系列讲座发表的《中国法学院的法律职业伦理教育问题》,这是张教授对我国法律职业伦理教育理念的改观的客观阐述和对法律职业伦理教育快速发展的展望。

严重。我国的法学本科教育学制为四年,但是由于司法考试没有"参加考试的学生必须是大学应届毕业生"这一硬性要求,很多法学院校为提高司法考试通过率,把大部分课程安排在大一、大二期间,大三下学期就开始结课准备考试,这大大缩短了学生专业学习的时间,再加上考研大军日益庞大,法律职业伦理教育更加无从谈起。学生接受不到系统完善的法律知识教育,而且没有受到法律职业伦理的熏陶,结果只会用肤浅的法律正义破坏社会正义。不过,从2018年起,国家已进行司法考试改革,这种现状应该会得到改善。

再次,教育方法陈旧、教学内容空洞。《中央政法委员会、教育部关于实施卓越法律人才教育培养计划的若干意见》(教高〔2011〕10号)提出:"我国高等法学教育还不能完全适应社会主义法治国家建设的需要,社会主义法治理念教育还不够深入,培养模式相对单一,学生实践能力总体不强,应用型、复合型司法职业人才培养不足。"近年来几乎所有的法学院校都成立了法律诊所,加强了对法学学生法律实践能力培养,但是多数法律诊所对学生在法律实践过程中的法律职业伦理教育几乎没有或流于形式,无法引发学生对法律职业伦理的全面认识。[1] 有些院校即使开设了这一课程,也只注重理论知识的灌输而缺乏实践操作的指导。这使得法学生不能完全具备执业能力,也不能灵活处理法律与道德的关系,从而容易陷入权力、金钱等陷阱。同时,我国法律职业伦理教育的内容也比较空洞,法学院教授的大多是原则性、概括性和抽象性的伦理规范,而欠缺具体的、可操作性的内容。

最后,评价标准滞后。评价标准和培养目标的指向是一致的,都是法律职业伦理教育的宗旨。我国应试化的法学教育致使法律职业伦理教育的评价标准呈现单一性:法学院追求的是学生的高升学率、

---

[1] 法律诊所即诊所式的法律教育(clinical legal education),它起源于20世纪70年代初期的美国,已通过实践被证明是一种法学院学生获得法律经验、培养实务能力的有效方法和途径,其突出的实践性特色具有单纯课堂教育无可比拟的优势,可用于培养大量的法律实务人才,并加强对理论性研究的理解和实践配套经验。我国法学教育借鉴了这一教育方法,绝大多数法学院为了增强学生的实践能力都成立了法律诊所,但在这一过程中仍然忽视了法律职业伦理教育,对学生的法学教育仍然有欠缺。

高就业率以及学院评估的合格率。这样的评价标准实质上是一种消极激励,虽然学生会努力学习以升学或者就业,但是在这种评价标准潜移默化的影响下,信仰会被扭曲,功利主义、利己主义也会泛滥。

以上是经过研究分析总结出的我国法律职业伦理教育的现状,虽不完全,但也值得警醒:我国法律职业伦理教育现状的改变已经时不我待。

三、美国、澳大利亚、加拿大和韩国法律职业伦理教育比较

(一)美国的法律职业伦理教育

1. 美国法律职业伦理立法历程

提起美国的法律职业伦理教育,大部分人会想到"水门事件",甚至认为"水门事件"是美国法律职业伦理的滥觞。确实,"水门事件"后,美国法律职业界开始重视法律职业伦理教育问题,1974年全美律师协会甚至再次修正刚修订完成的《法学院认证标准》,强制其认证的法学院将法律职业伦理开设成为必修课。但事实上,美国对法律职业伦理的规制却并非源于此,在美国律师协会最早制定的法律职业伦理规范范本《1908年伦理标准》中,就对法律职业人员进行了规制。虽然该标准并未得到普遍关注,但却因其形式和意义的庄重与高尚在实践中取得了权威地位。之后,美国律师协会先后制定了《1970年全美律师协会职业责任准则》《1983年全美律师协会职业行为模范规则》以及《2000年律师法重述》,从最初只规定法律人必须遵循的最低准则和从只表达职业追求,逐渐走向实践层面,并不断细化、规范、系统,成为法律人在职业活动中必须严格遵守和接受的准绳。了解美国的这一立法历程,就不难理解为何美国能够成为法律职业伦理教育的领头羊了。正因为有着法律职业伦理规制的长久的潜移默化的影响,美国法律界的伦理意识就比其他国家树立得早,而要增强法律职业伦理意识,一靠国家和行业,二则依赖法学教育,从而,美国将法律职业伦理教育置于法学教育的重要地位,并不断予以完善。

2. 美国法律职业伦理教育发展过程

（1）初步发展

1921~1973 年，美国的法律职业伦理教育处于初步发展阶段，在该时期，全美律师协会制定的伦理规制发挥了重要的作用。因为通常而言，在美国要进入法律行业，必须毕业于全美律师协会认证的法学院。因此，全美律师协会制定的法学教育标准几乎为各州法律人所学习、信仰。初步发展期间阻力是最大的，但是全美律师协会最早制定的仅有一页半的《1921 年法学教育标准》却在近 20 年间指导了美国的法学教育，虽然该标准在中间有过多次修正，却一直生效至 1973 年，全美律师协会为此做出了多大努力就不言而喻了。1973 年全美律师协会代表会议批准了《法学院批准标准》。两个"标准"中对法律职业伦理教育的定位，构成了美国早期法学教育中法律职业伦理教育的脉络特征，只是它们都没有强制规定法律职业伦理的教授工作，尽管如此，在这个阶段，美国法学院的法律职业伦理教育却已经向规范之路迈进了。[①] 据统计，1931 年，很多法学院已经将法律职业伦理作为一门正式课程予以开设，其中美国律师协会认证的法学院比例大约为 79%，非美国律师协会认证的法学院的比例大约为 68%。

（2）标准 302

虽然在 1921~1973 年，美国法律职业伦理教育已经起步并获得初步发展，但由于缺乏专职教授教学以及学生的不重视，成效并不是特别明显。然而，"水门事件"的曝光，引起了美国全社会对法律职业伦理教育的关注，法律界甚至社会各界都强烈呼吁加强法学院的法律职业伦理教育。全美律师协会顺应时势，于 1974 年在《法学院批准标准》上增加了标准 302(a)。标准 302(a) 要求全美律师协会认证的法学院必须设置法律职业伦理课程，但是将课程的具体设置方式决定权赋予法学院，由法学院决定将法律职业伦理设置为必修

[①] 《1921 年法学教育标准》和《法学院批准标准》都对美国的法律职业伦理教育进行了规范，尤其《法学院批准标准》使法律职业伦理教育课程成为法学院学生的必修课，在这两个"标准"的规范指引下，美国的法律职业伦理教育逐渐形成了清晰的脉络，因此二者对美国法律职业伦理教育的发展和成熟起到了至关重要的作用。

课,或者采取"贯穿性"教学方法。出于对标准302(a)弊端的考量,全美律师协会于1996年将其修正调整为标准302(b),强制法学院必须将法律职业伦理教育开设为必修课。至此,美国的法律职业伦理教育已定音,而法学院需要进一步完善的是法律职业伦理教育的具体培养目标和教学方式。

(3)实证成就

标准302制定实施后,获得了很大的成效,根据全美律师协会发布的法律职业伦理教育的实际执行情况报告,美国法学院的法律职业伦理教育工作渐次加强和完善。美国法学院自学生一进入大学起就向其灌输法律职业伦理,并把法律职业伦理作为一项必修课,每个法学院到二、三年级时唯一一门必修课是法律职业伦理,律师资格考试中课程的考试是各州自主命题,但法律职业伦理不一样,是全美统考,而且法律界达成共识:"法学院其他课程是给当事人学的,但法律职业伦理是给自己学的。"[①]

(4)学科研究

随着法律职业伦理教育在美国遍地开花,越来越多的学者致力于对这方面的研究探讨和著书论述,虽然美国关于法律职业伦理教育的文献资料尚未汗牛充栋,却是这一领域的领军人物。此外,学者研究的方向日益丰富,研究的问题也不断细化,从法律规制、课程设计到科学具体的教学方式,不断刷新美国科研的纪录,进而不断促进法律职业伦理学科化,不断推进美国法律职业伦理教育走向成熟。

(二)澳大利亚的法律职业伦理教育

澳大利亚与美国同属英美法系国家,其法学教育沿袭自英美法系,但又自成一体。在澳大利亚,法学教育被定性为职业教育,由此可知,澳大利亚法学教育的培养目标和课程设置必然以职业导向作

---

① "法学院其他课程是给当事人学的,但法律职业伦理是给自己学的"是指法学院的课程包括法理、宪法、部门法和法律职业伦理等多个大类,法理、宪法、部门法这些当事人应该学习了解,但是法律职业伦理作为法律执业活动的规范则是法律人应该学习熟知的。

为主导思想。而职业属性的要求也决定了在澳大利亚,除了职业技能的教育,职业伦理的教育同属于各法学院校所应重视的教学科目。①

1. 培养目标

澳大利亚在以职业导向为主导的法学教育思想指导下设立的法律职业伦理教育培养目标也具有双重性,即既要培养学生的法律职业技巧,又要培养学生的道德标准意识和责任感,以促进法律正义和社会正义。该培养目标涵盖了两种不同的价值,第一种是技术价值,即教授学生法律知识以解决生活中的法律纠纷,维护法律正义;第二种是道德价值,或者也可以称为公共价值,即向学生灌输道德义务和责任意识,避免其在今后的法律执业过程中用自己掌握的法律技巧腐蚀早年形成的法治信仰,并担当起法律人对整个社会应当承担的责任。

2. 问题与成就

澳大利亚的法律职业伦理教育虽然逊色于美国,而且在认识论、课程设立、师资力量和教学研究热情等方面都存在不少问题,但也取得了巨大的成就。在问题方面,第一,澳大利亚对法律职业伦理的定义没有达成共识,严重阻碍了课程范围的设置、课程内容的编排和教学的进行;第二,法律职业伦理课程仍处于非正式状态,并未成为法律职业基础性课程;第三,在澳大利亚法学院,法律职业伦理教育的教学投入较少,尤其是缺乏致力于法律职业伦理教学的师资力量;第四,法学教育内部的热情不足,这就使得澳大利亚法律职业伦理教育的创新和发展变得被动且缺乏长足的驱动力。当然,上述问题的本身并非否认澳大利亚法律职业伦理教育的发展,更多地是让我们引以为戒。此外,这些问题的背后,依然屹立着很多成就。首先,在澳大利亚,法律职业伦理教育越来越被重视,几乎所有的法学院在研究生阶段都安排了法律职业伦理课程,大多数法学院也将该课程设置为本科阶段的修习课程之一,并且对学分、学时方面的要求也越来越高;其次,出现了专门的研究性组织、委员会,出版了专门的刊物。②

---

① 职业属性包括职业技能和职业伦理两个方面,澳大利亚的法学教育被定性为职业教育,因此其法学教育也应该包括职业技能的教授和职业伦理的培养两个方面。

② 澳大利亚对法律职业伦理教育给予了重视,在课程设置、学分学制设计以及研究热情、组织文献方面所做的努力和得到的实证成就都有目共睹。

此外,澳大利亚在法律职业伦理教育方面最引以为豪的成就就是墨尔本大学法学院的法律职业伦理教育。

3. 墨尔本大学法学院的法律职业伦理教育

由于资料有限,澳大利亚全国范围的法律职业伦理教育无法详查,但是澳大利亚知名的法学院墨尔本大学法学院的法律职业伦理教育却具有重要的借鉴意义。其培养目标和课程设计尤为值得学习。

(1)培养目标

墨尔本大学法学院对于学士学位攻读者的培养目标是多元而灵活的,可以根据具体情况而予以调整。但通常情况下的培养目标都包括以下八点:①理解并能够认识、使用、评价法律概念、法律规则、法律原则以及它们的起源,试图体系化各种理论;②习得口头以及书面形式的法律推理和法律论证技能;③理解法律制度和它们的社会、经济以及政治语境;④习得发现法律的能力,并能够独立进行研究和分析,创造性地思考法律问题;⑤具备对法律的持续兴趣,并获得学习和实践的满足感;⑥对法律改革形成批判兴趣;⑦能够理解法律人对法院、法律职业、法律职业共同体的责任;⑧致力于实现正义。由此可以看出,墨尔本大学法学院的培养目标以澳大利亚的培养目标为遵循,严格按照法律职业所需要具备的技术性和公共性要求来设定,从而体现了其对法律职业伦理教育的高度重视。

(2)课程设计

虽然澳大利亚法学院在整体上的课程设计存在瑕疵,但是墨尔本大学法学院的法律职业伦理课程却设计得独具匠心。无论是学分、学时、内容编排还是具体的课程任务,都独具特色。在学分上,墨尔本大学法学院赋予法律职业伦理课程 12.5 学分,与其他课程的学分相比,这是相当高的。在学时上,全部课程为 144 学时,而联系交流的时间就占了 48 小时。这应该是目前法律职业伦理课程的双高配置了。而在级别方面,一共分为 5 级,意味着法学院的学生必须具备一定的法律基础才能学习法律职业伦理课程。墨尔本大学法学院法律职业伦理课程内容分为职业主义、职业伦理和公共服务三大块,无不体现出法律职业伦理教育的浓重色彩。此外,墨尔本大学法学院还规划了具体的课程任务,其中圆满修习该课程的学生应该完成的课程任务最具体最明确,要求也最高。

(三)加拿大的法律职业伦理教育

加拿大的法律职业伦理教育也比较发达,尤其是研究文献馆藏丰富。只是笔者获取资料的能力有限,没有收集到加拿大法律职业伦理教育发展的完整资料。但是根据所得的诸多著述和学者们的观点不难得出,加拿大法学界对法律职业伦理教育的目标、教学方式和不足等有着清醒的认识,加拿大的法律职业伦理教育已经形成了完整的体系。而且加拿大多元的教育目标、多样的课程设计和教学方式无一不体现出加拿大法学教育的繁荣景象。

1. 教育目标

加拿大法律职业伦理教育的培养目标被学者总结为七点,具体包括:①向学生介绍法律职业的组织、结构及其责任;②使学生能够评价法律职业的组织及其在履行义务时的效果;③教授学生各种职业角色和情境中法律人的义务;④使学生能够在需要承担义务时确定义务;⑤使学生对法律职业及职业责任形成态度和价值观;⑥使学生能够参与伦理论证过程,以使得他们能够评价职业角色的妥当性以及对学生的意义,能够在职业义务出现时提出评断这些义务并选择恰当行为的框架;⑦使学生能够以一种有效、组织化、职业化的方式进行执业行为。这些目标的设定和澳大利亚的情形有异曲同工之妙,都将技术性价值和公共性价值囊括在内,具体、全面而系统。这也进一步反映出加拿大在法律职业伦理教育上的投入力度和研究热情。

2. 课程设计

课程设计的多样性是加拿大法律职业伦理教育相对成熟的又一标志。在加拿大大学的法学院中,法律职业伦理课程的设置已经基本超越了"另一门课"的阶段,而是变成了多样化的课程设置体系,各个法学院对于如何进行法律职业伦理的教授,形成了各具特色的课程设计选择方案。① 这些方案包括贯穿性教学课程设置方法、诊所式教学方法、仿真实践和单独课程,由此足以看出加拿大对法律职业伦理教育的重视,而其课程设计体系也是我国法学教育改革出路的选择之一。

3. 教学方式

加拿大大学的法学院高度关注的另一个方面是法律职业伦理教育的教学方式。法学院研究总结出多样的方法论,并且为了让学生不停留在对法律职业伦理的表面理解上,其开发出了一套完整的教学方法,其中包括案例教学法、问题中心方法、苏格拉底教学法、讨论法和其他方法,如讲座方式、影像展示等。这些多元方法的应用,使得原本枯燥的法律职业伦理课程变得生动有趣,学生对法律职业伦理领悟得也更透彻深刻。

(四) 韩国的法律职业伦理教育

韩国的法律职业伦理教育也经历了一段时间的发展历程,因而比较成熟。并且韩国的法学教育以大陆法系法学教育传统为基础,同时借鉴英美法系法学教育的经验,并结合了本身的历史传统和法律文化,因此其培养目标、教育内容和教学方法等都具有混合特点和多元化特征。

1. 发展过程

韩国的法学教育经历过多次改革。在 1995 年至 1996 年、1998 年至 1999 年,韩国分别进行了两次法曹培养制度改革的尝试,并在 2004 年成立了"司法制度改革推进委员会";2005 年至 2007 年,韩国制定了一系列设置大法院的法律和制度,不断推进司法改革的进程;而在 2009 年,成功开创了 25 个法学专门大法院,并将法律职业伦理科目设定为必修科目,并在 2010 年开展了第一届法曹伦理考

---

① "另一门课"是由于对某一课程的不重视而对该课程起的代称,很多课程由于未受到学校或者学院的重视,没有被认真制定教学计划和培养方案而让学生觉得是可有可无的"另一门课"。

试,继而在 2011 年开展了第二届考试。① 正是在一步一步的改革实验中,韩国对法律职业伦理教育的重视逐步确立了起来。

2. 教育目标和内容

(1) 教育目标

现行韩国法学教育贯彻以职业教育为主,以通识教育为辅的教育理念,既不是完全的职业教育,也不是完全的通识教育。② 而是将两者结合,培养同时具备理论功底和实践能力的法律人才,以适应日新月异的社会发展的需要。韩国法律职业伦理教育的目标主要指向律师职业伦理,与前述几个国家相似,即培养兼具职业伦理意识和专业技能的律师,并且以伦理教育为核心。

(2) 教育内容

韩国法律职业伦理教育的内容很丰富,既包括法律职业伦理的具体内容,如《宪法》《律师法》《律师伦理章典》以及律师伦理通论和律师执业基本规范等;又有技术性层面的各种法律法规和纲领律令,如《律师法施行令》《外国法律顾问法》等法令以及《大韩律师协会会则》和《大韩律师协会规则》等,从而将抽象原则和具体规范都涵盖于教学内容之中。

(3) 培养方法

韩国的法律职业伦理教育在教学方法上,吸收了西方国家的精髓,并且不断西化。如参与式教学法、苏格拉底教学法、问题中心教学法、法律诊所教学法等多样化、具体化的培养方法是韩国在继承其他国家经验基础上的创新。

综合以上分析,美国的法律职业伦理教育起步早,发展成熟,无论在法律规制、教育目标、课程设计还是在具体的教学方式上都形成

---

① 这是韩国法学教育的改革和发展历程。
② "职业教育":职业教育是指为使受教育者获得某种职业技能或职业知识、形成良好的职业道德,从而满足从事一定社会生产劳动的需要而开展的一种教育活动,职业教育亦称职业技术教育。"通识教育":通识教育是英文"general education"的译名,也有学者把它译为"普通教育""一般教育""通才教育"等。通识教育没有专业的硬性划分,它提供的选择是多样化的,可以说,通识教育是一种人文教育,它超越功利性与实用性。韩国的教育理念综合了二者,是对实用价值和公共价值的共同追求。

了完整的体系,并且实证成就硕果累累。而澳大利亚、加拿大和韩国在该领域的发达程度虽不及美国,但多元的培养目标、科学的课程设计和灵活多样的教学方法都反映出这三个国家法律职业伦理教育的繁荣景象。

四、各国法律职业伦理教育方式对我国的借鉴

目前,我国正在努力建设法治社会,法治社会的建设不仅是法律体系的建立,更需要践行的法律人,而一个合格的法律人,不应该仅具备法律知识和技能,更应该具有法律职业伦理及责任和义务意识。法律人的培养则依赖法学教育的不断革新和平衡。我国的法律职业伦理教育没有得到应有的重视,发展得十分缓慢,因此,在法律规制、培养目标、课程设计和教学方式上都没有形成体系。在本文中,虽然研究的资料和比较的对象有限,但通过对美国、澳大利亚、加拿大和韩国法律职业伦理教育概况的比较分析,也为解决我国法律职业伦理教育建设正在面临的问题提供了一定的借鉴。

首先,在重视程度方面,我国应该转变以往对法科生的培养目标和方式,改变只重视"填鸭式"的知识灌输的传统,而应该学习上述国家,应该做到能力教育和伦理教育并重,树立绝不偏废其中任何一个的观念。例如,借鉴美国经验,从大学伊始就向法学生传授法律职业伦理观念,并将法律职业伦理设置为法学教育的必修课程和学生重点考核科目之一。墨尔本大学法学院也提供了良好的经验,即增加法律职业伦理教育的学分和学时,以保证教育质量。此外,法学院应该加大对法律职业伦理教育的投入,加强师资力量,激发研究热情,从根本上重视法律职业伦理教育。

其次,在法律规制方面,我国已经制定了相当多规制律师、检察官、法官和公证员执业活动的法规,但是对法学教育,尤其是法律职业伦理教育的规制与美国相比则相形见绌。美国和韩国在这方面的规制则比较完善,美国的《法学教育标准》和标准302,以及韩国的《法学专门大学院法》等对其强化法律职业伦理教育起到了立竿见影的作用,这对我国而言不失为一种参考。

再次,在培养目标方面,我国的法学院校其法学教育缺乏职业伦理教育期待。① 为遏制"重技巧轻伦理"的趋向,应效仿澳大利亚、加拿大、韩国,从法律基本知识、法律职业组织、法律执业技巧和伦理道德、社会正义等角度具体而全面地设定培养目标,从而为法律职业伦理教育提供正确的指引,这是十分必要的。

最后,在具体教学方面,我国作为法律职业伦理教育的生手,难免需要借鉴别国的优秀实践经验,可以学习加拿大的案例教学法以案示教;可以参考韩国的法律诊所教学法,仿效医学院利用诊所培养实习医生的形式,让诊所教师指导学生参与法律实际运用;② 可以借鉴加拿大和韩国一致认可的问题中心教学法、苏格拉底教学法、讨论法等多元方法,以充分激发学生的学习兴趣和参与热情,进而增加学生的学习深度,提升法律职业伦理课程的学习效果。

美国、澳大利亚、加拿大和韩国的法律职业伦理教育发展模式固然具有地域局限,且各国实际国情不同、教育文化存在差异,但同时也具有共性特征,一些发展策略也具有普适性,所以在发展法律职业伦理教育时可以相互借鉴,求同存异。中国正处于法治建设的关键时期,亟待解决的矛盾有很多,因此,更应该向这些国家学习和借鉴,更应该面向世界,博采众长,以圆中国法治梦。

参考文献

[1] 祁彪.《拯救法律职业伦理危机》专题报道之三——法律职业伦理去哪儿了?[J/OL]. 民主与法制,[2017 - 08 - 11]. http://www.docin.com/p - 1484079361.html.

[2] 张志铭. 中国法学院的法律职业伦理教育问题[EB/OL]. (2007 - 03 - 15)[2017 - 08 - 12]. http://www.doc88.com/p - 5905478377106.html.

---

① 法学教育既包括职业技术教育又包括职业伦理教育,二者都是不可或缺的,但我国的法学教育"重技巧、轻伦理"的倾向严重,重视教授给学生法律知识而忽视对学生职业道德的培养。

② 医学上培养学生的一个非常重要和常见的方法就是老师把学生带进诊所,让学生见习甚至进行简单的诊断,韩国的法律诊所教学法就是对这一方法的巧妙运用,是指老师把学生带进法院、检察院、公证所、律所等法律执业场所,让其观摩法律实务并且自己进行实际操作。

[3]王翀.司法改革背景下法律职业伦理教育的构建[J].集美大学学报(哲学社会科学版),2016,19(2).

[4]刘坤轮.法律职业伦理教育必要性之比较研究——以美国、澳大利亚、加拿大和韩国为比较[J].中国法学教育研究,2014(4).

[5]Boyd. Susan K, The ABA's First Section 21.71. American Bar Association, 1993.

[6]祁彪.《拯救法律职业伦理危机》专题报道之四——美国法律职业伦理案例的启示[J/OL].民主与法制,[2017-08-20].http://www.docin.com/p-1493467496.html.

[7]刘坤轮.中国法律职业伦理教育考察[M].北京:中国政法大学出版社,2014.

[8]许身健.法律职业伦理论丛(第一卷)[C].北京:知识产权出版社,2013.

[9]韩大元.韩国法学教育的基本体制和改革趋势[J].法学家,2002(4).

[10]刘坤轮.加强法律职业伦理教育[J/OL].中国社会科学报.[2017-08-16].http://www.cssn.cn/sjxz/201408/t20140815_1292629.shtml.

[11]徐苗,王绪权.诊所法律教育:法律职业伦理教育之救赎[J].社会科学,2012(8).

依法治国视域中高校学生法治教育发展的中心、重心与核心

彭 澎*

摘 要：伴随着三十多年中国特色社会主义法治建设取得的显著成就，全面推进依法治国的时代已经到来，法治教育已经成为包括高校学生教育在内的全社会教育体系的重要内容。加强我国高校学生的法治教育对于提高高校学生的思想素质和行为素养、对于树立高校学生正确的人生观和价值观具有基础作用。过去由于对高校学生法治教育认识的模糊和对其作用的忽视，使得我国高校学生法治教育在观念的培育和行为的引导上都还存在不足。高校学生法治教育关乎国家依法治国的未来和国家法治人才的培养，是法治现代化发展过程中不可忽视的一环。应当对我国高校学生法治教育进行深刻的理性反思和全面的认真检讨，高校学生法治教育的发展定位、培育思路、演进目标与完善路径都应当重新厘清，这在当前法治建设进程中具有相当重要的理论价值和现实意义。

关键词：高校学生 法治教育 特性内涵 发展路径

"法学人才的培养事关国家市场经济的健康发展，事关依法治国

---

* 作者简介：彭澎(1981—)，男，湖南湘阴人，法学博士，中共湖南省委党校法学教研部副教授、硕士生导师，主要研究方向为法治与经济社会发展。

的有效实施,事关国家的长治久安和政权的和谐稳定,而法学人才的培养最终依靠法治教育的完备。"[1]法治教育是现代教育的重要组成部分,其不仅是高等教育和职业教育的核心内容,也是基础教育阶段的重要内容,它关系到中华民族法治人才的培养和国家法治建设的事业发展。法律是现代社会的行为规范,是民众权利保护的有力武器;法治是现代社会的运行体制,是政治文明的基本象征。高校学生是国家发展的主力建设者,是民族振兴的希望,是包含法治建设在内的我国社会主义建设事业未来发展的推进主体。应当说,加强高校学生的法治教育,让高校学生接受最基本的法律教育,增强最基本的法治观念和法治责任意识,是高校学生教育体系中必须重视的关键,是全国推进依法治国的基础工程,是国家和民族的基本责任。因而,发展和完善新时期我国高校学生的法治教育是当务之急,应作为基础教育的重要环节。

一、认清基本特征与根本地位:高校学生法治教育发展的中心

法律是现代社会的运行规则,法治是现代社会的基本标志,严格遵守和维护法律、不断建设和完善法治是现代社会文明进步的根本要求。对于高校学生来说,法律应当成为心中的信仰,成为行为的规矩,成为生活中的最基本的规则,高校学生应当成为具有理性思维的法治推进主体。高校学生法治教育是我国基础教育阶段为高校学生所创设的具有独特意义的专有教育模式。早在2012年11月,我国的《全面推进依法治校实施纲要》便由教育部制定并正式实施,其中一个非常重要的内容就是要加强和改善包含高校学生在内的学生法治教育,以使我国高校学生的法律素质有全面的提高。高校学生法治教育着重强调的是面对处于基础教育阶段的高校学生开展的以法律知识为载体、以法治素养为目的的法治教育类型,它最根本的目的

---

[1] 周一平、周彬保:"论新时期法学教育的改革",载《甘肃政法学院学报》2002年第5期,第81~88页。

在于使高校学生在基础教育阶段就初步了解和简单掌握一定的法律知识,逐步构建起基本的法治意识和初步的法治观念,以帮助解决成长成才过程中遇到的实际法律问题,此举对于增强学生的法律素质具有至关重要的作用。

(一)高校学生法治教育的基本特征

高校学生法治教育是我国法律教育的一种形式,既属于基础教育的重要内容,又属于法治教育的重要组成部分。因此,它既具有与其他教育模式、教育阶段相通的特征,又具有自身独立的特性。它的基本特征主要表现在:第一,高校学生法治教育的对象具有独特性。高校学生主要是指处于基础教育阶段的年轻学生,在我国这一部分群体特指在初中和高中阶段学习的学生,他们大多数都在12岁至18岁,通过前面阶段的知识教育,已经具有一定的文化水平和识别能力,而正好又处于人生观、世界观和价值观形成的起步阶段,思想和意识开始逐步形成,具有极强的可塑性。第二,高校学生法治教育的内容具有基础性。12岁至18岁在初高中阶段的高校学生正处于逐步了解社会和接触社会的一个初级阶段,正在为即将步入社会做思想和认识上的准备,而真实的社会是比较复杂和多样的,既有好的一面,也有不好的一面,因而对高校学生开展法治教育变得十分重要,法治教育对于构建高校学生的法治思维和引导高校学生的正确行为具有基础性作用。第三,高校学生法治教育的方式具有多样性。在初高中阶段开展法治教育的目的不仅在于增加学生的法律知识,更在于塑造他们正确的法治思维和行为观念,由于基础教育阶段学习的特殊性,使得高校学生的法治教育与纯粹的法学学科教育存在很大的区别,最重要的是要将高校学生法治教育的内容贯穿于学校教育的全过程之中,融合于其他教育课程的学习之中,更加强调内容的可接受性和方式的多样性,既要遵循这一阶段高校学生学习的一般规律,又要突出法治教育的特点,注重显现法治教育的实际效应,通过挖掘体验式、情景式、模拟式等实践性很强的手段与方法来增强法治教育的实效性。

（二）高校学生法治教育的根本地位

英国著名文学家高尔斯华绥说过："法律就是法律，它是一座雄伟的大厦，庇护着我们大家；它的每一块砖石都垒在另一块砖石上。"高校学生的法治教育是每一个人接受法治教育的基础阶段，也是国家法治之万丈高楼的基础。正因为处于基础阶段，因而高校学生法治教育具有特殊的责任和独特的地位。主要体现在以下方面：第一，高校学生法治教育是向高校学生进行基本法律知识传授的基础教育；第二，高校学生法治教育是向高校学生进行日常行为规范的行为教育；第三，高校学生法治教育是向高校学生进行法律意识提升的理念教育；第四，高校学生法治教育是向高校学生进行法治素养提高的素质教育；第五，高校学生法治教育是向高校学生开展法律实践活动的能力教育；第六，高校学生法治教育是向高校学生进行法律精神培育的信仰教育。由此可见，高校学生法治教育尽管处于最基础的阶段，但其内容是十分丰富的，其重要性不言而喻；高校学生法治教育无论从法律知识普及，还是法律能力培养上都还比较浅显，但其价值十分巨大，对高校学生的影响十分深远。从基础教育到行为教育和理念教育，再到素质教育和能力教育，最后到信仰教育，体现了高校学生法治教育价值位阶的不断提升，彰显了高校学生法治教育地位的不断提高。

二、明确价值特性与核心目标：高校学生法治教育发展的重心

对于高校学生来说，遵守法律是最基本的行为观念，信守法治是最基本的价值准则。高校学生承载着国家和民族的振兴希望，自身又处于人生的起步阶段，加强高校学生的法治教育，不仅能帮助增加学生最基本的法律知识，而且能促进学生形成正确的人生世界观和法治价值观，更能为全面建设法治国家提供合格和优秀的接班人。作为国家法治教育体系中不可缺失的一环，高校学生法治教育的基础功能不可小视，具有核心价值，对于国家法治的发展和青年自身的成长都发挥着重要作用。

(一)高校学生法治教育的价值特性

第一,强化高校学生法治教育符合全面推进依法治国的时代需要,是全面推进依法治国的基础工程。全面推进依法治国目标的根本实现不仅在于制度的健全和法律的完备,更关键的在于全体公民法治素养和能力的提升,其中高校学生又是关键之关键,是法治建设的基础之基础。高校学生法治精神的培育和法治思维的养成,必须通过一定的法治教育手段才能实现。因而,高校学生法治教育既承载着推进国家科教兴邦事业的重大责任,又承担着实现国家依法治国梦想的重要职责。高校学生法治教育是国家法治教育的基础,是高校学生能力素质提升的基石。可以这么认为,高校学生法治教育的发展和高校学生法治素养的培育,影响到国家法治人才队伍的完善,关系到国家全面推进依法治国战略的实现,是社会主义国家繁荣昌盛的千秋基业。高校学生法治教育是我国法治教育体制的重要组成部分,它凝聚着传播法律知识、传承法治精神的时代责任,承载着培养法治建设未来主力的历史职责,对全面推进依法治国发挥着举足轻重的作用。

第二,高校学生法治教育切合社会主义市场经济发展的客观需要,是国家繁荣富强的关键工程。市场经济的发展模式是我国经济发展和社会进步的主导路径,发展市场经济需要健全法治体制,这是市场经济发展的根本保障。完善的市场经济模式,客观上需要一个具备良好法治素养和法治能力的行为群体。高校学生是社会群体的先导,是市场经济持续发展的未来保障,从青年时代开始就培养良好的法治观念和行为理念对于完善我国市场经济的发展结构具有特别重要的作用。加强高校学生的法治教育应立足于为国家发展培养持续优良的行为主体,依据市场经济发展的客观实际,既要遵循市场建设的发展规律,又要遵从经济发展的法治规则,同时还要尊重高校学生的心理期盼,充分引导和有效激活高校学生的法治思维,从青年时代开始就培育高校学生对法治的自觉意识、自省态度和自信心态,拓宽高校学生法治教育的发展空间,不仅要达到紧密切合市场经济带来的现代教育模式转型的现实要求,而且要实现可以有效规划市场经济发展所需的行为结构体系。加强高校学生法治教育可以为市场经济的稳健发展和国家的繁荣富强提供源源不断的法治人才基础、法治行为保障和法治运行资源。

　　第三,高校学生法治教育适合经济社会转型的现实需要,是社会主义现代化建设的核心工程。加强高校学生的法治教育不仅是国家法治发展的需要,也是国家经济社会进步的现实要求,既是一个发展问题,也是一个现实问题。国家持续推进的市场化演进和全面深化改革的战略发展带来了经济社会的飞速发展,经济社会发展出现了新的特征和新的趋势,同时也带来了新的情况和新的问题,产生了由于发展模式、演进路径与现实困境发生脱节而滋生的一系列问题,特别是群众的法治思维和法治理念以及法治实践能力还远远达不到经济社会飞速发展所要求的基本标准,因而出现了制度建设期望值很高而实际效果并不可佳的发展尴尬,现代化发展出现了中间滞涨的现象。而要解决经济社会转型中的此类问题,实现现代化的顺利推进,一个重要的方面就是要加强社会文化建设尤其是社会法治文化建设,提高群众的法治意识和法治能力,尤其是要从最基础的工程抓起,加强高校学生的法治教育,创新高校学生法治教育的培养模式,提高高校学生的法治素养和能力,以此为基础来推进国家经济社会的发展和现代化的顺利转型,这本身就是解决当前所遇到的问题的一种有效的方法,可以突破传统教育中的种种束缚,为高校学生提供一种适应经济社会发展和顺应依法治国建设的较为广泛和开阔的理性思路。应当将加强高校学生法治教育置于国家经济社会转型发展和现代化建设顺利推进的宏观视野中来认识,与经济社会发展和现代化建设统一起来,通过完善高校学生法治教育制度,健全高校学生法治教育结构,以实现高校学生法治教育与国家依法治国、经济社会转型发展以及现代化建设的同步。

(二)高校学生法治教育的核心目标

　　高校学生法治教育是国家法治教育体系的根基,关乎未来国家法治建设的成功与否,因而,应当明确设定高校学生法治教育阶段的目标,以此为核心来设置和创设教育模式。第一,高校学生法治教育要培养学生具有法律的知识。法律是法治的基础,人是法治的推进主体,做好合格的主体是有效推进法治建设的关键。高校学生法治教育就是为成为合格的法治推进主体提供初步的法治教育与训练。高校学生是法治建设的生力军,熟悉和了解基本的法律知识、掌握初步运用法律知识来认识和分析问题的方法是成为法治建设主体的基础要求,也是加强高校学生法治建设的基础目标。基本的法律知识和初步的法律方法对于高校学生来说,不仅是法治教育必要的内容,更是法治教育必设的内容。加强高校学生法治教育的第一位目标就是在成长期让学生对基本的法律知识有初步的了解,学习好基本的法律知识才能为掌握法律和运用法律提供最基本的知识储备。第二,高校学生法治教育要培养学生具有法治的素养。加强高校学生法治教育具有鲜明的时代性和紧迫性,是国家法治教育体系的重要组成部分,高校学生法治教育在当前国家经济社会转型和法治现代化建设的历史环境、发展背景与社会语境中有着明确的目标和目的,将法治的基本理念、核心价值、理性精神和运行原则导入高校学生的思想和行为之中,使高校学生具有法治基本的知识素养、行为素养和思想素养,具备秩序观念、正义精神、文明作风、自由意识、民主情怀和人权理念,不仅是高校学生法治教育课程结构的基本要求,更是高校学生法治教育发展完善的根本宗旨。培养学生具有法治的素养,是国家法治现代化发展和社会文明进步的基本要求,也是法治教育的重要内容和基本内涵。第三,高校学生法治教育要培养学生具有法治的品格。"法学是研究法律的学科,但又不完全是只关于法律的研究,它主要是研究如何实现正义、保障权利的科学,这才是法学的本质和特性。"[①]主张公平、崇尚正义、实现自由、保障秩序和提升效率是法治的基本品格,是国家法治建设的根本真谛,也是每一个法律人的基本价值追求,更是高校学生应当从青年时代开始养成的法治品格、应当坚守的法治品德。通过高校学生法治教育的形式,让他们树立法治的道德观、培养信仰法律、忠于法律、维护法律、坚守法律的法治品格,这是高校学生承担国家法治建设重任所必备的法治情怀

[①] 张中秋:《西法律文化比较研究》,南京大学出版社1999年版,第244页。

和精神价值。法治是国家和社会规范运行的基本体制,法治关注的对象是国家和社会的长远发展,因此,法治具有社会情怀和人本关怀。这就要求为国家和法治建设培养合格推进主体的法治教育不仅要强调对法律基本知识的传道授业,而且更要强化对法律道德和法治品格的传授和培养,特别是对于高校学生法治教育来说,从法治教育的基础阶段开始就要让学生逐步培养和形成健全、可靠和高尚的法治品德和法治人格,让他们从青年时代就开始具备最基本的正义观、公平观和法治观,在心中树立法治的信仰,铸就高校学生独特的法治价值和法治精神,这是高校学生法治教育的最终目标。

三、找准发展定位与方向路径:高校学生法治教育发展的核心

(一)高校学生法治教育要立足现实生活

法律是社会的行为规范,通过调整主体之间的关系来实现对人们行为的有效规范,以实现法律的自由、秩序、和谐等基本价值。法律就是社会生活的一部分,就是人们需要直面的社会现实,它就存在并运行于人们的社会生活之中。尽管法治是国家的政治制度和基本框架,但它也是在具体的社会生活之中发挥规制作用的。法治不仅具有社会性,也具有社会性,这就决定了法治的实践性和应用本性,这就要求法治教育要立足社会、立足生活,在社会生活中去学习法律,到社会生活中去运用法律。特别是对于高校学生法治教育来说,更加要注重从社会生活和现实生活中去教育和培养学生的法治观念、法治意识和法治能力,通过对现实生活的现场教学和身边事务的现身说法,来引导高校学生形成较为直观的法律意识,增强他们对法律和法治的亲身体验感和实际获得感,切忌空洞的法律说教,从法治教育的社会性和实践性出发,重新设置高校学生法治教育的模式,树立立足现实生活的教育理念,确立立足现实生活的教育方式。

(二)高校学生法治教育要阐释法治共识

法治是国家最基本的政治制度,是国家规范运行的基本框架。

法治不仅包含了国家最基本的发展愿景、行为目标和理想秩序,而且包含了每一个老百姓的生活理想、行为规则和发展梦想。应当说,法治已经成为整个国家、社会和人民的统一思想框架和整体行为规范,成为全社会的统一价值目标。法治是全社会的共同选择,是人民群众的共同认识。高校学生法治教育要着重在阐释法治共识、形成法治合力上创新模式,让高校学生不仅能够在思想上形成对法治的高度认同和行为上对法治的高度认可,而且在思想深处能够认识到法治的共同价值、共同目标,自觉养成对法治的共同信守。高校学生法治教育要探索和寻求阐释法治共识的最佳方式,可以通过在中国法治道路、中华法制文明、国家基本制度等方面进行传授来阐释法治所凝聚的国家共识,通过在社会生活的法治仪式、法治场景和法治活动中来阐释法治所凝聚的社会共识,通过在具体微小的法治行为、法治实践中来阐释法治所凝聚的人民共识,通过各种形式生动地展示法治的共识价值,高校学生需要从青年时代开始就增强对国家法治的认同观念,知晓国家法治的认同内涵,不断增强法治蕴含的基本共识并创造实现共识的机制和途径。

(三)高校学生法治教育要朝向未来

第一,全面推进依法治国是未来的发展愿景,高校学生法治教育要紧紧围绕法治建设的发展主题。依法治国是历史趋势和时代潮流,也是中国的百年梦想,更是国家繁荣、社会和谐和人民群众幸福的客观选择,未来的社会就是一个法治的社会。与法治社会的发展未来相适应,要求人们具有较高的法治观念、法治意识和法治能力。作为基础教育阶段的高校学生法治教育,就应该承担起为国家法治建设培养合格主体的时代重任,让法治从学生的青年时代开始就入脑入心。高校学生法治教育应当树立公正、公平、为民服务的法治教育思想,崇尚真理、匡扶正义的法治教育理想,维护法律权威、法律至上的法治教育信念和信守法律、恪守法律的法治自觉精神,让高校学生通过基础的法治教育而认识到自己在推进国家法治建设中的历史责任。

第二,保障权利和维护权利是未来的发展理想,高校学生法治教育要紧紧抓住权利时代的发展核心。法治最理性的价值就是通过制度和规范的形式在人们的实际生活中来保障权利和维护权利,保障权利是法治的标志,维护权利是法治的特征。在法治的维度内,权利要最大化地得到尊重,因此,法治的时代就是权利的时代,法治的思维就是权利的思维。高校学生法治教育要适应权利时代的未来要求,从青年时代开始就通过教育和训练的方式帮助高校学生确立起理性的、法治的权利观,知道权利的基本性和重要性,了解法律在保障权利与维护权利中的基础性和根本性作用,养成正确行使权利和敢于捍卫权利的思想观念与行为观念。

第三,法治全球化是未来的发展蓝图,高校学生法治教育要紧紧把握法治全球化的发展趋势。全球化是人类社会进步的显著标志,法治全球化是世界发展的必然趋势,也是各国法治发展的必然选择。国家与国家的界限和障碍被不断逾越,各国共同遵循的法律规则和具有共同意识的法律规范逐步涌现出来,各国在建设法治的过程中不能再只关注本国的基本状况,而要具有国际性的眼光和全球化的视野,把本国法治建设放到全球化的更大视野中去认识和考量。高校学生法治教育要适应法治全球化发展的时代潮流,从青年时代开始就要初步培养高校学生最基本的国际思维,拓宽他们对法治的认识视野,切忌再封闭和机械地传授法律知识,突出和注重对高校学生法治思维和法治视野的开拓,让他们从青年时代开始培养建立对法治具有国际化的认识框架。

结语

法治是国家理性的制度设计,是社会文明的制度规范,是人类自由的制度保障。法治不仅是国家治国理政的制度体系,也是社会安定和谐的规范准则,更是人们日常行为的基本规则。法治不仅体现为一种制度,还体现为一种规范、一种理念,更体现为一种文化、一种境界。法治不仅需要刚性的制度规制,而且需要全体人民群众发自内心对法治的一种真诚信守。这些法治的基本内涵决定了法治教育不仅是一种知识教育,还是一种能力教育,更是一种观念教育。高校学生的法治教育是法治教育体系的基础环节,地位相当重要,作用相当特殊。抓住了青年,就抓住了国家的未来;抓住了高校学生法治教育,就抓住了国家法治建设的未来和命脉。高校学生法治教育在新的历史环境和发展格局中,呈现出新的特征和特性,应当有新的定位和目标,应当设计新的路径和方法。通过积极发展高校学生的法治教育,让法治从学生青年时代开始就进入到他们的生活之中,让学生从青年时代开始就开始养成法治的认识思维和行为习惯,从青年时代开始就逐步铸就法治的行为观念和思想境界。

建设完备法律服务体系与高校法学教育的因应之策

胡正昌[*]

摘　要：自改革开放以来，我国的法律服务业逐渐走向规范发展的道路。但是，我国现有的法律服务体系依旧存在着诸如制度保障乏力、服务范围狭窄、资源经费配置不合理、队伍建设不完善等问题。建设完备的法律服务体系，需要高校法学教育做出积极回应，致力于探索适应国家公共法律服务需要的教育教学体制机制，不断增强法学专业学生的法律服务能力。

关键词：法律服务体系　高等法学教育　法律服务能力

党的十八届四中全会以来，随着全面依法治国战略的实施，国家对公共法律服务的需求不断增长，健全和完善基本公共法律服务体系的要求日益迫切。经过改革开放近40年的发展，我国法律服务事业取得了长足的进步，法律服务体系已初步形成，法律服务门类逐步完善，法律服务领域日益拓展，法律服务队伍不断壮大，法律服务制度日益健全。目前全国共有律师25万多人，公证员1.2万多人，基

---

[*] 作者简介：胡正昌，湖南科技大学法学与公管管理学院教授。本文系2016年湖南省教育厅教学改革研究项目《建设完备法律服务体系背景下的法律人才培养模式创新研究》的阶段性成果。

层法律服务工作者7.1万多人,法律援助机构工作人员1.4万多人。《律师法》《公证法》《法律援助条例》等颁布实施,一大批部门规章和行业规范相继制定出台,中国特色社会主义法律服务制度体系日趋完善。总体上看,我国法律服务体系建设与经济社会发展是相适应的,法律服务队伍已成为全面推进依法治国、建设社会主义法治国家的重要力量。但随着改革开放全面深化、依法治国全面推进和公民法律意识不断增强,人民群众的法律需求日益增长,对法律服务的要求越来越高。同时,我国的法律服务体系尚存在总量不足、布局不均衡、结构不协调的问题。建设完备的法律服务体系,需要高校法学教育做出积极回应,致力于探索适应国家公共法律服务需要的教育教学体制机制,不断增强法学专业学生的法律服务能力。

一、对法律服务体系的几点解读

(一)公共法律服务体系的内涵

公共法律服务,即着眼于满足社会公众日益增长的公共法律服务需求的基本公共服务,它是在政府主导下,向全社会提供的非竞争、不排他的制度性公共产品。公共法律服务体系就是公共法律产品以及服务制度和服务系统的总和。我国传统的公共法律服务,是由政府中司法行政机关主导提供的,主要内容包括法律宣传、法律援助、人民调解、公证、司法鉴定、刑释解教人员安置帮扶等,实质上是国家司法行政机关的法务管理。法律服务作为公共服务的一种,是为了公共利益提供的一项专业活动,它主要是保障公民基本法律服务需求的一项公共服务。[1]

完备的法律服务体系,是全面推进依法治国的应有之义。法律服务在立法、执法、司法、守法各环节具有重要地位和作用。律师、人民调解员、公证员等法律服务工作者充分发挥自身掌握的法律法规

---

[1] 顾满军、朱强:"社会制度文明视野下的公共法律服务均等化",载《中国司法》2013年第10期,第34~37页。

又了解法律实务的特长,能够为立法工作提供意见建议,有助于推进科学立法;通过担任政府法律顾问和公职律师,为政府运用法律手段管理经济和社会事务提供法律服务,有助于推动依法行政,促进严格执法;通过依法履行辩护代理职责,协助司法机关全面、准确地查明案件事实,正确适用法律,有助于从实体和程序上维护司法公正;通过具体的执业活动以案释法,传播法治文化,弘扬法治精神,有助于促进全民守法。

(二)建设完备法律服务体系的原则

建设完备法律服务体系的原则主要包括:一是坚持党的领导。坚持党的基本理论、路线、方针、纲领不动摇,自觉在思想上、政治上、行动上与以习近平同志为总书记的党中央保持高度一致,始终坚持法律服务工作改革发展建设的正确方向,坚定走中国特色社会主义法治道路。二是坚持服从服务大局。把服务大局贯彻于法律服务全过程,在服务党和国家工作大局中实现法律服务工作科学发展。三是坚持执业为民。把维护当事人合法权益作为基本职责,以人民群众满意为标准,努力提供优质高效的法律服务。四是坚持依法规范诚信执业。引导广大法律服务工作者牢固树立法治信仰、坚守法治精神,认真履行工作职责,模范遵守宪法和法律。五是坚持立足中国国情和实际。从中国国情出发,学习借鉴国外有益经验和做法,遵循法律服务体系建设规律,坚持和完善中国特色社会主义法律服务制度。

(三)建设完备法律服务体系的主要内容

完备的法律服务体系包含如下内容:其一,制度完备化。法律、法规不断健全完善,开展法律服务具有充分的法律依据;其二,资源均等化。法律服务门类齐全,服务网络实现东中西部、城市与农村全覆盖,工作布局、力量分布科学合理,资源得到有效配置,功能得到充分发挥;其三,队伍专业化。法律服务人员思想政治素质、业务素质和职业道德素质不断增强,有效满足经济社会发展对法律服务层次和质量的要求。其四,运行机制化。法律服务体系自身具备科学、高效的增长机制、管理机制和保障机制,规模适度、结构合理、服务优良、运行有序,实现可持续发展。

二、我国公共法律服务领域面临的主要问题

(一) 法律服务的制度保障欠缺

公共服务源于对公众基本需求的满足。但政府在自改革开放以来的较长时间将主要精力放在成效容易体现的经济发展方面,而忽视对民生的投入,导致公共法律服务一般都滞后于民众需求。公共服务的滞后性主要体现在法律规范的缺位,我国很多地区都在加大对法律服务中心的建设,但是这一平台的制度规范却不够清晰。正是因为滞后性导致理论、制度缺乏,难以形成科学化的公共决策,容易导致公共服务的跟风性和非正式性,加大需求矛盾,造成我国法律服务资源的浪费。目前对于法律服务体系还没有形成统一的认识,这样往往会耗费宝贵的公共资源,影响工作的开展。从另一个层面来说,由于没有权威的理论作为指导,法律服务体系的建设也得不到应有重视和支持。同时缺乏制度保障,与相关职能部门尚未很好地衔接,工作推进存在一定的难度。

(二) 法律服务机构设置不尽合理,服务范围相对狭窄

社会公共法律服务和现有司法行政各项法律服务职能具有一定重叠性,在一定程度上造成职能重叠,法律服务往往存在着职责不清、权利不明、落实不到位的情况。在现实生活中,往往会出现由于提供服务者与民众认识上的不统一,无法进行良好的沟通,导致法律服务工作出现相互配合不好的情况。同时,法律服务面向地域不同,人们的需求也各不相同,政府在提供法律服务的时候需要因地制宜和与时俱进。从内容上观察,基层法律服务提供的内容和民众目前存在的法律需求不能有效衔接。法律服务往往不是基于满足基层居民、村民内部的需求,而是来自上级政府部门行政的要求,这样往往导致法律服务供给会背离公民基本需求,公民对法律服务的要求难以满足。

（三）基层法律服务人员相对不足

建立完备法律服务体系，专业人才队伍尤为重要。我国法律服务发展极不平衡，农村地区和经济落后基层地区发展平台相对狭窄，而城市的公共法律服务从业人员队伍建设进程快，人员配备充足，专业素质较强。所以，法律服务体系要全面地提升和拓展覆盖面与队伍的建设息息相关。

（四）经费保障力度不够

从实际法律服务领域可以发现，和日益增长的基本公共法律服务需求相比，国家财政的保障力度仍然显得十分单薄，公共法律服务建设经费保障仍显不足。但与医疗、教育、交通、环境等公共服务均已列入政府购买范围相比，法律服务体系中有的虽然已经纳入财政预算，但仍然存在经费短缺现象，如律师参与涉法涉诉值班、重大矛盾纠纷化解、普法宣传等尚未被政府列入购买服务的范围。公共法律服务的提供还大多依靠传统的司法行政职能，费用从司法行政经费中支出，这就难免导致很多地方公共法律服务只是流于形式，严重阻碍了公共法律服务功能的有效发挥。

（五）资源配置不尽合理

总体上说，我国法律服务资源大多集中于经济较为发达的地区，并且它的内容和形式相对欠发达地区也较为丰富，而欠发达地区想要获得优质高效法律服务还比较困难。承担着法律服务职能的主体往往独自运行，法律服务呈现割裂的状态。这样的运行模式容易造成公共资源的所有权、使用权、管理权倾向于"谁投资，谁拥有，谁得益"。这样一方面造成部分资源闲置，得不到开发利用；另一方面有需要的服务资源紧缺，求告无门，在资源不充足的情况下，还存在着浪费。基层群众需要法律帮助时不清楚获得法律帮助的渠道，部门对群众的需求也不能及时反馈，造成公共服务供给效率低下，资源也因此遭到浪费。

(六)公民的法律意识较为淡薄

当下社会,虽然法律常见于人们的生活之中,人们的法律意识也在不断提高,越来越多的人愿意用法律手段来维护自身的合法权益,但是真正运用法律的武器来维护自身权益的却也只是少数。而且公民主动去学习法律知识的意识还不是很高,获得的法律知识、法律常识,很大一部分是从电视、手机等传播媒介上了解到的,形式单一也导致收效甚微,获得的法律知识也可能并不准确。所以当纠纷一旦发生,只有少部分人能够选择法律,并通过法律的途径解决利益纠纷。

三、高等学校培养法律服务人才的因应之策

建立完备的法律服务体系,关键在于法律服务人才的培育。因此,高等学校积极探索适应国家公共法律服务需要的教育教学体制机制,不断增强法学专业学生的法律服务能力,具有至关重要的作用。民国时期法学家蔡枢衡先生曾说道:"法学教育的核心问题是,其目的是什么?应该教些什么以及最好怎么教?"[1]这也是当下我国高等法学教育不容回避的关键问题。

(一)树立"大师资观",加强师资队伍建设

师资队伍在高校人才培养和办学中处于非常重要的地位。俗话说得好:名师出高徒,因此,实施素质教育必须有一支高素质的教师队伍,只有一流的教师才能培育一流的学生。为此,高校法学教育一方面要树立"大师资观",在保持法学专业基本教学所需的师资力量的基础上,积极邀请法律素养深厚、法律实务经验丰富的法官、检察官、律师、政府官员、人大代表等参与教学活动;另一方面要引入市场竞争机制,建立优胜劣汰的教师竞聘上岗制度。与此相对应,应大力推行弹性学分制。在学校宏观引导下,以选课代替排课,学生可以自

---

[1] 蔡枢衡:《中国法学及法学教育》,清华大学出版社2004年版,第1页。

主选择教师、选择课程、选择学习进度。这样不仅有利于充分利用学校的教育资源,而且可以促进教学质量的提高。此外,要逐步建立独立的、非官方的法学教学质量监控评估制度,从根本上引导高等法学教育朝着"素质+职业"教育的正确方向发展。

(二)积极探讨教学内容改革

建立完备法律服务体系,需要各高校回应社会对法律服务人才的需求,合理设置课程体系。第一,从应用型、复合型法律服务人才培养的目标出发,以基础厚实、知识面广、实践能力强、素质高为标准,合理确定课程设置,建立"模块式"教学内容体系。具体而言,这一体系应由公共基础课体系(公共课+文理渗透课+文科交叉课)、14门(或16门)专业核心课程体系(根据形势变化可适当调整)和若干选修课体系(搭建若干个专业方向平台体系)三大模块构成,并且应注重计算机、外语、法律外语、口才学、法律文献检索课等专业技能课程的设置。同时,还应通过专题讲座等方式让学生及时了解法学学科前沿知识与发展动态,拓宽视野。当然,美国的三年J.D课程设置也值得我们参考。其具体做法是,第一学年学习基本理论课程,包括宪法、法理、法制史、刑法、刑事诉讼法、民事诉讼法等;第二学年侧重学习案例,涉及商法、税法、知识产权法、遗产法、侵权法等;第三学年侧重训练学生如何当一名律师,包括模拟法庭训练、参与承办案件,也包括对学生律师职业道德方面的教育。第二,采取多种途径和形式加强学生法律职业伦理和职业能力的培养,并将此项工作贯穿于教学工作的各个环节之中。"法律教育的目的,是在训练为社会服务为国家谋利益的法律人才,这种人才……一定要有法律的道德,才有资格来执行法律。"[①]否则,在法律教育中忽视法律伦理教育,不顾学生的道德修养,那无疑是替国家社会造就一批唯利是图之人。在强调职业伦理教育的同时,高等法学教育还应重视学生职业能力的培养,以适应从事法律职业的要求。职业能力包括法律职业思维方式和能力、法律职业行动方式和技能。其主要内容为:对各种社会现

---

① 孙晓楼:《法律教育》,中国政法大学出版社1997年版,第12~13页。

象(包括案例)能够自觉地运用职业思维和法律原理来发现问题、分析问题和解决问题;较熟练地进行法律推理;熟练地把握各类诉讼程序,进行事实调查与取证;熟练地从事代理与辩护业务,从事非诉讼法律事务(如法律咨询、谈判、起草合同)以及法律事务的组织与管理;积累起草法规的一般经验。

(三)创新法学教学方式

我国传统的法学教学方式是以教师为中心、以课堂为中心、以书本为中心的单向教学方式,不利于培养学生的法律实践操作技能和法律服务能力。因此,近年来,创新法学教学方式一直是各高校法学教育改革的重要内容。总体上看,各高校主要有三个方面探索,一是充分借鉴西方高等法学教育广泛实施的案例教学法、诊所法律教学法、模拟法庭教学法的合理内核并进行移植与创新,综合运用讨论式、启发引导式等多种教学方法,从而激发学生学习的积极性与主动性,推动学生创造性法律思维与能力的培养。二是充分利用投影仪、幻灯机、录像机、计算机等现代电子设备和互联网开展教学,并通过多媒体技术实现教学资源的优化配置和成果共享,实现纯理论讲解为主向讨论和案例分析为主、教师讲授为主向学生主动学习为主、教师传授教材为主向讲述科研前沿成果和法律实践经验以及跨学科知识等为主的教学方式的转变。三是尝试利用大数据对学生进行法律思维训练。基于大数据平台需要加强并提升法律服务如下方面的能力:第一,文档检索的大数据电子文档流程化。电子邮件、Office 文档、是对法律工作影响最大的领域。法律服务提供商通常存储海量的非结构化 PDF 文档等,从数以 TB 计的数据中检索案件相关文档简直就是法律人的噩梦,费时、费力而且准确性差。通过大数据智能分析软件,则能够大大提高文档检索效率。第二,诉讼案件中产生的大量文档流程化。由于大数据的建立和完全的开放,调查取证将变得十分便利。庭审的完全公开和裁判文书的公开导致发问难、质证难、辩护难的问题迎刃而解。这些文档"蕴藏"的数据对后来的代理和审判具有很高的参考价值,为法律从业者提供决策支撑数据统计服务。第三,创造性地利用各种现成的大数据工具和数据源。全国每年有千万量级的各类案件,类型不一,通过对海量案件进行大数据分析,可以为难度系数赋值找到一个不是靠经验,而是靠大数据的分析方法,根据海量的案例来倒推风险防范的问题,也必须依靠大数据,要创造性地利用各种现有的工具和资源包括各类法律电商和中国裁判文书网等进行分析和防范。开放的时代,数据的膨胀,带给所有法律从业者数据整理和发掘的难题,法律服务是私人化和个案化的专业服务,"互联网"模式下电商则是流程化和标准化的产品,而对于互联网从业者来说,随着网民增长人口红利的消失,如何用互联网方法改造传统行业,深度发掘现有数据资源,蕴含着无限机遇。

(四)构筑完善的实践教学体系

法学是一门应用型社会科学,高等法学教育的生命力在于其实践性。故而实施法学素质教育,无论是宏观规划还是微观操作,都应立足于理论联系实际。实践教学既可以检阅、修正和巩固已有的专业知识和理论体系,又有利于塑造法学专业思维和强化法律职业伦理修养,更有利于训练法律专业应用能力,因而是一种非常有效的法律人才培养手段。概而言之,法学实践教学体系既包括熟悉诉讼和非诉的各种流程,也包括读(案卷阅读)、说(辩论、发表代理意见)、听(案件当事人言论的要点、真伪)、写(法律文书写作)的各种能力。

目前中国法律教育中的根本问题总的来说,就是法律人才培养的层次和结构、数量和质量不能适应或满足政法队伍建设的实际要求;法律人才培养模式繁杂而矛盾,与国家法制统一的要求不相称;法律教育管理体制严重混乱。[①] 因此,我国高等法学教育应当培养适应国家和社会需要的应用型法律人才为主要目标,建立"素质+职业"教育的运行机制,以实现法学教育的全面协调可持续发展。这是建设完备法律服务体系基本要求,也是建立社会主义法治国家的应有之义。

---

① 王健:"以法律职业为目标导向是法学教育的出路",载《法制日报》2009年4月1日。

基于创客教育的法学教育创新路径研究

王 频[*]

摘 要：创客教育能激发学习动力，解决法学科教学难题，帮助实现国家人才培养政策要求，具有适用于法学科的可行性和必要性。根据法学科的特点遵循 STEAM 理念合理设计法律创客课题，运用 IDMSE 创客教学法创意设计法律创客课题的情境、形式和过程，是法学教育创新路径的良好尝试。

关键词：创客教育　STEAM 理念　法律创客课题　IDMSE 步骤创客教学法

创客教育服务教育改革，促进学生发展的显性功能和培育创新文化、服务社会发展的隐性功能使得创客教育在国内外得到广泛关注和快速发展。创客教育强调创造东西、动手操作的教育理念凸显的是从学习动力激发层面来实现学生的内力觉醒，其良好的实践性能可以把抽象的法学知识具体化，帮助解决法学教育难题。

---

[*] 作者简介：王频，湖南长沙人，硕士，湖南现代物流职业技术学院副教授，研究领域经济法、物流金融法规。

一、适用基础

(一)心理学基础

心理学认为学习动力能激发学习的积极性,挖掘学习的潜能。根据成就动机理论的观点,兴趣、成就感、积极情绪和自信心是产生学习动力的四大必备因素[1]。相较于偏重对理论知识的识记、容易造成学生内力觉醒不积极、学习动力不足的传统教育,创客教育将创客理念引入教育体制,注重理解能力和动手能力的融合训练[2],其"创新性、实践性、开放性、共享性"的特点,正好与学习动力因素相匹配,具备适用于法学科的心理学基础。

首先,创客教育主张从学生的兴趣点入手,创新设计教学内容。通过多元化的教学方法和活泼生动的教学环节,最大限度地激起学生的学习兴趣。创客教育的创新性特点服务于兴趣因素;其次,创客教育注重教学中的创造性实践活动,鼓励学生发挥自己的特长,通过团队合作、互学互助,自主完成任务作品,提升学生的成就感。创客教育的实践性特点服务于成就感因素;再次,创客教育主张综合全学科能力,基于过程和结果对学生的学习作品进行多维考核评价,有助于发挥学生的个体特长,增强自信心。创客教育的开放性特点服务于自信心因素;最后,创客教育借助多种信息化手段,能通过各种互动共享渠道实现课前、课中和课后的全方位交流互动,有助于打破传统教育的时间和空间限制,及时关注和引导学生的积极学习情绪。创客教育的共享性特点正好有助于激发积极的学习情绪因素。

(二)现实诉求

法学教育担负着法律技能训练和法律素养培养的双重职责,不

---

[1] 刘燕、高艳等:"大学生学习动力影响因素及作用机制研究",载《思想教育研究》2013年第7期,第69~111页。

[2] 祝智庭、孙妍妍:"创客教育:信息技术使能的创新教育实践场",载《中国电化教育》2015年第1期,第14~21页。

仅关乎法律专业学生的专业知识学习,亦关系着社会人才素质。有鉴于法律知识的抽象枯燥,法律制度的烦琐复杂,法学科教学需要一个从抽象变为形象,从理论知识变为实践操作的良好途径。而传统法学科教学多关注理论介绍,用识记形式进行知识点训练与考核,既不能有效激发学生兴趣,又不能良好训练学生实际解决问题的能力。创客教育注重通过动手操作来搭建活泼、生动的课堂,有利于激发学习动力,解决法学教学难题。

(三) 政策需求

根据《国家中长期人才发展规划纲要(2010—2020年)》《国家中长期教育改革和发展规划纲要(2010—2020年)》和《关于推进高等职业教育改革创新引领职业教育科学发展的若干意见》等国家政策的规定,人才培养要"突出创新精神和创新能力培养",要"促进学生全面发展,着力提高勇于探索的创新精神和善于解决问题的实践能力"。传统法学教学多以知识的记忆量和精准度作为训练内容,以最终的卷面考试作为评价方式。这种片面的衡量指标明显不利于学生创造性的培养。相较于传统教育,创客教育强调多维度、多形式评价教学效果,采用融合全学科知识的不同形式的法律创客课题来完成对学科知识、创新创造、自我认知、沟通合作和责任感的全面学习,进而实现全面发展[①]。创客教育有助于培养学生的创新精神,锻炼学生的综合能力,能满足国家对人才培养的政策需求。

二、适用路径

(一) 遵循 STEAM 理念设计法律创客课题

创客课题是创客教育在不同学科教学中的实践形式,是针对不同知识点设计的动手操作型学习任务。如何结合学科特点和知识特

---

① 郑燕林、李卢一:"技术支持的基于创造的学习——美国中小学创客教育的内涵、特征与实施路径",载《开放教育研究》2014年第12期,第21~24页。

性合理设计创客课题是创客教育实现的关键。STEAM 是科学（Science）、技术（Technology）、工程（Engineering）、艺术（Art）、数学（Mathematics）的英语首字母缩写，是创客教育的基础教育理念，也是创客课题设计需要遵循的原则。

鉴于法律知识的抽象性，我们需要对STEAM理念中的"A"作广义理解，从美术、社会、语言等多方面创意设计法律创客课题，实现法学知识与人文素养融合培养。区别于传统法学教学中识记型、习题型的学习任务，法律创客课题可以采用手工制品、游戏比赛、绘画作品、影视作品、文学作品等多种非物质作品形式，以生动的载体来充分融合理论知识。以《经济法》课程为例（见表1），针对四个教学模块，我们可以设计四大法律创客课题，将作品的动手制作和情境的操作实践作为学习项目任务，既激发了学生的学习动力，又实现了知识的融会贯通、职业技能的实操锻炼和创新能力培养训练。

表1 法律创客课题举例

教学内容	传统学习任务	法律创客课题
经济法概述	知识点识记、大量习题	法律扑克
物权法		
个人独资企业法	知识点识记、大量习题	模拟创业大赛
合伙企业法		
公司法		
破产法		
合同法	知识点识记、大量习题	合同法思维导图 法律微电影
知识产权法		
反不正当竞争法		
反垄断法		
产品质量法		
消费者权益保护法		
经济诉讼与仲裁	知识点识记、大量习题	自编自导自演模拟法庭

(二)采用 IDMSE 步骤适用创客教学法

创客教学法是创客教育的具体教学方法,鼓励学生在探索和发明创造中主动与协作学习,它是"做中学"的进一步发展,强调教与学的方式转型。区别于传统的"教师讲、学生听、回家背"的法学教学步骤,创客教学法通过创意(Idea)—设计(Design)—制作(Maker)—分享(Share)—评价(Evaluation)5 个步骤(简称 IDMSE)①来启迪学生、丰富课堂。通过同轨双向地施行理念,IDMSE 创客教学法将教师和学生各自的创意、设计、制作、分享和评价贯穿于整体教学过程中。通过 IDMSE 步骤,教师可以创设生动法律创客课题,实现"做中教"。学生在受领项目任务后,通过 IDMSE 步骤创意完成创客课题,实现"做中学"(见表 2)。

表 2　IDMSE 创客教学法步骤要求

步骤	教师任务(教师创客)	学生任务(学生创客)
I – Idea(创意)	根据学生兴趣和课程现实来组合教学内容和设计教学过程	对学习项目任务的形式和内容进行创意设计
D – Design(设计)	创意设计既包含法学知识又融合多学科知识,能培养学生创新精神的学习任务	思考如何实现已选定的创意主题,构思详细安排和活动计划
M – Maker(制作)	制作要求明确的任务单,说明知识点要求和评价标准	分工协作,发挥各自特长,完成作品
S – Share(分享)	通过课堂派、微信公众号、世界大学城进行班级内部及班级间的作品分享	通过 QQ、微信、微博等渠道互相分享
E – Evaluation(评价)	对过程和作品进行评价,实现知识点纠错和复习	自评与互评结合,实现知识点的强化与深化

---

① 黎加厚:"时代变化与课堂教学变化",http://www.docin.com/p - 1005339404.html,2014 年 10 月 21 日访问。

(三) 创意设计法律创客课题的情境、形式与评价

创客课题的质量关乎着创客教育的全人发展目标的实现。在结合法学科特点的基础上,我们需要从课题情境、课题形式、课题评价上创意设计能将抽象法律知识与形象实践载体良好融合的法律创客课题。

1. 在课题情境上注重"快乐教育",激发学习兴趣

"快乐教育"理论由英国教育学家赫伯特·斯宾塞提出。他认为世界上最好的教育本质上都是快乐的,教学应当建立在学生的主动性上面,要注重激发学生的学习兴趣,唤起学生的主动性[1]。按照"快乐教育"理论的要求,我们在设计法律创客课题时,既要关注学习环境的设置,也要关注学生的情感体验。我们应以学生的兴趣点和生活实践为切入点,强调任务情境的趣味性和生活性。一方面,我们可以借助学生对文娱事件的天然关注度,利用热门的影视作品、明星故事等素材来搭建趣味化的任务情境,让学生主动代入角色,用自己的专业知识为影视主角、明星们解决难题。另一方面,我们可以借鉴文娱节目的游戏规则,变通设置任务情境的规则,利用通关规则、找碴儿规则、幸运转盘规则等形式让任务情境趣味化。同时,我们还要善于找到日常生活与课程知识的关联,充分利用学生的生活背景来设计创客课题。用熟悉场景的代入来提高学生直觉接纳知识的程度,用能解决实际问题的实用性来激发学生的学习兴趣。

2. 在课题形式上注重"做中学",提升学习成就感

理论识记的传统教育任务形式很难让学生获得学习成就感[2]。如何科学、合理地设立学习目标,增强教学中的可操作性,让每位学生都能感受到成功的喜悦,是提升学习成就感的关键。根据美国教育学家杜威的总结,"做中学"主要涵盖艺术活动、手工活动和需要动手操作的科学研究三个方面。我们在设计法律创客课题时应通过

---

[1] 姚树欣:"简论快乐教育及其实践模式",载《当代教育科学》2015年第16期,第34~36页。

[2] 汪建:"学生厌学现象的成因与对策研究",载《当代教育论坛》2016年第2期,第70~76页。

灵活多样的实践形式改变传统教育成绩本位的弊端,将传统的识记任务形式变通为以理论知识为内涵,以艺术作品、手工作品和技术作品为载体的,可操作、可呈现的作品形式。学生可以根据自己在艺术、文学、表演、技术、科学等方面的所长,分工协作地动手操作和创造出诸如思维导图、戏剧小品、微电影等可见可得的作品。利用学生在其他活动中的成功,在实现学科知识迁移的同时,实现成就感的迁移,提升学习的成就感。

3. 在课题评价上注重"大成智慧",增强学习自信心

学习自信心是学习动力的支撑和调节器。传统教育多以应试教育为主,遵循单一的书面考核标准,只注重学习结果而不注重学习过程,只注重显性分数而不注重隐性能力,很容易产生学习失败感。我们在设计法律创客课题时要坚持"理、工、文、艺兼收并蓄"的人才培养理念,以只有"集大成",才能"得智慧"的"大成智慧"理论为基础[1],将法律创客课题的评价指标细分为知识指标、技能指标、创意指标、协作指标几大类。知识指标主要考核对已有知识和拓展知识的运用,技能指标主要考核学习技能和操作技能的运用,创意指标主要考核创新思维和创造能力的运用,协作指标主要考核团队的分工和合作情况。鉴于法学科的抽象性,法律创客课题可以适当加重知识指标中艺术、文化等拓展知识的评价权重,弱化技能指标中的操作技能的比例。让学生在完成法律创客课题的过程中,体验学习成功,提高学习自信心。

参考文献

[1]刘燕,高艳等.大学生学习动力影响因素及作用机制研究[J].思想教育研究,2013(7).

[2]祝智庭,孙妍妍.创客教育:信息技术使能的创新教育实践场[J].中国电化教育,2015(1).

[3]郑燕林,李卢一.技术支持的基于创造的学习——美国中小学创客教育的内涵、特征与实施路径[J].开放教育研究,2014(12).

---

① 钱学敏:《钱学森科学思想研究》,西安交通大学出版社2008年版。

[4]黎加厚.时代变化与课堂教学变化[J/OL].http://www.docin.com/p-1005339404.html。

[5]姚树欣.简论快乐教育及其实践模式[J].当代教育科学,2015(16).

[6]汪建.学生厌学现象的成因与对策研究[J].当代教育论坛,2016(2).

[7]钱学敏.钱学森科学思想研究[M].西安:西安交通大学出版社,2008.

女子高校发展知识产权专业的思考[①]

屈振辉[*]

摘　要:"培养智慧女性、造就知识巾帼",创办知识产权专业对女子高校提升办学层次、改善专业结构、促进创新创业,使女性能够更好地进军高新科技产业具有重要的推动作用;当然创办知识产权专业需要一定的理工科背景,在传统上以文科为主的女子高校创办该专业也会遇到某些问题。这就需要学校从培养目标、课程设置等方面预先谋划、深入思考,并在今后具体培养过程中不断探索与改革。

关键词:知识产权专业　女子高校　推动作用　存在问题　教学改革

中西方传统上对女性与知识这个问题上似乎有不同看法,在西方传统上女性常被认为是智慧的化身,古希腊神话中的雅典娜女神就是智慧女神;而在中国传统社会中女性似乎与知识无缘,那句"女子无才便是德"就是最好的概括。即使后来女性获得了学习科学知识的机会,也大多被拘于人文科学和社会科学范畴内,学习理工科的

---

* 作者介绍:屈振辉(1977—　)男,河南信阳人,湖南女子学院女性创新创业研究所副教授,主要研究法学教育、创新创业。
① 基金项目:湖南女子学院教学改革项目"女性学专业《法理学》课程教学综合改革研究"(项目编号:HNNYJGYB2016021)。

女性较少而学习高新科技的更少。女子高校也受到上述影响整体上偏向文科。21世纪是知识经济和科技发展的时代,传统男女不平等主要表现在政治和经济上,而今后这种不平等则将主要表现在科技上。因此以推动男女平等为其宗旨的女子高校,应在高科技领域抢占先机、实现"逆袭"。然而女子高校理工科方面的办学基础薄弱,不宜大规模地发展理工科甚至高科技专业。这时候在学科性质上属于文科中法学门类,却直接为高科技发展服务的知识产权专业,便成为女子高校向高科技领域进军的先锋。

一、女性与知识产权:社会性别的视角

在新颁布的普通高等学校本科专业目录中,知识产权专业属于法学学科中的特设专业(代码为030102T)。知识产权的范围虽然并不局限于法学领域,但目前国内仍主要将其归入法学领域中。相对其他部门法而言在知识产权这个领域,女性特别是中国女性的表现可谓非常突出。例如,目前任全国妇联兼职副主席的宋鱼水同志在知识产权司法审判岗位上演绎精彩人生,并因此被评为"全国知识产权十大人物",她的故事还被拍摄成了电影《真水无香》;长期从事知识产权教学研究的张玉敏教授,也同样荣膺过"全国知识产权十大人物"……除了她们之外社会上还有很多的普通女性,在各类企事业单位从事知识产权实际工作。为什么女性能在知识产权领域能大放异彩呢?这主要缘于女性与知识产权间的特殊关系,其主要表现在三个方面:首先,女性具有适合从事知识产权工作的某些特质。例如,从事专利审查、商标审查工作的人员通常需具备认真、细致、谨慎的工作精神,这也恰恰是女性较之于男性的特质所在;又如在企事业单位的知识产权管理过程中,包含了大量的科技情报以及档案管理工作,而这些工作在实际中主要是由女性承担的。对知识产权部门进行调查的结果已表明,企事业单位知识产权工作人员以女性居多。其次,女权与知识产权之间有一定内在关联。有学者认为"知识的本质即是权力,也是一种意识形态的体现。知识产权概莫能外。""以女性主义视角解构知识产权体系中的知识构成以及背后的头脑/身

体,人类/自然之二元对立的等级制,揭示出了在知识产权背后体现的深层的权力关系,即男性支配女性,头脑支配身体,人类支配自然,强者支配弱者。"① 就此而言,女性争取自身权利的过程即争取对知识权力的过程;女性只有打破男性在知识领域的垄断,才有可能真正实现自身的解放和男女平等。最后,目前女性依然是弱者,在知识产权领域更是弱者。从国际上来看近年来女性智力成果不断增多。"最近,一个由国际妇女商业委员会(NWBC)开展的研究显示,在最近的几十年中,拥有专利权的妇女比过去有了迅猛的增长,而且拥有商标的妇女也增加了一倍以上。"② 虽然目前女性拥有知识产权的数量在增长,但是她们作为弱势群体,其权利很容易被侵犯,其中自然也包括作为无形产权的知识产权。如果不强化广大女性的知识产权权利意识,其智力性成果产生越多被侵犯的可能性也会越大,因此培养女性知识产权人才既重要又急迫。

二、女子高校创办知识产权专业的意义

知识产权属于法学学科门类中的特设专业,而法学又是女子高校中很重要的学科门类,法学学科门类又怎么能够没有法学专业呢?我国公办女子高校多是由各级妇联举办的,以实现男女平等的基本国策为办学的主旨。"女校既是进行女子教育的场所,同时也是重要的社会公益机构,更是先进性别文化传播的重要阵地。"③ 法学是所有学科门类中意识形态性最强的,设立法学学科体现了女子高校办学的主旨,特别是举办法学专业更具有极重要的意义。学习法律对中国女性而言具有特殊的意义。"寻求法律保护是妇女最有现代意识的社会举动,法律是妇女发展中每呼必灵的'万能法器'。其理由在于饱经苦难、命运坎坷的中国妇女,终于认识到庄严的国徽照耀下

---

① 贺利云、王亚妮、任映绮:"女性主义视角下的知识产权",载《西藏民族学院学报(哲学社会科学版)》2009年第2期,第115~119页。
② 隐古:"拥有专利和商标的女性数量不断增加",http://www.mysipo.com/article-291-1.html,2016年11月10日访问。
③ 屈振辉:"近代湖湘女校与湖南妇女运动",载《船山学刊》2009年第1期,第47~49页。

的法律武器才是她们争取解放、摆脱压迫的护身符,因此,她们将会以极大的热情和信赖学习运用法律武器,来保护自己的利益。"①法学即使在西方国家也是女生青睐的专业。以德国为例,"到20世纪80年代,女性在法律系的比例高于女性在所有大学所占的比例(在1994年,这一比例分别为50%和40%)。如今,学习法律是女性的第二项选择,仅次于学医(虽然经济学逐渐趋热)。"②以笔者所在单位也就是湖南女子学院为例,法律就是我校在建校时的三大专业之一,后因为考虑学生就业问题等原因而被停办;我校后来虽又陆续兴办社会工作、女性学,以及家政学等授予法学学士学位的新专业,但法学专业因属国控专业等原因仍未复办。我们一直在思考女子高校法学专业如何在创新创业时代走出一条与众不同之路。山东女子学院在这方面为我们提供了启示,其法律事务专科专业在实现"专升本"时,就没有选择法学专业而是选择知识产权专业。该校知识产权专业获批后已招收三届学生,也是目前国内唯一办有该专业的女子高校。

笔者认为我国女子高校发展知识产权专业,不仅是法学专业受布控而难获批的原因,而是具有更多更大而且更加重要的意义。首先,这将在很大程度上有利于女性创新创业人才的培养。21世纪将是知识经济迅猛发展的时代,我国也正在努力建设创新型的现代化国家。知识产权制度是促进创新创业的重要手段,为此党的十八大报告明确提出我国要"实施知识产权战略,加强知识产权保护。"众所周知,由于受到传统性别文化等众多因素的影响,目前我国女性在创新创业方面仍比较落后。女子高校创办的知识产权专业将在校内外,营造"尊重知识产权、鼓励创新"的氛围;特别是在保护知识女性的创造性智力成果,促进知识女性创新创业方面起到重要作用。其次,这将有利于改善女子高校的学科专业结构。我国女子高校的专业结构大多偏向于文科,而很少设有理、工、医、农等学科的专业。然

---

① 娜仁、孙晓梅:《马克思主义妇女观简明教程》,内蒙古出版社1991年版,第171页。
② 宋冰:《读本:美国与德国的司法制度及司法程序》,中国政法大学出版社1998年版,第235页。

而并没有依据表明女生不适合学理工科，这实际上还是受传统文化和社会现实影响。我国女子高校在理工科上办学基础较薄弱，发展理工科学科的专业确实有很大的困难；但可考虑开办趋向于理工科的文科类专业，如知识产权这一种为高科技服务的专业。最后，这将有利于男女平等国策在科技上的实现。马克思主义妇女观深刻揭示了男女不平等的主要根源在于男女两性在经济上的不平等。现代社会男女在经济方面已基本实现平等，但是另一种不平等即科技不平等正在拉大。由于受到传统文化及社会现实等因素影响，男性在科技上长期居于优势甚至垄断地位。在当前知识经济和"知本家"崛起的时代，这种优势甚至垄断地位已经延伸到经济上，使得已趋于平等的男女又重新变得不平等。女子高校创办知识产权专业的意义就在于，它吹响了女子高校向高科技进军的集结号，为女性在未来高科技发展中赢得一席之地，从而能真正实现今后男女在科技上的平等，进而巩固男女在经济上的平等和全面平等。

三、女子高校知识产权专业存在的问题

诚然，女子高校发展知识产权专业也有很多问题，这些问题之中既有认识上的也有现实中的。

首先，很多人认为知识产权专业属于理工科专业，而女子高校理工科办学基础薄弱不宜举办。这是实际上是对知识产权专业的认识误区。"理工背景不是所有知识产权人才的必备条件。是否应该具有理工背景要视是哪一类哪一层次的知识产权人才而论，依据人才培养目标定位而定。"[①]实际上随着世界经济、社会以及科技发展，知识产权的内涵以及外延也在不断地扩大，知识产权人才也呈现出了多样化的新特点。实际上可根据不同标准将其分成不同类别。例如，从人才结构上可以将其分为知识产权的创造人才、管理人才、研究人才和中介服务人才；从工作内容上可以将其分为专利事务人才、商标事务人才、版权事务人才和其他知识产权事务人才；从人才层次

---

① 李国英："高校知识产权人才培养模式的优化"，载《高教论坛》2012年第2期，第71页。

上将可以其分为高级人才、中级人才和普通知识产权人才。①而笔者鉴于女子高校现有的办学基础认为,其知识产权专业应主要面向企业培养知识产权管理及中介服务人才,并兼具科技管理及情报、档案管理等工作,这也是目前知识产权领域人才缺口最大的。"我国知识产权人才需求最大需求市场是企业。"②这也是女子高校知识产权人才培养的方向。

其次,就是围绕上述人才培养定位设计课程体系。在最新版的普通高等学校本科专业目录中,知识产权被列为法学一级学科的特设专业。但实际上知识产权专业并不是纯法学专业,"知识产权是集法学、管理学、经济学、科学等学科于一体的交叉学科,知识产权专业要求知识结构体系具有复合性。"③笔者认为知识产权专业既然是法学类专业,必须首先开设齐全法学专业16门核心主干课;另外诸如专利法、商标法、版权著作权法,以及反不正当竞争法、国际知识产权法等,这些知识产权专业的主要课程也应当开设。此外还应当开诸如设企业知识产权管理实务、科技情报文献分析与检索、科技档案管理、知识产权交易与谈判等相关专业技能课程。实际上这些专业课程对应今后的工作内容,在企业中实际上从事这些工作也多为女性。与此同时,还应适当地开设一些基础性的理工科课程,这既是她们理解某些知识产权内容所必需的,也是她们今后要从事知识产权工作所必需的。山东女子学院知识产权专业招生以理工科为主,这既是依据专业特性又改变了学校生源结构。但根据笔者的了解,山东女子学院知识产权专业在课程体系中,并未开设概论性的理工科课程如物理基础,也没有开设如科技情报、档案管理等课程,这对学生深入学习该专业和就业将是障碍。就此而言,该校知识

---

① 钱建平:"论高校对知识产权人才的错位培养",载《江苏社会科学》2010年第6期,第254页。
② 刘友华:"论我国实践型知识产权人才的培养",载《湘潭师范学院学报(社会科学版)》,2009年第1期,第66页。
③ 杜伟:"高校知识产权应用型人才培养路径探究",载《政法论坛》2013年第6期,第254页。

产权专业人才培养结构以及体系,在办学过程中还有待进一步的论证和调整。

再次,女子高校知识产权专业毕业生的出路问题。我国已开设知识产权本科专业的高等院校,按照院校性质上从总体上可以分为三大类,即综合性大学(如中国人民大学、兰州大学等)、理工科高校(如华南理工大学、大连理工大学等)、政法院校(如西南政法大学、华东政法大学)等;有些地方性院校(如我省的衡阳师范学院)也看到了该专业的前景,最近几年来也陆续开始兴办知识产权专业;女子高校在其中属于实力不强的后起之秀,因此在人才培养上与前几者应当有所错位。我国女子高校基本上都属于普通本科院校,因此也应以培养一般性知识产权人才为主,并主要以培养企业知识产权工作人员为主。"第三层次为属于普通的本科层次的一部分高校……第三层次的高校重点培养一般的知识产权人才,如企业的知识产权工作人员。"[1]也可培养不需理工科背景的知识产权人才,如商标、版权等方面的贸易和中介人才。知识产权专业如前所述并不是纯法学专业,而是法学与经济学、管理学等学科相交叉,"法商结合、法管结合"的复合型新专业。山东女子学院知识产权专业显然注意到了这点。她们不仅将"可在司法机关从事知识产权及其他各类案件的侦查、检察和审判工作"作为该专业人才培养的目标,同时将在"知识产权中介机构、律师事务所等从事知识产权中介服务工作;在专利局等部门和企业从事知识产权管理、运用和保护工作等"也作为该专业人才培养的目标,充分意识到该专业与传统法学专业的区别。实现人才培养的"法商结合、法管结合",并不是多开设几门经济、管理课程这么简单,还需要在教学改革中进行深度探索和研究。最后,知识产权在其性质上属于无形财产权范畴,比较抽象,所以认识和理解起来并不是很容易,对一部分抽象思维能力较弱的女性而言很有难度。这也是女子高校在知识产权专业教学中必须解决的关键问题。

---

[1] 钱建平:"论高校对知识产权人才的错位培养",载《江苏社会科学》2010 年第 6 期,第 255 页。

结语

　　如前所述,女子高校发展知识产权专业可谓任重而道远,却是能引领和促进女性向科技进军的先锋。为了办好、办精女子高校的知识产权专业,学校必须在创办之前进行深入调研、思考,在建设和教学过程中不断探索和进行改革。知识产权专业是法学类专业中的特设专业,它不简单等同于普通高校传统的法学专业。这对法学学科实力不太强的女子高校而言,在发展整个法学学科上反倒是重大机遇。此外,女子高校还可以知识产权专业发展为依托,在广大女生当中普及知识产权知识和意识,积极培养广大女生创新创业的意识和能力;实际中还可以引导学生成立创新创业小组,让知识产权专业学生与其他专业学生进行组合(如我校的艺术设计、计算机科学与技术、电子商务、数字媒体技术等专业的学生),在校内组织"大学生创新创业训练项目"。美国总统亚伯拉罕·林肯曾经有一句名言:专利制度给天才之火浇上了利益之油。这一句话就道出了知识产权的精义之所在。相信在知识产权专业学生的引导和促进下,其他专业学生的创新创业项目能得到转化,能成为一个个创业实体并有现实经济效益,甚至在学生中培育出一批女企业家、女"'知'本家"。这样做不仅有利于知识产权专业学生自身——这些项目将为她们提供校内实践的机会,同时还有可能为她们创造很多就业的机会,还有利于促进其他专业学生的创业与就业。女子高校创办知识产权专业本身就是创新,对于促进女性发展具有很重要的社会意义。

论法学本科教育中的职业伦理教育与法治信仰的形成

贺枥溪　李琼宇[*]

摘　要：部分学生法治信仰缺失主要表现在学习动机的功利性、对法治建设的悲观态度和对法律职业的误解等方面。法律职业伦理教育是法律职业共同体成员迈出执业生涯的首要环节，其有效实施将使法律职业共同体成员对其即将要从事的法律工作构建初步的准则。法律职业伦理教育的有效实施应坚持精神培育和微观渗透两个基本原则。本文同时对法律职业伦理教育在法学本科教育中的微观设计进行了初步思考。

关键词：职业伦理教育　法治信仰　法学本科教育

一、问题的提出

(一) 学生法治信仰缺失现象的观察与思考

随着法学本科教育与法律职业教育之间的联结日益密切，越来越多的国内高校法学(律)院系在原有的课程体系中增加了实践性的

---

[*] 作者简介：贺枥溪(1988—　)，女，湖南省邵阳市人，湖南科技学院人文与社会科学学院法律系讲师，湖南师范大学民商法学博士研究生。李琼宇(1988—　)，男，黑龙江省哈尔滨市人，湖南科技学院人文与社会科学学院讲师，湖南师范大学民商法学博士研究生。

教学环节。这一点在以应用型法律专业人才为培养对象的地方性院校中体现得尤为明显。究其目的，系希望使学生在掌握法学基本理论的同时，能够具备一定的实践技能与经验，从而满足未来社会竞争的需要。然而，在法学实践性教学取得一定效果的同时，法学专业本科学生在学习动机与职业规划方面表现出来的一些特征，引发了广泛的关注。

在既往的实证性研究中，可以注意到部分学生的学习动机具有极强的功利性。这种功利性，一方面体现在其将尽可能多的学习时间分配到各类考试（如国家司法考试、公务员考试等）的复习上；另一方面则体现在部分学生极为热衷于对法律实务微观技能（包括一些与律师执业纪律明显相悖的诉讼技巧）的学习，而对于法治理念、正义观念等宏观理念教育则缺乏兴趣。

同时，在与法学专业学生进行沟通的过程中，也注意到部分学生对于中国法治建设存在悲观态度，将司法实践中存在的个别丑恶现象进行主观夸大；部分教师在开展教学活动时，也存在强化学生类似认知的倾向。这种悲观态度，不仅直接影响了学生健全人格的塑造，还将降低学生学习专业知识的主观动机和积极参与法治建设的自信心。

从法学专业学生职业生涯规划的角度来看，部分学生未能理解法律职业的本质属性，对部分法律职业存在误解。例如，部分学生热衷于从事律师职业，其目的仅在于律师职业可能为其带来高额薪酬和社会声誉，而未能认识到律师系中国特色社会主义的法律工作者本质属性，不能理解律师执业的根本目的是维护宪法法律的正确实施和社会公平正义。

学习动机的功利性、对法治建设的悲观态度和对法律职业的误解都是部分法学专业学生法治信仰缺失的表现。

（二）法治信仰的形成是法学本科教育的基本目的之一

学生法治信仰的缺失，源自法学高等教育的不作为。在部分高校法学（律）院系，法学教育往往仅局限于法学理论知识的传授和部分实务技能的培养，而缺乏职业伦理教育、法治信仰教育等必要的精神培育内容。在"法律诊所"等域外法学教育模式向国内引入的背景下,国内法学教育呈现出增加实践性教育的倾向,更为重视法律的实用性。在部分学生眼中,因为在某种意义上缺乏实用性,法理学成了极为枯燥乏味的课程。

部分高校则过于重视功利化的教育成果,过于强调学生的司法考试通过率或考研率,在某种意义上也成了造成学生学习动机功利化的重要原因之一。法学专业学生是职业法律人队伍的储备人才,随着法律职业资格考试逐渐取代国家司法考试,这种趋势将更加明显。司法实践中,屡屡出现的法官枉法裁判或律师违反执业纪律的现象,正是这种过于强调实用性或功利性法学高等教育所带来的必然结果。有学者认为,与对法律理论传授和法律技艺培育的高度关注相比,高等教育序列中的法律院系对法律职业伦理教育的重视程度有着明显的差距,这种缺失给法律人之治的社会带来了较大的负面影响[1]。

著名法学家哈罗德·J.伯尔曼在其著作《法律与宗教》中提到:"法律必须被信仰,否则将形同虚设。"中国共产党第十八届中央委员会第四次全体会议公报指出:"法律的权威源自人民内心拥护和真诚信仰。人民权益要靠法律保障,法律权威要靠人民维护。必须弘扬社会主义法治精神,建设社会主义法治文化,增强全社会厉行法治积极性和主动性,形成守法光荣、违法可耻社会氛围,使全体人民都成为社会主义法治忠实崇尚者、自觉遵守者、坚定捍卫者。"[2]如果法学专业学生都不能真正信仰法治,将无法期待普通民众形成法治信仰。因此,法学高等教育的功能绝不仅在于培养能够熟练运用法律解决实际问题的专业人才,而是应培养法治信仰的守护者和法治精神的布道者。恪守法律职业道德和心怀法治信仰是学习法律和实践法律的前提和基础,法治信仰形成应该是法学本科教育的基本目的之一。

---

[1] 赵哲:"困境与出路——法律院系的法律职业伦理教育问题",载《西部法学评论》2012年第4期,第129~132页。

[2] 参见苏秦"人民网评:让法治信仰镌刻在全民心中——四中全会'依法治国'系列评论之六",http://opinion.people.com.cn/n/2014/1023/c1003-25896702.html,2016年12月20日访问。

二、法律职业伦理教育：学生法治信仰形成的有效路径

克罗曼在《迷失的律师》(The Lost Lawyer)一书中提到："由于法律服务的商业化、法院工作的官僚化以及法学教育的科学化,以为公众利益献身为宗旨的律师政治家理想正走向堕落和迷失。"[①]法治信仰的形成和丧失与法学教育具有密切的关联。法学教育的科学化是中国法学日益成熟的体现,但在一定程度上也使法学走向了神坛,从而使之与司法实践相脱离。法学教育工作者群体近来已经逐渐开始重视这个问题,但是存在矫枉过正的倾向,在实践性教学中过于强调对学生技能和技巧方面的培养,而忽视法律职业伦理的教育。这种现象在中国高校法律(学)院系普遍存在。即使在开设了专门法律职业伦理课程的高校,多数课程亦缺少成熟的教学模式和教学方法,所收到的实际教学效果极为有限。

法治信仰的形成是法律职业共同体全员努力的结果,法律职业共同体成员对于普通民众法治信仰的形成所能够产生的作用显然是巨大的。然而,当前社会呈现出愈演愈烈趋势的司法腐败的滋生和律师诚信的沦丧将极大地降低社会公众对中国法治社会成功建设的信心。因此,从源头上预防或杜绝司法腐败和律师诚信丧失于法治信仰之形成尤为重要。此处所指称的源头即在法学高等教育中引入和强化法律职业伦理教育,其至少能够发挥如下几个方面的作用。

首先,法律职业伦理教育是法律职业共同体成员迈出执业生涯的首要环节,其有效实施将使法律职业共同体成员对其即将要从事的法律工作构建初步的准则。相对于职业生涯过程中所经历的继续教育而言(如法官培训、律师培训等),正在接受法学高等教育的学生尚未实际接触法律职业,接受能力较强。因此,在高等教育阶段开展的职业伦理教育会留给学生更强的印象,具有较为明显的优势。

其次,法律职业伦理是法律职业共同体成员所应恪守的共同准

[①] [美]安索尼·克罗曼:《迷失的律师》,周占超、石新中译,法律出版社2002年版,第197页。

则,也是法律职业共同体成员形成法治信仰的必经途径。法律职业的特殊性决定了必须有相应的职业伦理来与之匹配①。司法腐败和律师诚信丧失所带来的后果,包括社会公众对法律职业共同体认可度的下降等,成为阻碍法治信仰形成的重要因素。在法学教育中引入并有效开展法律职业伦理教育,将对学生法治信仰的形成起到至关重要的作用。

最后,法律职业伦理教育对于学生正确世界观、人生观和人格的塑造均能够产生积极的意义。从某种意义上讲,法律职业伦理教育属于思想道德教育的组成部分,属于特定行业(职业)的道德教育,其有效开展将有益于学生健全人格的塑造。

三、法律职业伦理教育有效实施的一般原则

(一)精神培育原则

区别于其他专业核心课程,法律职业伦理教育既不属于知识性的课程,也不属于技能性的课程,其重心在于对学生的精神培育和人格塑造。虽然在法律职业伦理课程中(尤其是专门课程)也会存在一些知识性和技能性的讲授,但其仅是教育的手段,而非教育的目的。有学者已经深刻地认识到,高校法科学生培养目标中缺失塑造"法律职业伦理"内涵成为法学教育在职业伦理塑造上存在的主要问题之一。②

精神培育原则,要求在开展法律职业伦理教育的教学活动中,应采取区别于传统的课程教学方法和教育手段;充分关注学生的学习体验,使学生发自内心的认同(而非仅仅的记忆)法律职业伦理,树立和塑造其法治信仰。另外,从课程考核的角度来讲,也不应以知识和技能的获得作为评价的主要依据。

---

① 王琦:"法律人才培养中的法律职业伦理教育",载《中华女子学院学报》2009年第3期,第115~118页。
② 孙鹏、胡建:"法学教育对法律职业伦理塑造的失真与回归",载《山西师大学报(社会科学版)》2015年第1期,第57~60页。

（二）微观渗透原则

所谓微观渗透原则，是指法律职业伦理教育应该贯穿法学本科高等教育的始终；除开设专门性的课程系统的介绍法律职业伦理之外，在法学专业其他课程的教学活动中，也应该通过微观渗透的方式开展法律职业伦理教育。

微观渗透原则在以实践性教育为主的课程中体现得尤为明显。例如，在合同法学专业课程中运用模拟法庭的教学方法时，可以考虑引入虚假诉讼或涉及诉讼代理人虚假陈述的案件。可以参考以下操作过程：首先，让学生自行做出是否属于虚假诉讼，是否向法庭做虚假陈述的判断，并决定自己的行为。即使学生选择错误，授课教师也不应在此时予以干涉。伴随模拟审判进程的推进，再通过模拟法庭对虚假陈述的当事人或诉讼代理人进行惩处，并宣告其败诉；最后由指导教师进行深入讲解。

四、法律职业伦理教育在法学本科教育中的微观设计

（一）法律职业伦理专门课程的建设

在中国法学高等教育的课程体系中，法律职业伦理课程尚不属于法学专业的核心课程，甚至在部分高校还尚未实际开设该课程。也就是说，法学界和教育学界尚未对法律职业伦理教育给予充分的重视。如前所述，法律职业伦理教育应该坚持微观渗透原则，即平时培养和专门课程教育相结合，由此探讨法律职业伦理专门课程的建设及其教学手段和方法始得必要。

当前国内主要高校开展法律职业伦理教育仍旧以传统的讲授式教学方法为主，难以满足教学的实际需求。可以考虑通过案例分析、热点问题讨论、模拟法庭、观看警示影片、观摩庭审、法律援助体验教学等多元化的教学方法开展具体的教学工作。法律职业伦理专门课程可以不选用统一的教材，而根据任课教师确定的教学内容选择具体的授课方案，也可以由教学团队根据教学实际需求自行编制教学讲义。

在教学团队的构建上，应选择德高望重且具有丰富司法实务经验的教师担任主讲教师，与具备律师职业资格的其他教师共同组建教学团队。同时，可以考虑遴选和吸收其他司法实务界人士充任课程讲师。课程讲师的遴选是法律职业伦理教育有效开展的重要保证，应本着宁缺毋滥的原则，充分考察任课教师的资历和个人品德。在开展教学活动之前，应该对授课教师给予必要的培训。同时，加强对授课教师的监督和考核，如果在教学活动中存在失范言行，教学管理人员应及时予以纠正，或者取消其担任法律职业伦理课程的讲师资格。

(二)法律援助实训课程的实践性课程的设计

关于法律援助与高校法学本科教育的融合问题，理论界早已有所阐述；部分高校法学(律)院系也已经开始建立法律援助学生实训基地，进行了一些探索与实践。法律援助学生实训项目在法学本科生实践教学中所发挥的重要作用也为越来越多学者所肯定[①]。因法律援助具有无偿性的特征，其所服务的对象大多数为社会上的弱势群体；由此，法律援助实训课程将成为开展法律职业伦理教育的重要阵地。可以采取体验式教学方法开展法律援助教学工作，并在其中穿插法律职业伦理教育。

其具体方案为：①法律援助体验项目拟分数期开展，每期共组建4～5个体验小组，每个小组3～4名学生，每组设置一名指导教师。参与体验的学生应该通过公开招募的方式产生，以法学专业高年级的学生为主。在课程正式实施之前，应对学生进行必要的初期考核和培训。学生分组应根据考核结果，并结合学生意愿实施，考虑年级、性别和成绩等多方面因素。②由当地法律援中心将适合由学生参与办理的诉讼案件，指派给体验小组指导教师；由指导教师引导学生参与案件的办理。选取的案件应满足教学实践的需要，并充分尊重法律援助受援人的意见。学生应参与案件办理的全部过程，包括但不限于接待受援人、法律咨询、立案、文书传递、调查收集证据、法

---

① 李琼宇、贺栩溪："刍议法律援助实训环节在法学本科教学中的运用——以课程设计具体方案为探索方向"，载《教育观察》2017年第2期，第92～94页。

庭辩论、装订卷宗等。在办理案件的过程中，指导教师应指导学生独立撰写部分法律文书，并就案件展开讨论。③案件办理结束后，指导教师应对学生参与体验项目的表现进行客观、合理的评价，并进行必要考核。指导教师可以将办理法律援助获得国家补贴中的部分款项，以奖励或报酬的方式分配给参与体验的学生。

通过为弱势群体提供法律援助服务，能够增加参与体验的学生的社会责任感与时代使命感。体验小组团队化的工作模式，也将有助于提升学生的团队意识与协作工作能力。

（三）法律职业伦理教育的考核和评价

在某种意义上，相对于法学专业其他课程而言，法律职业伦理教育的课程考核的实施更加困难。如前所述，法律职业伦理教育以精神培育为基本原则，并不强调知识和技能的掌握；而学生是否真正认同并接受法律职业伦理教育，深藏于其主观认知之中，并未以客观的载体呈现出来。由此，传统的课程考核方式已经不能满足法律职业伦理教育考核的需要，需要探索符合教学实际需要的新考核方式。必须首先认识到，法律职业伦理教育的考核并不是必需的环节。在教学改革的尝试中，甚至可以探索取消该课程的考核，或者寻找其他替代性措施。

其次，即使开展法律职业伦理课程的教学考核，也应采取多元化的考核方案，重视平时成绩的记载与评价。授课教师可以有意识地安排诸如案例分析或者问题探讨等活动，观察和记载学生在参加前述活动中的言行，并将其作为考核的重要依据。授课教师和助教也可以通过个别谈话或问卷调查的方式，来调研学生对法律职业伦理的理解和认同的程度。学生在课程学习中形成的心得体会、平时作业，学生对待模拟诉讼案件的敬业程度，学生的职业理想规划等均可以成为授课教师评定课程成绩的依据。当然，对于律师执业纪律和法律职业伦理的具体知识进行测试和考核，也能够从某个侧面反映学生的学习态度，也应该作为考核的重要依据之一。

法学课程教学

交叉法学课程经济法律通论的教材内容重构与教学模式创新[①]

张 辉[*]

摘 要：法律制度在工商管理中的作用是基础性的，只有实现了工商管理的法治化，才有可能实现工商管理的规则化，进而实现工商管理的科学化。介绍"工商管理世界中的经济法"的交叉法学课程——经济法律通论，与介绍"部门法体系中的经济法"的部门法学课程——经济法学，不能混为一谈。该课程的教材应当"以工商管理活动为中心"展开，主要分为两篇，上篇介绍与工商管理组织内部活动有关的法律制度，下篇介绍与工商管理组织外部活动有关的法律制度；其中各节的内容，又分为知识传授、能力训练、智慧启迪三个层次，注重法理阐述、法条阅读、示例分析三个方面的结合，按照导入新课、新课讲授、课后指引三个步骤展开。"范例教学模式"是适合该课程的一种教学模式。

关键词：交叉法学 工商管理 经济法 教材设计 教学模式

---

[*] 作者简介：张辉，法学博士后，长沙学院法学院院长，教授，硕士生导师，湖南省法学教育研究会副会长，湖南省法学在线教育研究中心主任。联系方式：603582948@qq.com。

[①] 本文系湖南省教育科学规划课题《工商管理类专业经济法教材创新研究——与法学类专业经济法教材比较的视角》(XJK08QJD002)研究成果。

引言

　　面对普遍联系的社会,人类其实很早就开始了跨领域的探索。现代社会的经验已经反复证明,跨领域的研究往往给我们带来新的解决问题的路径。[1] 而现阶段跨领域教育已经成为大学教育之发展趋势[2]——无论是工商管理教育,还是法学教育作为大学教育的一部分,都不可能脱离这一跨领域教育的发展趋势。[3] 也许正是基于这一原因,我国教育部以一种积极、开放、包容、前瞻的态度,将"体现工商管理学融入法学教育的成果,贯彻工商管理教育跨领域教学之理念的课程——经济法律通论"列为我国高校工商管理类专业九门核心课程之一。[4] 但是,当下工商管理教育界有很多教师认为,经济法律通论与法学类专业课程体系中的经济法学,在课程建设方面无根本性的差异。作为一名有管理学与法学教育背景、长期从事经济法律通论课程教学的一线教师,我以为上述观点未厘清工商管理类与法学类专业课程的区别,很有可能使得经济法律通论课程的建设与工商管理类专业人才的培养目标相疏离,并直接影响到工商管理类专业人才的培养质量。因此,在分析工商管理类与法学类专业课程区别的基础上,重新审视经济法律通论的课程建设,特别是对教材内容的重构、教学模式的创新等课程建设中甚为重要的问题进行深入的思考,是十分必要的。

---

　　[1] 与世界普遍联系程度日益加深的趋势相反,人类对知识领域的划分却越来越细;而当今世界人类所面临的种种问题无一不"牵一发而动全身",因此人类不能再以单一领域的眼光看待世界;而由于领域的细化而支离破碎的知识,亦很难凭一己之力解决人类所面临的各种问题。

　　[2] 例如,近几十年以来,美国就有很多大学推行了协同的跨领域教学实践。

　　[3] 例如,香港大学法律学院设置了两个跨领域的学位课程,分别授予工商管理学学士(法律)学位、社会科学学士(政治与法律)学位;耶鲁大学法学院则以跨领域的方法进行法学教育。

　　[4] 另外八门核心课程为:微观经济学、宏观经济学、管理学、管理信息系统、会计学、统计学、财务管理、市场营销学。

一、经济法律通论与经济法学课程的区别

　　工商管理活动——无论是单项功能性活动(如技术创新管理、市场营销、财务分析等),还是综合性资源整合活动(如战略规划与实施、创业活动等),都是在遵循效益、规则、权责、人本、系统等理念基础上,通过协调组织内、外部利益关系,实现工商管理组织各项经济和社会目标的一个自觉过程。其中,效益是工商管理的目标,规则是工商管理的依据,权责是工商管理的手段。如果缺乏规则意识和依据,权责就无法落实,人本思想将会落空,管理系统也将出现紊乱,最终必将导致工商管理组织的目标难以实现。因此,实现工商管理规则化是实现工商管理科学化的关键性环节。而在规范工商管理的各种规则中,最具显性和刚性特征的基础性规则是法律制度。因此,法律制度在工商管理中的作用是基础性的,只有实现了工商管理的法治化,才有可能实现工商管理的规则化,进而实现工商管理的科学化。

　　显然,在实现工商管理法治化的过程中,通过工商管理类专业教育使未来从事工商管理专业工作的人员掌握一定的与其专业工作相关的法律知识和技能,是不可或缺的一个基础性环节。也正因为如此,当前国内外大多数高等学校都将"论述法律在工商管理活动中的功能、角色及所能发挥的作用"的课程,亦即介绍"与工商管理类专业有关的法律"的课程,作为工商管理类专业课程体系中的核心课程。[1] 我国教育部则将介绍"与工商管理类专业有关的法律",亦即"根据工商管理活动的需求,把法律与工商管理领域连接起来,论述它们之间在理念、方法论和实践中之互动"的课程列为工商管理类专业核心课程,称为经济法律通论(或称经济法概论、经济法等,以下同)。

---

[1] 例如,在工商管理教育最为发达的美国,商学院一般都开设介绍"与工商管理类专业有关的法律"的核心课程,即企业的法律环境(The Legal Environment of Business)或商法与监管环境(Business Law & the Regulatory Environment);而我国香港地区工商管理专业发展中心在其所设计的现代管理教育课程中,"与工商管理类专业有关的法律"课程——香港商业法,也被列为八门管理基础课程(核心课程)科目之一。

这里应予说明的是,当前国内外大多数高等学校在其法学类专业教育中,大都将介绍"调整在现代国家进行宏观调控和市场规制的过程中发生的社会关系的法律规范"的课程——经济法学,作为法学类专业的核心课程。一般来说,在大陆法系的国家和地区,这一课程被称为经济法学,而在不注重法律部门划分的判例法系的国家和地区,虽然该课程通常使用的是商事法等名称,但是该课程的内涵和外延与经济法学并不存在根本性的差异。我国教育部现将介绍"调整在现代国家进行宏观调控和市场规制的过程中发生的社会关系的法律规范之法律部门",亦即"调整调制关系之法律部门"[①]的课程,列为法学类专业核心课程,称为经济法学。

比较经济法律通论与经济法学两门课程虽然都在各自所属的专业课程体系中居于核心位置,并与其他拓展性课程之间存在有机的、内在的联系,但从根本上来说,这两门课程分别存在于两个类别完全不同的专业课程体系——前者论述的是"工商管理世界中的经济法",后者论述的是"部门法体系中的经济法"。详言之,二者的区别主要在于以下几个方面。首先,课程性质不同。我国高校不同专业课程体系中的各种法学课程,除了有理论法学[②]类课程和部门法学[③]类课程之外,还有一类法学课程——交叉法学类课程。所谓交叉法

[①] 张守文主编:《马克思主义理论研究和建设工程重点教材:经济法学》,高等教育出版社2016年版,第16页。

[②] 理论法学课程,它承担着法学的理论认识和文化传播任务,包括法学理论、法律史、比较法学课程。法学理论课程,欧美学者称为法理学或法哲学课程,我国台湾学者多称为法学绪论课程;我国大陆学者曾称为法学基础理论或法学原理课程,其以法律现象的基本理论和一般规律为论述对象,论述各种法律现象的基本的、普遍的概念、范畴、原理、规律。法律史学课程则以"从历史上存在的各种法律现象及其联系中所探寻之法律的历史"为论述对象,论述法律的产生、发展变化及其规律。至于比较法学课程,是通过对不同国家和地区的法律制度进行对照和辨别而形成的,是对法律现象进行比较研究的方法论课程。

[③] 部门法学课程,它是以调整某一领域社会关系的法律制度和法律关系为论述对象的法学课程的统称,其包括三类课程:第一,与国内各部门法有关的课程,如宪法学、行政法学、刑法学、民法学、商法学、知识产权法学、行政诉讼法学、刑事诉讼法学、民事诉讼法学、经济法学、社会法学、环境与资源保护法学、军事法学等课程;第二,有关国际相互交往的法学课程,如国际公法学、国际私法学、国际经济法学等课程;第三,有关立法、执法、司法等动态法律现象的课程,如公证法学、律师法学等课程。

学类课程,有学者称为边缘法学①课程,它通常泛指在法学课程体系之中,除理论法学和部门法学课程之外,法学与其他社会科学、自然科学课程相结合而产生的科际整合法律学课程。为了突破单一领域的局限而产生的系统理论(systems theory)可以作为交叉课程建设的理论依据和指引。形成于20世纪40年代的这一理论认为:"大部分我们观察到的现象都可以用一个复杂系统的模型去理解。复杂系统都是有着多面的特性及自我运作的法则。复杂系统本身与它的组成部分是不同的,系统的整体行为不能透过了解其组成部分就预测得到。系统的组成部分之间的关系也不一定是线性的关系,因此系统的整体表现往往是动态的。跨领域研究与教学的目的可以是要去了解一个复杂系统的复杂性形式,掌握其组成部分之间的关系,以及这些互动关系如何影响系统整体的行为模式,以及它们相互如何回馈影响组成部分的行为。"②而法律唯实论(American Legal Realism)作为影响当代美国乃至很多现代法治国家法学界与法律实务发展最为深远的重要思潮之一,对当代美国乃至很多现代法治国家的法学科际整合或者说交叉法学之发展趋势也具有极为重要的影响。大体来说,法律唯实论者的主张特色即在于企图以一种实用主义取向的法律观来取代既有的形式主义传统,"这种法律观认为法是经由创造而非经由发现而来。据此,法必须立基于人类经验……而非形式逻辑之上。法原则并不是蕴含在某种普世、永恒的逻辑体系当中,而毋宁是透过人们在特殊历史与社会脉络之下,基于特定目的创造形成的社会构建。"③与理论法学和部门法学课程不同,交叉法学课程以法学与其他领域之间的对话和互动④为基础,主要研究方法仍是法律规

---

① 有学者认为,交叉法学泛指法学与其他学科因研究对象的交叉重叠而产生的法学学科。其处于法学学科之边缘,又可称为边缘法学。参见杨宗科主编:《法学导论》,法律出版社2005年版,第8~9页。
② 参见 William Neweii: A Theory of Interdisciplinary Studies, 19 ISSUES IN INTEGRATIVE STUDIES 1, 2(2001)。
③ Singer, Joseph William(1988),"Review Essay: Legal Realism Now," 76 Calif. L. Rev., p. 474.
④ 法学与其他领域之间的互动关系,可以从简单的意念上的沟通,到在概念、方法、程序、知识、词汇、资料、研究及教育组织方面的相互整合。

范和案例分析,但在某种意义上体现了法学与其他领域之结合——以至于往往能够突破理论法学和部门法学课程在视域、理论与方法上的局限,充分体现社会现象与价值议题的多元性与复杂性。而也正因为如此,目前,无论是在美国等现代法治国家,还是在我国的港澳台地区,①这种交叉法学课程受到了法学界越来越多的重视,具有十分重要的地位和强大的生命力。总之,如果我们按这一欧美国家和我国港澳台地区所普遍采用的,颇具"法律不能脱离现实而孤立存在,而应与时俱进回应民意趋势与社会现实需求"之法理意蕴的分类方法,将我国高校不同专业课程体系中的各种法学课程分为理论法学、部门法学、交叉法学三类,那么经济法律通论这一"法学与其他社会科学相结合而产生的法学课程",理所应当属于交叉法学课程的范畴;而经济法学作为法学类专业的一门专业基础课程,则应当属于部门法学课程的范畴。其次,设置目的不同。经济法律通论是要使工商管理类专业学生一般性地掌握"与工商管理类专业有关的法律"的基本概念、基本知识、基本理论以及具体规定,从而提高其运用所掌握的法律知识和技能解决工商管理类专业工作中实际问题的能力②;经济法学则是要使法学类专业学生全面地掌握"调整在现代国家进行宏观调控和市场规制的过程中发生的社会关系的法律规范之法律部门"——经济法部门的基本概念、基本知识、基本理论以及具体规定,以提高其运用所掌握的法律知识和技能解决法学类专业工作中实际问题的能力。再次,二者的课程内容不同。经济法律通论一般包括:总论部分③、市场

---

① 当前,我国台湾法学界已呈现出法学科际整合之发展趋势,如台湾大学法学院设有科际整合法律学研究所,政治大学法学院设有法律科际整合研究所。
② 这里有必要说明的是,德国著名法学家古斯塔夫·拉德布鲁赫有言:"法学对人的智识乐于提供也许是最好的科学思维技巧的训练——任何人,当他从法学转向其他科学时,都会感激曾有过这种法学的润养。"对于工商管理类专业学生而言,其在学习"与工商管理类专业有关的法律"的基本概念、基本知识、基本理论以及具体规定的同时,实际上也就接受了法学思维的训练。而这种潜移默化之中所进行的法学思维训练,能够帮助工商管理类专业学生把工商管理活动中"人"(包括自然人、法人以及非法人组织)的行为拆解成各种构成要件之组合,并且使之在工商管理工作中做事理的判断和分析时,很容易建立条理和架构,从而得以从容地应对工商管理活动中各种复杂的事务。
③ 包括民法原理、经济法原理、法律责任原理等内容。

主体部分①、市场行为规制部分②、宏观调控部分③、劳动与社会保障部分④、环境与资源保护部分⑤、经济犯罪部分⑥。经济法学则主要包括总论(绪论、经济法的概念和历史、体系和地位、宗旨和原则、主体和行为、主体的权利与义务、制定与实施)和分论(宏观调控法的基本理论与制度、财政调控法律制度、税收调控法律制度、金融调控法律制度、计划调控法律制度、市场规制法的基本理论与制度、反垄断法律制度、反不正当竞争法律制度、消费者保护法律制度、市场规制的其他制度⑦、特别市场规制制度⑧)。⑨

概言之,经济法律通论与经济法学这两门课程,不仅课程性质和设置目的不同,而且课程内容也不同(虽然前者包括了后者所涉及的内容,但是它们阐述的角度、深度和广度不同),因此,它们在课程建设方面的基本路径也应当是不同的。也就是说,经济法律通论与经济法学这两门课程在教学内容和体系的改革、教学设施(包括实验设施)的建设、教学方法和手段的研究与装备、教学的组织和管理,乃至教学团队建设等方面,存在着根本性的差异。例如,在教学内容和体系改革的过程中,前者应根据工商管理类专业社会实践的需求和学生的知识结构有针对性地进行改革;后者则应从法学类专业的社会实践需求和学生的知识结构出发,有针对性地进行改革。又如,在教学团队建设方面,前者的团队就不能仅由经济法学专业的教师构成,而应由民商法学、诉讼法学、环境法学等专业教师共同参与;后者的团队则仅由经济法学专业的教师构成。

---

① 包括独资企业法、合伙企业法、公司法、国有企业法、外商投资企业法、破产法等内容。
② 包括合同法、担保法、票据法、证券法、竞争法、产品质量法、消费者权益保障法、知识产权法等内容。
③ 包括计划法、固定资产投资法、财税法、国有资产管理法、金融法、价格法等内容。
④ 包括劳动法、社会保障法等内容。
⑤ 包括环境法、自然资源法等内容。
⑥ 包括刑法中破坏社会主义市场秩序罪、贪污受贿罪、破坏环境资源保护罪的内容。
⑦ 包括产品质量监管法律制度、价格监管法律制度、广告监管法律制度、计量监管法律制度等内容。
⑧ 包括货币市场规制制度、证券市场规制制度、保险市场规制制度、房地产市场规制制度、能源市场规制制度等内容。
⑨ 参见张守文主编:《马克思主义理论研究和建设工程重点教材:经济法学》,高等教育出版社2016年版,第1~8页。

二、经济法律通论课程的教材内容之重构

一般来说,课程建设的目标是:具有符合学科或专业特色的教学大纲、符合社会需求和学生认知特点的教材、完整的教学资料、科学的考核手段、结构合理的教学团队、比较先进的能满足教学要求的教学手段和实验设施,以及行之有效的启发式的教学模式。而在这些课程建设目标中,"有合适的教材"是一个十分重要的课程建设目标。因此,要切实推进经济法律通论课程建设,必须紧紧抓住该课程"教材改革"这一"牛鼻子",以带动该课程的各项课程建设目标的全面实现。

现阶段,我国各种经济法律通论教材的内容"似乎都是经济法学教材的扩展版",即大都是在前文所述经济法学课程内容的基础上,简单地增加了介绍民商法原理以及一些单项法律制度①的内容,并对经济法学课程在论述具体法律制度过程中所未涉及的民商法内容予以适当补充。② 换言之,我国现阶段各种经济法律通论教材与经济法学教材相比较,除了在内容上有所增减,在逻辑结构、行文思路等方面几乎"如出一辙";同时,这些教材"似乎独自游走于工商管理类专业课程教材体系之外",与其他工商管理类专业课程教材不能相互衔接、互为支撑,共同构成一个具有内在关联性和逻辑性的工商管理类专业课程的教材体系。而正是从这一意义上来说,现阶段我国出版的各种经济法律通论教材,与该课程"有合适的教材"这一课程建设目标,尚存在着"一定的距离",其内容有必要根据工商管理类专业课程教材的特点予以重构。

与法学类专业经济法学教材的内容以"人"(包括自然人、法人以及非法人组织)的行为为中心而展开不同,经济法律通论作为一种工商管理类专业教材,其对"与工商管理类专业有关的法律"的介绍,

---

① 如独资企业法、合伙企业法、外商投资企业法、公司法、破产法、合同法、票据法、证券法、专利法、商标法、会计法、审计法、劳动法、社会保障法、环境法、自然资源法等。
② 如对产品质量法、广告法、消费者权益保护法中有关民法规范以及证券法、保险法中有关商法规范进行论述。

应当"以工商管理活动为中心"而展开。也就是说,经济法律通论教材应当"以工商管理活动为中心",围绕"法律在工商管理活动中的作用"来论述"与工商管理类专业有关的法律"的基本概念、基本知识、基本理论以及具体规定。

众所周知,法律是"定分止争"的,而人们之间的各种"分"与"争",归根结底都是为了实现某种利益(物质利益或精神利益),因此,从这一意义上来说,法律就是一种社会利益资源和权利的分配书,即"利益的分配书",其运行的终极目的是确认和调整社会中人们之间的利益关系。① 法律这一"利益的分配书"在"工商管理活动中"的作用主要表现为:通过调整工商管理组织的内部利益关系和外部利益关系(其与外部其他组织之间的利益关系),以促进和保障工商管理组织目标的实现。而工商管理组织内部利益关系和外部利益关系调整的表现形式,主要又体现为工商管理组织的内部活动和外部活动。因此,经济法律通论教材,如要"以工商管理活动为中心"来论述"与工商管理类专业有关的法律",就有必要先介绍与经济法律通论学习相关的法学基础知识,然后根据"法律在工商管理活动中的作用",分为"法律在工商管理组织内部利益关系调整中的作用"和"法律在工商管理组织外部利益关系调整中的作用"两大部分来介绍相关的基本概念、基本知识、基本理论以及具体规定,亦即教材有必要分为绪论和正文上、下两篇以及附录,"绪论"简要介绍与经济法律通论学习相关的法理学、民商法学、经济法学等法学学科的基础知识,正文"上篇"介绍与工商管理组织内部活动有关的法律制度;"下篇"介绍与工商管理组织外部活动有关的法律制度;"附录"可以介绍法律风险管理的有关理论。这里要特别予以说明的是,"与工商管理组织活动有关的法律"适用过程中,由于法学上存在不同学说、行政与司法机关适用法律上可能有不同解读以及不同国家采用不同法系等各种原因,使得无论是工商管理组织的内部活动还是外部活动都存在法律风险,而任何风险事件的发生,通常都会伴随着法律责

---

① 法律这一"利益的分配书"之运行——确认和调整社会中人们之间的利益关系,应尽可能牺牲最少数人的利益,确保最大多数人的利益。

任。因此可以说，正视工商管理活动中的法律风险，建立工商管理活动中法律风险管理机制，对工商管理活动中的法律风险进行科学的管理，是现代社会工商管理组织日常管理活动中不可或缺的内容。当然，也正是从这一意义上来看，阐述"工商管理世界中的经济法"的交叉法学课程教材——经济法律通论有必要与论述"部门法体系中的经济法"的部门法学课程教材——经济法学教材相区别，不落目前各种工商管理类专业经济法教材"仅以规范分析法学为基础，较少融入系统性管理学之逻辑"的窠臼，在教材最后——在介绍完与工商管理组织内部和外部活动有关的法律制度之后增设附录——"工商管理组织法律风险管理"，通过介绍法律风险管理的有关理论与事例，让工商管理类专业学生认识到工商管理活动中法律风险无处不在，必须正面防范管理，进而在一定程度上拓展工商管理类专业学生的学习视野和思维空间。

具体来说，与经济法律通论相关的法理学、民商法学、经济法学等法学学科的基础知识，主要涉及法的概念与特征、法的渊源、法律部门与法律体系、法律关系、法律责任、代理、诉讼时效等方面的内容，因此经济法律通论教材的绪论可以分为五节，即法的概述（包括对于法的概念与特征、法的渊源、法律部门与法律体系的阐述）、法律关系、法律责任、代理、诉讼时效。由于工商管理组织的内部活动主要涉及工商管理组织的形式、人力资源管理、资产管理、财务管理、生产经营管理、环境保护等方面，工商管理组织的外部活动主要涉及市场交易、市场竞争、证券与商业保险、国家税收、仲裁与诉讼、宏观调控等方面；因此，经济法律通论教材的上篇——与工商管理组织内部活动有关的法律制度可以分为六章，即工商管理组织形式法律制度、人力资源管理法律制度、资产管理法律制度、财务管理法律制度、生产经营管理法律制度、环境保护法律制度，而经济法律通论教材的下篇——与工商管理组织内部活动有关的法律制度则可以分为六章，即市场交易法律制度、市场竞争法律制度、证券与商业保险法律制度、国家税收法律制度、仲裁与诉讼法律制度、宏观调控法律制度。[①]至于经济法律通论教材选择性安排的附录——"工商管理组织法律风险管理"作为一章,则可以工商管理组织法律风险辨识、估计、评价、预警和防控为主线分为五节,即工商管理组织法律风险辨识、工商管理组织法律风险估计、工商管理组织法律风险评价、工商管理组织法律风险预警、工商管理组织法律风险防控机制。当然,由于篇幅有限,经济法律通论教材有必要按照"内容体系完整、主要法律讲到、具体规定举要"三原则来安排具体内容。换言之,教材上、下两篇中各章对于所涉及的所有法律制度不可能也无必要以节的形式逐一进行介绍,而应当"点到为止"——采取"轻其所轻、重其所重"的方式,选择其中几个主要的法律制度,进行"素描"(Sketch)性阐述[②]。

这里还要强调的是,经济法律通论教材中各节的内容,有必要分为知识传授、能力训练、智慧启迪三个层次;注重法理阐述、法条阅读、示例分析三方面相结合;按照导入新课、新课讲授、课后指引三个步骤展开:以开辟一条"引发学习兴趣—阐述基本理论—拓展理论视野—提升理论高度—追寻理论根源—提高思想水平"的"由浅入深[③],循序渐进,有所升华"的认知路径。例如,每节之首可以设置一个导入新课的"引例"栏目。这一栏目旨在引发学生积极思考,激发学生学习兴趣。但是,其中的"提示"仅提供一种思路,并不束缚学生的思维。在每节之中可以设置"示例"栏目。这一栏目旨在从"合法性判断"和"如何正确地做正确的事"的角度,从各类工商管理活动中提取生动鲜活的案例,并借以引导学生了解教材中的基本知识,

---

[①] 各章之前可以设置"本章提示"栏目,指出本章在整部教材中的地位,同时简要叙述本章基本内容的逻辑线索、学习重点以及难点,以使学生在进入本章具体内容的学习之始,即对全章的内容有一个整体性的了解。

[②] 所谓素描性的阐述,即阐述应尽可能简要,但是简要未必即简单。因为,好的素描除了必须以简要的笔调及线条充分地描绘出物体的形象之外,还必须将物体的特性充分地表达在画面之上。例如,要描绘雄伟高山的形象必须要用坚硬的笔调,而要描绘小桥流水的形象必须要用柔和的线条。对于每一个具体法律制度的阐述,亦如对一处风景进行素描,而只有好的风景素描,才能引人入胜,让人意犹未尽,流连忘返。

[③] 经济法学论著的表述通常"深入浅出",即从一个复杂的问题入手,最终得出一个浅显明白的结论。经济法律通论教材的表述则有必要"浅入深出",即从一个简单的现象入手,最终得出一个基本原理。

阐释课文中有关重点和难点。① 在各节之中还可穿插设置选择性栏目——"知识链接"。这一栏目主要针对课文表述中涉及的有关法学知识作进一步阐释，以方便工商管理类专业学生更加深入地理解"在课文表述这一特定语境中"有关概念、原理和理论的准确意思。在每节之末则可以设置"相关法条"②"法的智慧"③"课后练习""参考文献"以及"网络资源"等栏目。其中，"相关法条"栏目，为学生提供课文内容所涉及的规范性文件④，以体现教材法理阐述、法条阅读、示例分析三结合的基本结构。"法的智慧"栏目，则为学生提供具有法哲学意味、有"画龙点睛"之趣的至理名言⑤，以使教材内容最终能够超越"不断修订的法律条文"，实现从知识传授、能力训练到智慧启迪⑥的升华。关于"课后练习"，其有必要与学习法律"上接法条、下联案例"的一般学习过程以及实际能力的训练相契合，考虑选择设置"法条分析题"⑦

---

① 某些章节的"示例"栏目，可以适当选取一些"颇具争议的案件"进行分析评价，借以向学生阐明：一个社会之中必然存在不同社会价值观念的冲突与对抗，很多时候法律条文会存在语言模糊、不够具体明确等问题，因此不同的承办人就所承办的案件对法律条文进行法律解释时，往往会受到其所偏好的价值观念的影响以致形成各种不同的解释结果，从而也就使得这些案件的处理在"不同社会价值观念并存的社会"之中颇具争议。当然也正因为如此，很多时候即使是熟悉法律的法学教授也并不能想当然地预测承办人将如何在具体案件中进行判断，也不可能完全准确地预测不同行政机关的承办人将如何在具体个案中对于法律进行解释与适用。

② "相关法条"栏目之所以设置于每节之末而非之前，其原因主要在于：要准确理解"相关法条"的含义，仅对其进行字面解释是不够的，必须深刻把握"相关法条"所涉及的观念问题。换言之，工商管理类专业学生只有在学习该节理论阐述之后，才有可能对用词极为精简的"相关法条"所传达的法律观念、问题与原则有全面而准确的认识。

③ 法的智慧，即法的哲学。

④ 这些规范性文件可以进一步分为"必读"和"选读"两个部分。

⑤ 法条浩瀚，法理无穷，教材中这些具有法律哲学意味的至理名言，应当能够简洁地表达法律的精神，展示法律之魅力，并且指引法学理论和法律实践发展的方向。

⑥ 古希腊哲学家赫拉克利特有言："博学并不能使人智慧"。知识可以传授、能力可以训练、智慧却无法传授和训练，只能启迪。

⑦ 通过"法条分析题"的设置要让学生明白，由于我们在工商管理活动中遇到各种法律问题时，能够很方便地通过上网查阅的方式了解相关法律条文的内容，因此学习经济法律重在掌握解读法律条文的各种法释义学与法学方法，而非"死记硬背"各种法律条文。更为重要的是，具备一定的人文社会科学与自然科学的素养是准确解读法律条文的必要条件——如果不了解法律条文背后的政治、经济、社会、文化乃至自然科学发展条件，是无法了解法律条文之精髓的。

"案例分析题"①"材料论述题"②等题型。还有"参考文献"和"网络资源"栏目，既可以标明教材所述主流观点的出处，又可以提供中外相关的经典学术文献，还可以体现教材新课导入、新课讲授、课后指引的基本思路，从而为学习者提供一个课后阅读的基本路径，解决"一本教材学到岸"的问题③。

总而言之，经济法律通论教材要根据工商管理类专业设置该课程的目的以及工商管理类学生的知识结构和认知能力，决定具体内容和阐述方式，特别是要注意以下几点：第一，应当"在立足于应用性的基础上，实现理论性和应用性的统一"——侧重于对法律制度的实然性阐述，而适当忽略对法律制度的应然性探讨。第二，应当尽量避免那种侧重于"从概念到概念，从观点到观点进行逻辑上演绎"的"法言法语"的阐述方式，而应当采用"与学生进行理论联系实际的对话"的具有工商管理类专业课程特色的阐述方式。第三，在具体阐释各项法律制度的过程中，应当充分地考虑经济理论、管理方法和法律制度之间的内在关系，注重从成本与效益的角度、特别是从组织的效率和效果的角度，分析各项法律制度的作用，以使其具体内容与其他工商管理类专业课程教材相互配合，互为支撑。第四，在通过阐释各项法律制度展示"工商管理活动中法律制度适用之魅力"的同时，还应当特别注重对学生进行法律信仰的教育——引导学生"把法律看作生活终极意义的一个必不可少的部分"，因为，各类工商管理专业工作者只有具备了坚定的法律信仰，同时将精湛的法律技术与合

---

① 某些章节中"案例分析题"的设计，不仅要使学生认识具体的法律条文，而且要让学生理解法律原则，例如，民法中的诚实信用原则、刑法中的罪刑法定原则、行政法上的法律保留原则和比例原则，以及程序法领域的正当程序原则等在具体案件中的运用。

② 这种"材料论述题"要求学生"申而论之"——针对特定话题提出自己的观点，并展开论述。具体来说，就是给学生提供一系列反映特定实际问题的文字材料，要求学生仔细阅读这些材料，概括出它们反映的主要问题，并提出解决此问题的实际方案，最后再对自己的观点进行较详细的阐述和论证。这一题型不仅限于考察阅读理解能力和文字表达能力，更侧重于考查学生发现问题和解决问题的实际能力，具有较强的综合性和现实针对性，能让学生充分发挥自己各方面的潜能。

③ 由于教材内容的基础性，如果仅要求学生熟读一本教材，不要求其再阅读其他参考资料，那么就会限制学生的视域和对于问题的深入钻研，进而对学生独立思考和工作能力的培养也极为不利。

理的价值判断结合起来,才能够在工商管理活动中让各项法律制度得到真正实施。

三、经济法律通论课程的教学模式之创新

从某种意义上来说,教学模式的优劣在很大程度上决定着课程建设的质量和水平,"教学模式的改革"是课程建设过程中极为重要的一个核心环节。因此,为切实推进经济法律通论这一交叉法学课程建设,必须以建立"一套特有的启发式教学模式"为目标,在充分考虑工商管理类专业学生知识结构和认知能力的基础上,对工商管理类专业课程的教学模式进行创新。

如前所述,经济法律通论课程的教学团队,不能仅由经济法学专业的教师构成,应由民商法学、诉讼法学、环境法学等专业的教师共同参与。但是,目前就我国大多数高校而言,担任经济法律通论课程教学的教师,大都仅具有理论法学或部门法学的教育背景,对交叉法学课程的研究关注不多;以致有相当一部分教师在经济法律通论这一交叉法学课程教学过程中所惯用的教学模式大同小异,即大都采用部门法学课程——经济法学课程所用的"法学教科书讲授教学法[1]与法学判例教学法[2]相结合"的教学模式。该教学模式原本所适用的

---

[1] 与英美法系(判例法学)国家法律以判例法为法律主要来源不同,大陆法系(成文法系)国家的法律主要是由"通则部分和各论部分"所构成的各种成文法典。源于法典化之法律文化,大陆法系(成文法系)国家的法学教育,侧重于对立法者所制定的成文法律的解释——而要准确解释成文法律之条文的含义,仅对成文法律之条文进行字面解释是远远不够的,必须全面系统地掌握法律条文背后"在立法时就已经被植入成文法律之条文中的法律观念和理论"。职是之故,大陆法系(成文法系)国家的法学教育,普遍注重采用与成文法律的解释密切相关,侧重于通过法学教科书系统传授"在立法时就已经被植入成文法律之条文中的法律观念和理论"的"法学教科书讲授教学法"。我国属于大陆法系(成文法系)国家,"法学教科书讲授教学法"也是我国法学教育中最常见的教学模式。

[2] 由原哈佛大学法学院院长兰德尔首创,当今英美法系(判例法学)国家法学院所普遍采用的"以案例汇编书为教材"的案例教学法(以及通常与其搭配使用的"以问答为主要授课方式"的苏格拉底教学法)不同,此处所说的法学判例教学法,主要存在于大陆法系(成文法系)国家的法学院之中。一般来说,英美法系(判例法学)国家的案例教学法,衍生于"法律系科学"理论,强调的重点为从法院判决中发现法律的原理与原则。而大陆法系(成文法系)国家法学判例教学法,强调的重点为法理观念之厘清与法律之正确解释与适用。因为,对于大陆法系(成文法系)国家而言,抽象的法律原理与原则,已在成文法典的法律条文中表现,司法判决对大陆法系(成文法系)国家来说,并非属于狭义上的"法律"的一部分。

教学对象是系统学习过理论法学课程的法学类专业的学生,因此在实施过程中,注重"解释法学概念、阐述法学理论、注释法律条文、研讨学术问题",然后通过某一客观真实的法院判例,阐释法律条文和探析法学理论问题。但是,这一教学模式对于没有系统地学习过理论法学课程的工商管理类专业学生却是不适合的——它的实施超越了工商管理类专业学生的知识结构和认知能力,会使该类专业学生学习的积极性和主动性受到某种程度的挫伤,进而影响该课程教学质量的提高。虽然有部分教师近年来也对经济法律通论这一交叉法学课程的教学模式进行了一些有益的探索,但是大多未能突破这一教学模式的内在结构,而仅是扩张(或缩小)、变更、重组这一教学模式中的某些环节,或者加入一些新的元素。因此,可以说这些探索并未实现经济法律通论这一交叉法学课程教学模式根本性的创新。[①]

这里有必要指出的是,一般教育学意义上的"范例教学模式",是由德国 M. 瓦根舍因、J. 德博拉夫等教育家在 20 世纪 50～60 年代提出并逐步完善的理论,与同时代的苏联赞科夫的"新教学体系"和美国布鲁纳的"学科结构"教学论并称为最有世界影响的三大教学论流派。[②] 这一教学模式强调将精选出来的示范性、典型性的材料作为教学内容,通过个别来说明一般,使学生能由点到面,从部分到整体来理解和推知事物的本质和规律。在教学过程上范例教学通常要经历四个阶段:第一,阐明"个"的阶段,即通过整体中一个或几个典型事例来说明这个整体的特征。第二,阐明"类"的阶段,即对通过"个"的阶段获得的知识进行归纳、推断,目的在于使学生从"个"的学习迁移到"类"的学习,认识这一类事物的普遍特征。第三,掌握规律的阶段,即通过上两个阶段所获得的认知,让学生进一步探究规律性的认识。第四,获得关于世界关系的切身经验阶段,即在上述阶段教学的基础上取得关于世界的经验和生活经验,目的在于使学生不仅

[①] 之所以如此,在很大程度上是因为虽然有不少教师在经济法律通论课程的教学过程中自觉地引入了跨领域教学的思维或成分,但是对于什么才是跨领域教学,以及如何在工商管理类专业教育中融入经济法律通论这一交叉法学课程的跨领域教学,仍然缺乏理论性和系统性的认识。

[②] 李其龙:《德国教学论流派》,陕西人民出版社1998年版,第4页。

认识客观世界也认识自己,并影响自己的思想情感,提高行为的自觉性。① 由于以范例组织教学时,"每个作为范例的个别都是反映整体的一面镜子,这个整体一方面是学科的整体,另一方面是学习者的整个精神世界。"因此,学生就能够从这些选择出来的有限的例子中主动地获得本质的结构性的、原则性的、典型性的东西,并且能够理解和解决一些结构相同或类似的单个现象。② 也正因为如此,将这一强调经验和情景对学生的认知、能力、思维和情感有促进作用的"范例教学模式"运用于经济法律通论这一交叉法学课程的教学中,不仅能够极大地促进工商管理类专业的学生积极主动地掌握"与工商管理类专业有关的法律"的基本概念、基本知识、基本理论以及具体规定,而且能够最大限度地促进该类专业学生提高运用所学的法律知识解决工商管理类各专业工作中实际问题的能力。但是,在运用这一教学模式过程中,要注意其与"法学判例教学模式"的区别:一方面,这一教学模式中的"范例"——"作为教学内容的示范性、典型性材料",不仅要包括"判例"——客观真实的法院判例,而且还应当包括工商管理活动中各种"隐含着本质因素、根本因素、基础因素的典型事例"。另一方面,在运用这一教学模式过程中,也不能够像"法学判例教学模式"那样,仅强调学生"像法律人那样思维"③,而要注重引导学生"像懂法律的管理者那样思考"④,以使经济法律通论这一交叉法学课程的教学"不与管理的现实世界相脱离"。⑤ 总而言之,这一教学模式不仅具有"法学判例教学模式"强调启发性的特点,而且能创设出适合工商管理类专业学生的学习情境,使之能够借助"范例"主动地掌握"与工商管理类专业有关的法律"的基本原理,并且

---

① 袁振国主编:《当代教育学》,教育科学出版社2004年版,第170页。
② 李其龙:《德国教学论流派》,陕西人民出版社1998年版,第7~10页。
③ 法律人,亦即法官、检察官、律师的思维方式是否有别于普通人,这个问题至今尚无定论。尽管如此,人们还是认为某些推理技术是法律决策所独有的。本文之中有关法律思维的论述是从这种意义上来说的。
④ 经济法律通论课程的教学要注重培养工商管理类专业学生综合分析法律和事实,运用法律思维进行推理,从而解决工商管理活动中各种复杂和新鲜问题的能力。
⑤ [美]斯蒂芬·P.罗宾斯:《管理学》,中国人民大学出版社、Prentice Hall 出版公司1997年版,第4页。

能够进一步理解和解决工商管理专业工作中相同或类似的现象和问题。该教学模式应当是一种与各类工商管理实践活动高度契合,具有生动性和可操作性,并且能够较好地培养工商管理类专业学生运用所学法律知识解决工商管理活动中实际问题能力的教学模式。

另外,应当特别强调的是,在经济法律通论的课堂教学过程中,教师不仅要根据教材的内容注重阐释"与工商管理类专业有关的法律规范"是什么及应如何适用,而且要适当展开阐释教材中因限于篇幅只是点到为止而未能深入论述的这些法律规范是怎么来的,①特别是"为什么如此?"的问题。因为,如果在课程教学过程中忽略了阐释这些法律规范是怎么来的,特别是"为什么如此?"的问题,那么很有可能会造成学习这一课程的学生只是被动地接受已成文化之法律规范且强调从抽象文字到具体适用的演绎方法,仅培养了逻辑思考能力,而缺少创造思考能力、分析与归纳的能力,甚至于不关注法律规范的成长与变动的本质,以及法律规范与社会生活互动的现象。更为重要的是,如果工商管理类专业的学生对于"与工商管理类专业有关的法律规范"只知其然,却不知其所以然——不了解这些法律规范是怎么来的,特别是不理解"为什么如此?"那么不知"缘何""为何",也就很难知道"如何"——在面对比较复杂的问题时,他们很有可能由于缺乏一一对应的法律规范,而丧失了解决问题的能力;而且对于现行各种具体法律制度的完善和发展也很难有所思考。

结语

交叉法学课程——经济法律通论之开设,重在使工商管理类专业学生建立法治思维,感受法学魅力,进而推开法学之门。当然,这些非法学专业学生如要更加深入地学习与其专业有关的法学理论知识,还有必要有针对性地进一步选择学习民法学、商法学、财税法学、行政法与行政诉讼法、国际经济法学等专门性法学课程及宪法、行政

---

① 阐述"这些法律规范是怎么来的"是指对相关法律制度与法律思想的起源和发展进行阐述。

法与行政诉讼法、国际经济法学等综合性法学课程。但是,在工商管理领域,任何法律的学习和实践都离不开经验之积累、逻辑之分析、价值之选择——因为,欲理解法律,必先理解生活。不知生活常识,不解社会机制,不达世事人情,必不了解法律。然经验纷乱,需逻辑齐之。因此,欲精通法律,必先精通逻辑。运用逻辑力量,方能从经验中析出规范,以规范再造经验。然而大前提预设,非逻辑自身所能决定,于是价值选择成为必要。经验、逻辑与价值,是法律内蕴藏的节点,三位一体,缺一不可。法律规范构造如是,法律文章构造如是。经验内容无穷,逻辑方法众多,价值取向不一,构成多解之社会方程。知晓多种解法,属于知识丰富;能以最佳取舍组合获取最优解,是为智慧。法律乃智慧之事,法学乃智慧之学。[①]

[①] 陈甦:《法意探微》,法律出版社2007年版,第333~334页。

"三位一体"教学模式在民事诉讼法课程中的运用[①]

张维新[*]

摘　要:"法治思维—法律知识—司法技能"三位一体教学,凸显教学过程中的"实效性"特色,采用实训、实践操作等多种方式教学,突破理论教学的限制,快速强化学生的司法实践技能。因此,民事诉讼法课程教学一定要注重法学思维的养成,要注重司法技能的培养,要增加实训教学内容的比重,要增加师生的互动式过程。

关键词:三位一体教学　司法技能　实训教学　双向互动

"中国的法学教育存在多方面的严重问题,需要进行深刻的改革。法学教育改革中最困难的部分是教学方法的改进。"民事诉讼法属于程序法,程序法课程教学相较于实体法教学而言,显得更加枯燥一些,很难激发起学生的学习兴趣,加上民事诉讼法在教学大纲安排中只有一个学期的教学课时,但民事诉讼法的教学内容繁多,考点细

---

[*]　作者简介:张维新(1969—　),男,汉族,湖南常德人,法学博士,湖南文理学院法学院副教授,主要研究方向是诉讼法学。

[①]　基金项目:湖南文理学院精品课程项目《民事诉讼法》、湖南文理学院教改项目《司法考试背景下民事诉讼法学课程"实效性教学"研究》(JGYB1103),湖南文理学院芙蓉学院重点教改项目《独立学院〈民事诉讼法〉"实效性教学"与司法考试对接的应用研究》(FRjg1203)。

微而琐碎，不好讲解，也不便于学生记忆。结果常常会导致教师赶进度、学生很茫然的尴尬状态，很难见到真正的"法学思维的养成"和"司法技能的培养"的实效性效果。那么，怎样才能做到这一点呢？这是教师常常思考的一个问题，也有教师在不断努力地尝试着在课堂上进行教学改革与探索，主张"法治思维—法律知识—司法技能"三位一体教学，在教学中取得了较好的效果。本文是关于民事诉讼法课堂教学中的一些经验和体会，期望提供有用的参考，更期望同行的批评指正与共同探索研究。

一、民事诉讼法课程教学一定要注重法学思维的养成

当今我国高校法学教育理应以培养卓越法律人才为目标，地方高校法学本科教育也当以培养应用型法律人才为目标，即以培养德才兼备，既有良好的法治思维、法学思维，又有良好的司法技能的法律人为目标。

民事诉讼法课程教学目的是要培养优秀的法律人，法律人的工作目的就是要解决纠纷。但是解决纠纷难道就是简单地运用法条做出一个判决吗？事实上并不是这样。解决纠纷问题其实是一个"冰上理论"式问题，一座冰山露出海面，我们也许只见到露出水面的一小部分（1/8），但我们其实应注意到隐藏在水面之下的绝大部分（7/8），这样才算真正认识了一座完整的冰山，也才知道怎样和需要用多少成本去化解这座完整的冰山。换句话说，从全面的观点来看，解决纠纷表面上是解决当事人之间的矛盾冲突，但隐含着更大、更重要的问题，就是要具有社会意义，也就是要从预防和化解社会矛盾的角度考虑问题。

所以，作为一个法律人，不能仅靠书本上的知识来解决纠纷，而是应当全面地考量纠纷背后的社会大背景以及纠纷产生的各种因果关系、产生纠纷之后当事人各自的心理状态与各种诉求、法条解决纠纷的合法性、合理性与潜在执行可能性以及社会对纠纷解决的普遍认知性与认同性等。很显然，要真正解决纠纷，除了要懂得书本上的专业理论知识之外，"更重要的是，要在法学本科阶段培养多角度式

思维方式,以社会的视角、中国本土的视角、多种主体的视角、多种学科的视角审视法律问题,方能从根源上将法学院的优秀本科生培养成法治社会所需要的卓越法律人才。"

二、民事诉讼法课程教学一定要注重司法技能的培养

地方高校的法学本科教育,必须贯彻以培养具有法律思维、法学专业知识和司法技能三位一体为目标的课程教学模式,民事诉讼法课程的教学尤为如此。这就要求民事诉讼法课程教学的重心和落脚点是要注重司法技能的培养。

所谓司法技能,就是指司法工作者运用法律专业知识、既定规范、操作规程审理案件的能力,是在审判过程中法官在法治思维的指导下公正地综合分析案件事实、认证法律真实的证据,正确适用法律迅速有效地对案件做出裁判的技能。民事诉讼法作为程序法,同时具有外在的工具性价值和内在的本位价值,因此其教学应体现其社会性、经验性,与其他部门法相比较,民事诉讼法的生命更在于经验。所以,作为经验型学科的民事诉讼法课程教学,不能是简单地停留于象牙塔中的"宅男式"的梦呓断语思维,自娱自乐,必须注重培养学生的解决当事人的纠纷和社会矛盾的能力培养,一定要更加注重加强司法技能的培养。

三、民事诉讼法课程教学一定要增加实训教学内容的比重

民事诉讼法是一门实践性很强的课程,不能简单地采用传统的填鸭式灌输,否则培养出来的学生就是一个"速成产品",只能充当"肯德基"材料。民事诉讼法课程教学必须让学生自己具备独立思考、独立分析问题和解决问题的能力。显然在课程教学中需要增加实训教学内容的比重。民事诉讼法实训内容主要包括案例教学、模拟审判、庭审旁听等。

案例教学法是一种全新的教学模式,主要着眼点在于促进学生

的创新能力和实际解决问题能力的发展。即以典型案例为引子,以学生独立解决问题为目的,学生通过案例讨论中的角色扮演来学习法学课程的理论和实践,以法律职业工作者的身份去分析、解决问题,模拟实际法律操作过程,提高实际解决纠纷的能力。

模拟法庭教学就是以模拟法院开庭审理的方式,通过学生亲身参与,将课堂中所学到的法学理论知识、司法基本技能等综合运用于实践,活学活用,以达到理论和实践相统一之教育目的的教学模式。通过模拟法庭的教学使学生的学习从被动接受转变为主动参与,学生成为学习的真正主体。通过模拟法庭的实践活动,能够让学生全面介入模拟诉讼活动,扮演各种诉讼角色,体现实际动手能力的综合"演习"。通过模拟法庭的实践活动,有助于培养学生的创造性思维,进一步培养学生的综合能力。

民事案件的庭审旁听制度是实现民事审判的法律效果和社会效果统一的有效途径。通过带领学生参加庭审旁听,激发学生的专业学习的良好动机和兴趣。通过旁听庭审主要学习几个方面内容:①专业理论。在庭审过程中,律师和审判人员都表现出了极其深厚的理论功底,而这种能力必须是在平时的学习过程中逐渐养成,旁听庭审使学生认识到了理论学习的重要性,让学生体会到,法律作为一门实践性学科,一刻也不能离开实践,只有将所学知识用于实践中,才能更好地发挥自己的才能。②语言表达。庭审也让学生认识到语言表达作为一项基本技能的重要性。这个技能包括语言和表达两个方面,语言表达能力在庭审过程中也发挥着重大的作用。只有逻辑严密、思维清晰,语言表达能力很强,才能让人轻松的理解其所表达的意思,才能一开口就占尽胜诉先机。③仪态大方。虽说法律面前人人平等,但审判人员对法律人第一眼的感觉也很重要,因此在开庭时仪态一定要大方并专业。④自信。无论在庭审过程中处于什么样的地位都要保持自信,自信可以传递给审判人员一种信息。庭审中无论是原告、被告,还是本案的审判人员都表现出了极其强烈的自信心,原告方的咄咄逼人,被告方的从容不迫,审判长的沉着冷静都使整个庭审十分的激烈而又不失秩序,紧张而又不失理性。三方坐在各自的席位上都散发出了自信的魅力。⑤充足的准备。庭审前充足的准备是案件取胜的决定性因素,不论是从法律的角度还是从案件相关技术的角度,律师如果事先做详尽细致的工作,就更容易在庭审过程中占据主动地位。

显然,如果仅在课堂上灌输一些基本的法学知识和法学原理、制度等内容是远远不够的,必须在民事诉讼法课程中增加实训教学内容的比重,要善于将基本的知识、原理、制度等内容融汇于真实的具体案例中去学习,这样才既能激发学习兴趣,又能真正消化知识,迅速将所学转化为应用能力。

四、民事诉讼法课程教学一定要增加师生的互动式过程

民事诉讼法课程教学中,要高度重视师生双向互动交流。在双向互动教学中,学生由被动听讲转为主动参与,有利于调动其积极性和主动性,而实际的参与式讨论,加深了学生对所学法学理论知识的掌握,提高了学生的法律职业的专业语言表达能力和写作能力。同时,学生的答案随时要求教师给以引导,这也促使教师加深思考,根据不同学生的不同理解补充新的教学内容,对教师也提出了更高的要求。这样的教学互动,相得益彰,从而让这种双向式互动教学真正达到教学相长的效果。

这种互动教学的效果好坏,主要取决于教师。教师无须拘泥于或者迷信于哪一本固定的教材,"在保留教材的基础上,应当改变现有高校评价机制、树立精品教材意识、加强方法论与司法实践知识的比例,同时也应适当引入民事诉讼的最新理论研究成果。"为了达到更好的教学效果,教师不能是简单地照本宣科,而是要非常娴熟地将知识点讲解透彻,并通过典型案例和司法考试真题在当堂课上及进行检测和应用能力转化。"基于现代教育教学理念,探讨情景式教学法等现代教学方法运用到民事诉讼法教学的有效性,真正让实践性的课堂教学中发挥出积极的教学功效,改变教师的教学理念与方式。"

教师除了要将知识点的背景知识与背后原理或逻辑讲述清楚外，还要善于将知识点编纂成各种便于理解和记忆的顺口溜或口诀、直观图表等内容，激发学生的学习兴趣或动力。例如，在讲述民事诉讼法的性质时，可以想象为一个场景（公公在城内部设基地，准备谋反），编纂为"公公——城（程）内——部设（社）——基地"四个小节的顺口溜，每个小节的后一个字"公、内、设（社）、地"，分别是"是公法还是私法、内容、社会基础、地位"的意思，每个小节的前一个字是"公法、程序法、部门法、基本法"的意思，记忆时注意一一对应的顺序，则理解一遍就记住了。又如，在讲解民事诉讼基本原则时，可以编纂顺口溜为"三等两专一调解，检察诚信支持诉"，其中，"三等"就是当事人诉讼权利平等原则、同等原则和对等原则；"两专"就是民事诉讼当事人所独有的处分权原则和辩论权原则；"一调解"就是指法院调解原则；"检察"就是指检察监督原则，"诚信"是指诚实信用原则；"支持诉"就是指支持起诉原则。

例如，在讲解简易程序内容时，下列案件不得适用简易程序：①起诉时被告下落不明的案件；②发回重审和按照审判监督程序再审的案件；③共同诉讼中一方或双方当事人人数众多的；④特别程序、督促程序、公示催告程序；⑤人民法院认为不宜适用简易程序的案件。为了便于记忆，可以编纂为"起诉被告无下落，共同诉讼人数多；重审再审特督公，法院认为你奈何！"又如，适用简易程序审理的以下六类案件应当先行调解：婚姻家庭和继承纠纷、劳务合同纠纷、交通事故和工伤事故引起的权利义务关系较为明确的损害赔偿纠纷、宅基地和相邻权纠纷、合伙协议纠纷和诉讼标的额较小的纠纷。为了便于记忆，可以编纂为"婚家继，合伙劳务小标的，（工交）事故相邻宅基地"等。在教学中，教师要不断总结，善于将知识点全面总结为便于理解和记忆的顺口溜或诗词，让学生乐于学习。同样，在互动的教学中，仅有教师说话是不够的，尤其对于民事诉讼法的学习，在每节课上每位学生都必须开口说话，答案的对错不要紧，重要的是在认真思考，只有在学生回答问题或与教师共同互动，形成良好的师生互动，才会有好的教学效果。

民事诉讼法教学的良好互动是指学生除了能准确而快速地接收

教师传达的知识点信息之外，更为重要的是能巩固知识点，尤其是能将所学的知识点内化为分析问题和解决问题的应用型能力。在民事诉讼法课堂教学中，利用多媒体辅助教学所产生的教学"实效性"，同样体现了"实用"和"有效"的功能。这在课堂练习中最为直接的表现就是通过司法考试真题来检验。所以教师在讲完知识点后，要适时地将历年司考真题让学生巩固练习，并对真题进行解剖性地讲解，让学生知其然更知其所以然。结合经典司法考试真题与典型真实案例，通过条分缕析，同时通过提问与引导的方法，让学生自主思考，由学生自己得出结论，最后教师点拨，提供参考性结论，从而让学生能够更透彻地掌握民事诉讼法课程的专业基础理论知识。"采用互动方式推进教学，将法律实践融入学生理论学习之中，以增强学生综合素质。"

参考文献

[1]葛云松.法学教育的理想[J].中外法学,2014(2).

[2]于熠,丁广宇.多角度思维:卓越法律人才培养的理念转型[C]//.转引自刘定华,徐德刚.法学教育研究第三辑.知识产权出版社.2016.

[3]赵海涛.论模拟法庭教学在高校法学教学中的应用[J].中国教育科学研究,2008(6).

[4]高路,李浩.高等教育中民事诉讼法学教材调查研究[J].现代大学教育,2015(2).

[5]贾丽.现代教育教学理念视阈内的《民事诉讼法学》教学方法改革研究——以情景式教学法为例[J].科学大众(科学教育),2015(9).

[6]张邦铺.关于在民事诉讼法学课中实施实践性教学方法的若干探讨[J].高等教育研究,2010(6).

女性学专业"性别与法律"课程教学探索[①]

屈振辉 颜 龙[*]

摘 要:"性别与法律"属于女性学专业开设的法学类特色课程,不仅在其课程定位和内容编排上需要不断进行精心思考,而且必须针对教学中存在的问题积极探索解决对策。它属于主题性课程或领域性课程以及视角或方法性课程,具有批判与建构并重的特征且研讨性教学应占较大比重;它在内容编排上应分为导论、总论及分论三个部分,其中分论宜按中国特色社会主义法律体系组成划分为若干讲。目前它存在难度大、无合适教材和对教师要求高等问题,据此可运用电影教学、文献阅读、性别平衡和研讨方法,以此激发学生积极性,培养学生综合能力并最终提升教学效果。

关键词:女性学专业 性别与法律 课程教学 定位 内容 问题 对策

性别与法律原是法学与社会性别交叉研究的一个新领域,近年来被引入女性学专业成为其法学板块课程中的一门。它作为一个研

---

[*] 作者简介:屈振辉(1977—),男,河南信阳人,湖南女子学院教育与法学系副教授,硕士学位,主要研究法理学、环境法学。颜龙(1972—),男,湖南郴州人,湖南女子学院教育与法学系讲师,硕士学位,主要研究宪法与行政法学。

[①] 基金项目:湖南女子学院教学改革项目"女性学专业《法理学》课程教学综合改革研究"(项目编号:HNNYJGYB2016021)。

究领域虽方兴未艾但发展迅速且成果颇丰,而作为一门课程其在开设过程中却举步维艰、问题重重。"女性学专业在我国高校专业序列中属新兴专业,在很多方面都需要不断进行教学改革和探索,'法理学'或'法学概论'也是同样。"①就其法学板块课程而言,如果说"法理学"或"法学概论"等基础课程重在改革,那么作为其承接的"性别与法律"专业课程则重在探索。

一、课程定位

借用国际私法术语形容,课程定位是首先要解决的"先决问题"。"性别与法律"首先是法学与社会性别交叉研究的领域,其旨在"揭示法律与社会性别的内在关联,进而用社会性别视角审视法律、推动保障性别平等和妇女权益法律制度的完善。"②因此它在作为课程时也有别于我国传统的法学专业课程。我国法学教育由于受到大陆法系划分部门法传统的影响,其主干课程主要以讲授各部门法知识的学科性课程为主;然而"性别与法律"课程涉及的内容则横跨多个部门法,将法学与伦理学、社会学、女性学等学科知识紧密融合,因此它并非学科性课程而属于主题性课程或领域性课程。女性学专业的大部分课程都是主题性课程或领域性课程,而这与女性学专业所具有的跨学科性特点关系极为密切。"作为一门新兴的学科,女性学从一开始就是以跨学科为鲜明特征的。"③就此而言,这门课程并不等同于某些高校开设的"妇女法学"课程,后者是以讲授妇女权益保障法律知识为主的学科性课程。且也不能将"性别与法律"狭隘理解为"女性与法律",尽管这门课程在教学中必然包含大量女性与法律的问题,但"性别与法律"这个课程名称意味着它应是双性向的,而不像"妇女法学"课程名称那样仅是女性单性向的。在"性别与法律"

---

① 屈振辉、颜龙:"论女性学专业学生法律素养的培养——基于'法理学'或'法学概论'的教学思考",载《山东女子学院学报》2016年第4期,第49页。
② 夏吟兰、周应江:"性别与法律研究的回顾与展望",载《光明日报》2013年6月4日,第11版。
③ 叶文振:《女性学导论》,厦门大学出版社2006年版,第6页。

课程中也许并不具体地传授什么知识，但它能教给学生从社会性别视角观察和认识法律，因而也是一门方法课程。

批判性与建构性是社会性别理论与研究方法的重要特点，这就使"性别与法律"课程具有批判与建构并重的特征，实际上女性学专业中很多主题性或领域性课程都有此特点。"质疑、批判和创新自然是女性学的精神内涵……女性学发展的历史表明，没有对权威理论的质疑就没有女性学的发展。可见，质疑传统、挑战权威是女性学教学应有的起点。"[1]"性别与法律"课程以女性主义法学为理论基础和视角，而这也是这门课程在总论部分不可或缺的重要教学内容。"女性主义法学各流派之间的共同点之一是对现实持批评态度。"她们"认为性别偏见和歧视仍然是法律体系中一个普遍现象。女性主义学者在不同的语境中剖析法学理论、立法条文和法院的判决中所隐藏的机制性的性别歧视，并揭示法律体系中暗藏的男性标准和等级制度。"[2]与以女性主义法学为理论基础和视角的总论部分相对应，该课程分论部分主要是对现行各部门法的社会性别审视，而在这种审视中也不可避免地会有批判性。而批判与建构常常是并存的。"性别与法律"研究在批判现行法理和各部门法的同时，也开出了很多关于如何完善现行法理和各部门法的"药方"，而这也将成为"性别与法律"课程教学内容中的一部分。从以上角度讲这门课程不仅是主题性课程或领域性课程，还是对学生们进行批判性思维和建构性思维训练的课程。另外，结合这门课程的主题性和领域性、批判性与建构性特点，加之女性学专业学生都是具有一定知识水平和思维高度的本科生，这都决定了教师授课不能满堂灌输而必须采用研讨性教学。就此而言，这门课程还应当是一门研讨性的课程。

二、内容编排

"性别与法律"研究非常零散，而作为课程则要求其具备体系化，

---

[1] 王凤华："参与式教学法是女性学课程教学的必然选择"，载《中华女子学院学报》2009年第2期，第41页。

[2] 李秀华、刘小楠、李傲：《性别与法》，中国政法大学出版社2012年版，第22页。

这就要求对课程教学内容进行精心地组织和合理地编排。这门课程可按照"法学概论"课程的体例展开。整个课程体系主要由导论、总论和分论三个部分组成。导论部分讲述"性别与法律"研究的主题、沿革和视角;总论部分讲述女性主义法学的理论与方法、流派与流变,因为"性别与法律的关系是女权主义法律理论关注的焦点,而女权主义法律理论则是基于两性在政治、经济和社会平等基础上的法哲学";[①]分论部分从社会性别和女性主义法学视角分析各部门法。目前我国已建成的中国特色社会主义法律体系主要包括宪法及宪法相关法、民商法、行政法、经济法、社会法、刑法、诉讼与非诉讼程序法。据此我们将该课程分论部分分为涵盖上述七部分的六讲,即性别与宪法、性别与民法、性别与行政法、性别与刑法、性别与社会法、性别与诉讼法。其中考虑到现有研究并未涉及经济法和商法的实际情况,我们并未牵强地安排性别与经济法、性别与商法等内容。此外在分论部分中另外还安排了三讲,即性别与环境资源法、性别与国际法和性别与法律职业。

分论部分每讲由概述、现存问题、完善对策三部分组成。考虑学生之前仅学过"法理学"而未学过"法学概论",因此每讲都必须首先介绍该部门法,以避免学生在学习时不知所云;现存问题部分从社会性别视角分析现行法中存在的问题,如前所述讲述这个部分时其视角和态度主要是批判性的;完善对策部分则从社会性别视角提出完善现行法的建议,如前所述讲述这个部分时其视角和态度主要是建构性的。在现存问题和完善对策部分均留出一定时间供学生研讨。社会主义法治体系包括立法、执法、司法和守法等环节,因此"性别与法律"课程在现存问题和完善对策部分中,都要尽可能地从上述四个环节进行全面深入分析。这些环节最为贴近女性学专业学生今后的工作实际,同时也有利于学生学习"妇女社会工作"等其他课程。

三、存在问题

我们在"性别与法律"课程教学实践中遇到了很多问题。首先是

---

① 黄列:"性别与法律(引言)",载《环球法律评论》2005年第1期,第5页。

课程难度大。该课程内容源自法学与社会性别交叉研究领域的新进展，课前需要学生掌握法学、伦理学、社会性别理论等知识，课中需要引导学生运用社会性别理论批判和建构现行法，课后还需要学生对每讲所学的内容进行深入反思和研讨。它要求学生具备多学科的知识背景和跨学科学习的能力，具备反思、批判、建构等较高学术能力并阅读大量文献。该课程甚至是某些高校法学理论专业硕士生的选修课程，因此对开设女性学专业的普通院校本科生而言难度较大。其次是教材选取难。性别与法律现在仍是法学与社会性别交叉研究的新领域，因此还存在研究理论框架不完善、内容不丰富等不足。目前国内在"性别与法律"这个领域出版的著作也有限，①其中有些是外文影印版文献，不适合普通院校本科生教学，还有些是观点分散且未形成定论的文集也不适合作为教材，其余也存在未按部门法编写不利于分论部分教学的问题。即使是我们选用的李秀华讲授主编的《性别与法》教材，在内容上也缺少了性别与诉讼法、性别与环境法两部分。最后是对教师的要求高。讲授这门课程与讲授女性学专业其他法学板块课程一样，"教师既要有深厚的法学基础理论功底，又要对各部门法尤其是与专业相关的部门法非常熟悉。同时还需要教师对女性学理论和现实中的女性问题比较了解，能够在教学中自如地运用相关理论和案例，最好还能在教学中具有'女性主义法学'的视角。"②不仅如此，该课程需要学生具备的诸多知识以及各种能力上的要求，授课教师也必须首先自己具备而后才能教给、教好学生。就此而言，这门课程不仅是对学生同时也是对授课教师的巨大挑战。

---

① 周安平：《性别与法律》，法律出版社 2007 年版；陈明侠、黄列主编：《性别与法律研究概论》，中国社会科学出版社 2009 年版；刘明辉编：《社会性别与法律》，高等教育出版社 2012 年版；李秀华主编：《性别与法》，中国政法大学出版社 2012 年版；李傲：《性别平等的法律保障》，中国社会科学出版社 2009 年版；黄列主编：《性别平等与法律改革：性别平等与法律改革国际研讨会论文集》，中国社会科学出版社 2009 年版；蔡锋主编：《性别与法律研究》，中国妇女出版社 2010 年版；谭琳、姜秀花主编：《社会性别平等与法律研究和对策》，社会科学文献出版社 2007 年版；[美] 西尔弗等：《性别与法》，中信出版社 2003 年版；Lorenzo Cotula：《性别与法律》，中国科学技术出版社 2002 年版。

② 屈振辉、颜龙："论女性学专业学生法律素养的培养——基于'法理学'或'法学概论'的教学思考"，载《山东女子学院学报》2016 年第 4 期，第 51 页。

四、改进对策

我们在"性别与法律"课程教学实践中探索了以下几种方法：

首先是电影教学法。女性主义盛行的西方拍摄了很多以女性为主题的电影，其中有些与法律相关的影片可以作为本课程教学的素材。"在法律题材影视作品中，女性常常具有很重要的角色，其中也折射出女性与法律的种种关系。"[1]在很多人都觉得枯燥无味的法学教学中引入电影教学法，随着情节展开和场景变换将其中法律问题自然呈现出来，在潜移默化中加深学习者对某个法律问题的认识和理解，这早已成为美国很多大学法学院进行法学专业教学的方法。我们在"性别与法律"课程的教学中也引入了这种方法，例如，在讲授"性别与环境法"时介绍影片《永不妥协》，在讲授"性别与法律职业"时介绍影片《律政俏佳人》，在讲授"性别与行政法"时运用《秋菊打官司》的片段。运用这种方法能显著提升教学效果。

其次是文献阅读法。性别与法律在国内作为法学与社会性别交叉研究的领域，近年来无论是在法理还是在部门法上都取得了丰硕成果。各类期刊上登载了很多属于性别与法律领域的学术论文，特别是中华女子学院学报"女性与法律"栏目中的文章，其中有些涉及法理也有些涉及部门法。我们将这些论文作为补充性教学素材发给学生课后阅读，既能使她们了解性别与法律研究领域最新的成果和动态，也能弥补课程和教材的某些遗漏从而使教学全面、丰富，同时阅读文献以后学生在研讨中的表现也明显好于以往。

再次是研讨教学法。目前女性学在我国能否作为独立的学科至今仍在探讨中，但其作为研究领域而存在早就已经是无可争辩的事实了。作为研究领域而非学科有一个很重要的特点就是话题性，而这同时也是女性学专业中很多专业性课程共同的特点。对这种话题性课程最好的教学方法就是采用研讨式教学。"参与式教学法是女

---

[1] 李思岐："走进镜头的女性——从法律题材影视作品中的女性角色看女性与法律的关系"，载《法制与社会》2010年第12期，第264~265页。

性学教学较好的方法",①而研讨式教学法就属于其中。性别与法律本身是不断发展且又争议性很大的研究领域,已经过广泛阅读、深入思考的学生自然有很多不吐不快的想法,而采用研讨式教学法恰恰能为她们提供这样一个机会。经过研讨能起到加深学生对这个领域认知和理解的作用。例如,我们在讲完性别与刑法后针对现行《刑法》第48条,即怀孕妇女不适用于死刑的合理性及其弊端进行了研讨。

最后是性别平衡法。性别平衡从严格意义上说并非教学方法而是态度和视角。"性别与法律"这个领域的兴起与女权主义关系极密切,但女权主义本身又是个流派林立、纷繁复杂的学术范畴,其中也不乏像激进女权主义那样将男性视为敌人的派别,而且在激进女权主义影响下还出现了激进女权主义法学,激进女权主义法学在对待男性的态度上很多都有失偏颇。"激进派对法律和权力的批判可谓带有很大的偏见。例如,她们认为,法是按男人看待和对待女人的方式来看待和对待女人的……她们经过一系列对比后得出结论,以男性为基础的法不会顾及女性之根本利益……激进派在这个问题上采取的是不顾事实的极端做法。"②国内性别与法律领域的某些著作和论文也带有这种倾向,在教学中这样的观点可能会对学生产生不良影响。事实上女性学专业学生在专业教育中,也许是受西方女权主义理论强烈影响,认识和处理问题时有些敏感和偏激。甚至在这一门课程的教学过程中,就曾遭遇学生因不同意教师学术观点,采取集体罢课这种过激行动进行对抗的情况。亚里士多德认为"要使事物合乎正义(公平),须有毫无偏私的权衡,法律恰正是这样一个中道的平衡。"③实际上社会性别理论和法律一样都应是"中道的平衡"。因此,无论是从社会性别理论视角抑或是从法学视角上说,"性别与法律"课程都应当坚持性别平衡的态度和视角。

---

① 贺江平:"参与式教学法在女性学课程教学中的探索与实践",载《中华女子学院学报》2008年第6期,第116页。
② 李栗燕:《后现代法学思潮评析》,气象出版社2010年版,第51页。
③ [古希腊]亚里士多德:《政治学》,吴寿彭译,商务印书馆1965年版,第169页。

结语

与"法理学"或"法学概论"等基础性的法学课程相比,"性别与法律"属于女性学专业开设的法学类特色课程。该课程具有的学科视角多、难度大、性质纷繁复杂特点,给教师讲授该课程和学生学习该课程带来了很多的困难,只有迎难而上、积极思考、不断探索才能提升教学效果。

论刑事诉讼法案例教学的思考与运用

刘作凌[*]

摘 要: 刑事诉讼法是教育部规定的法学专业16门核心课程之一,是一门实践性极强的基础学科。案例教学法在"刑事诉讼法"课程教学中处于举足轻重的地位,是提高学生运用诉讼理论与法律规定分析与解决刑事实务具体问题的主要途径,案例教学具有较强的真实性、时效性以及互动性和可操作性。因此,将案例教学法成功引入"刑事诉讼法"课堂教学,不仅有助于刑事诉讼法教学目标的实现,而且有利于卓越法律人才培养。

关键词: 刑事诉讼法 案例教学 案例

法学教育不但要向学生传授系统的法律知识,使之具备扎实的理论功底,而且要强化实践教学,使学生获得法律职业所需技能,同时培养学生忠实于法律、信仰法律的法律职业品格。案例教学法是通过对典型案例的分析,启发学生思维,使学生掌握一般的分析原理,并使其获得独立分析和解决问题能力的教学方法。刑事诉讼法作为教育部规定的法学专业16门核心课程之一,是一门实践性极强的基础学科。在案例教学中,通过具体案例反映出有理论价值和实

---

[*] 作者简介:刘作凌(1970—),女,湖南邵阳人,法学硕士,湖南商学院法学院副教授,长期从事"刑事诉讼法学"与"法律文书写作"等课程的教学。

践价值的刑事法律问题，以规范分析和法理研判为视角展开，将刑事法律规范、刑事司法实践以及刑事法制理论结合起来，使学生们能更深刻了解和掌握刑事诉讼法及相关司法解释的内容，能够运用法律规定与法律原理去分析与解决刑事实务中的具体问题，培养和锻炼学生的法律适用与法理分析能力。

一、刑事诉讼法案例教学的特点和功能

（一）刑事诉讼法案例教学的特点

1．具有法律专业知识的具体性

案例教学往往可以将抽象的法律原理转化为具体的法律知识，能有效地帮助学生正确理解法律概念、法律原则与法律规则的内涵。法学案例教学法的内涵之一是通过分析讨论体现基本法律理论和原则的典型案例，加深学生对法律理论问题的理解和掌握。刑事诉讼是行使国家刑罚权的活动，其目的之一是惩罚和打击犯罪，保证国家刑罚权的实现。侦查权、检察权和审判权是刑事诉讼中的主要国家权力，为防止国家权力被滥用，损害公民权利，避免造成冤假错案，刑事诉讼法对国家权力的运作施加了限制，如规定了"未经人民法院依法审判对任何人不得确定有罪"原则，对逮捕、拘留等刑事强制措施适用做出明确的条件规定和严格的程序要求，这对保障公民基本人权发挥着重要的作用。教学中应当充分注意到刑事诉讼法属于公法性质，是规范和调整国家专门机关、诉讼参与人进行刑事诉讼活动的法律。因此，需要通过具体案例，使学生掌握公、检、法三机关的职能以及三者的相互关系，帮助学生深刻理解刑事诉讼程序中国家权力与公民权利的协调关系。

2．具有较强的真实性与时效性

法学教学中应用的案例来源于社会生活，运用实际生活中的案例进行教学，引导学生关注社会现实问题，让学生始终意识到他们学有所用，能激发学生的创造性和主动性。要注意的是，对于真实的案例应当尽量选择近期发生的热点案件，如果案例过于陈旧，缺少时代性、时效性,也会影响学生关注和思考的积极性,从而达不到理想的案例分析效果。由于有情节、有内容、有事实、有逻辑推理和论证,需要讨论和辩论,学生始终处于思维活跃状态,从而满足了学生的求知欲、参与欲与表现欲,使学生对法律的学习变得积极、主动。

3. 具有较强的互动性和可操作性

刑事诉讼法作为一门重要的基本法与程序法,其实践性和操作性极强。在课堂教学中特别强调理论与实践相结合。教师在教学中组织学生对案例进行讨论,充分采用启发式、互动式、参与式等方法,使得师生之间、学生之间的思想、知识、经验发生碰撞与交流,培养学生独立思考、分析推理的能力和表达能力。[①] 由于案例教学直接取材于司法实践,甚至是司法判例,而司法判例既直接来源实际和现实生活,又是司法部门运用法律做出最终生效裁判的判例,那么将这些司法判例作为案例教学的重要内容,可以使教学具有可操作性,同时通过对案例的分析、讨论与处理,可让学生对法律规范及法律理论进行反思及定位,以加深对法律规范及其理论的理解和掌握。

(二)刑事诉讼法案例教学的功能

1. 有助于学生诉讼法治理念的培养

刑事诉讼法有"小宪法"之称,在保障人权以及维护诉讼程序公正、合法、民主和文明等方面具有独特的功能。在课堂讲授中,要融入讲解中央"法治中国"的精神和社会主义法治理念,将刑事程序法与实体法的关系进行深度剖析,强调打击犯罪与保障人权并重,突出程序正义对实现法治的重大意义。对于刑诉法中规定的"尊重与保障人权""不得强迫任何人证实自己有罪"的理解、运用以及法治意义,可以通过当前有影响力的典型案例,如"呼格吉勒图案""赵作海案""聂树斌案"的平反昭雪,让学生们真实感觉到刑事诉讼过程中,加强人权保障,特别是对被追诉人权利保障,程序公正与实体公正的

---

① 李亮:"'刑事诉讼法'课堂的案例教学",载《吉林省教育学院学报》2012年第10期,第73页。

实现具有重要作用以及新修订的《刑事诉讼法》在人权保障及司法公正方面的重大进步。

2. 有助于加强刑事诉讼法教学的专业针对性和实用性

刑事诉讼法教学必须立足我国司法现实，针对刑事诉讼法学中的重大、疑难问题要结合案例深入分析，并注重比较研究的方法，介绍域外诉讼理论与实践经验，开拓学生视野，启发学生思维。在证据运用以及"非法证据排除"问题上，实践中的"王玉雷案"和"陈灼昊案"都是比较典型的案例。在介绍域外诉讼理论与实践部分，"米兰达案"和"辛普森案件"是经久不衰的经典案例。"米兰达案"判例所确立的"米兰达忠告"对被追诉人沉默权以及获得律师帮助权做出的规定，"辛普森案件"中涉及美国的陪审团审判、刑事与民事证明标准不同、对抗式诉讼模式、被告人沉默权等域外诉讼制度，对于比较研究有较大价值。

3. 有助于加强理论教学与实践教学的深度融合

在注重理论基础教学的同时，加强课程内实践教学环节，充分利用案例教学，引导学生参与讨论，增加学生对我国刑事诉讼的运行现状的了解，使学生在掌握刑事诉讼法律规范的同时，也充分了解我国刑事诉讼的司法实践，做到理论与实践相结合，培养学生运用所学知识认识问题、分析问题、解决问题的能力。党的十八届四中全会做出了《中共中央关于全面推进依法治国若干重大问题的决定》，提出了完善中国特色社会主义法治体系，推进社会主义法治国家建设的任务。在司法实践中，开展了"以审判为中心刑事诉讼制度改革"[1]，推进"刑事案件认罪认罚从宽制度"[2]以及"刑事速裁程序"[3]的试点。在刑事诉讼法教学中，应紧跟时代主旋律，关注司法制度及诉讼程序改革的热点，通过具体案例反映司法改革实践中的难题以及取得的

---

[1] 2016年10月，最高人民法院、最高人民检察院、公安部、国家安全部、司法部联合印发《关于推进以审判为中心的刑事诉讼制度改革的意见》，在坚持公检法"分工负责、互相配合、互相制约"的基础上，针对侦查、起诉、审判、辩护、法律援助、司法鉴定等环节做出全面规定。

[2] 2016年11月16日最高人民法院、最高人民检察院、公安部、国家安全部、司法部印发了《关于在部分地区开展刑事案件认罪认罚从宽制度试点工作的办法》。

[3] 2014年8月22日最高人民法院、最高人民检察院、公安部、司法部制定了《关于在部分地区开展刑事案件速裁程序试点工作的办法》。

成效,让学生们理解改革的背景与改革的方向,更好地掌握和理解实践中正在如火如荼开展的司法改革与刑事诉讼法的关系。

二、目前刑事诉讼法案例教学中存在的问题

(一)案例资源落后,选用合适的案例难度大

案例是案例教学的核心。所谓合适的案例包含很多要素,比如典型性强、有说服力,新颖、真实,可读性强,有吸引力等。但由于主客观方面的原因,导致案例选编成为难点。目前,大多数案例材料局限于知识点案例,缺乏综合案例;注重定性研究,忽视定量分析;着重于叙述说明,忽略提供背景材料等问题。有些案例陈旧,缺乏视角的多元性与可争论性,有些自编案例失真,缺乏可探讨性。教师们在案例的收集、整理、加工、更新方面,需要耗费大量的精力和时间,由于教学任务的繁重,教师很难保证每个案例具有针对性和实用性,这使得课堂讨论所需案例的数量和质量受到影响,进而影响到整个案例教学的效果。

(二)课堂教学环节组织与控制不力

案例教学之所以不能取得好的教学效果,主要原因在于教师在传统教学模式和思维方式影响下,对案例教学法研究不够透彻,准备不够充分,许多情况下,只是在课堂教学中穿插案例对某个具体知识点的讲授进行补充和说明,在内容体系和方法上没有对案例教学进行根本性变革,缺乏针对性和典型性,难以引起学生的兴趣和共鸣。主要表现为,一是课前准备不够,许多学生在上课前没有接触到案例材料,在短时间内无法对案例材料进行周密思考,在课堂讨论中难以独立思考,个人观点表达和参与讨论的积极性不高。二是课堂组织不够严密,课堂讨论经常会出现冷场,学生们沉默寡言,参与性不强,使案例讨论流于形式。三是教师在案例的采用上不注意循序渐进、由浅入深、由易而难、由简单到复杂。采用案例时,往往信手拈来,主观随意性突出,缺乏教学过程的全盘考虑。对学生讨论的过程不加

以合理引导,不针对争议问题做出分析及评判,从而导致达不到预期的教学效果。

(三)教学中未注意到学生个体的差异性

学生个体存在学习能力与性格上的差异,一般来说,能力较强、个性外向的学生在案例讨论中的主动性和积极程度高,能力一般和性格比较内向的学生参与讨论的积极性会有所欠缺。案例讨论一般采用分小组先讨论,然后按小组上台发言的方式进行,结果每次都是几个学习能力强的学生上台发言,案例讨论的结果是学习能力强的学生得到了锻炼,学习能力差的学生因不敢或不愿表达自己的观点,而没有得到锻炼,导致课堂讨论不能让所有的同学从中得到锻炼与启发,教学也就不能取得满意的效果。

三、刑事诉讼教学中案例教学法的实施和运用

(一)精选案例

在刑事诉讼法教学过程中,教师要关注立法、司法动态,及时收集案例,并在众多的案例中精选适合专业课程教学的典型案例。同时,教师还应对原始案例进行适当加工整理,使案例的整体脉络清晰,争议焦点突出,有较强的针对性,案例问题设置妥当,能达到课堂教学目标。具体来说,案例选取一般应注意以下几个问题。

1. 针对性

即为了什么教学目的而选择此案例,案例应服务于教学目的,不可为案例而案例,所以应根据具体教学内容选择相应的案例,案例不具有针对性,即使是很好的案例也不能起到良好的教学效果。例如,为了让学生对刑事诉讼某一法律规范进行理解与掌握,在课堂教学中可以采用一些简单的有针对性的自编案例,帮助学生准确了解和适用某一具体的刑事诉讼法律规范。

2. 新颖性

即尽可能选择司法实践中的最新案例,以使案例教学更加贴近

现实生活,并通过案例讨论了解司法实践中的新问题,激发学生讨论思考的兴趣。例如,近年来备受舆论与公众关注的"于欢案"的改判。

3. 专业性

即根据本课程讲授及设置内容需要,所选案例要体现课程特色及专业深度,能反映和解决专业实际问题。例如,在讲授辩护与代理制度时,原来实践中律师辩护的三难"会见难""阅卷难""调查取证难",在2012年新《刑事诉讼法》中基本得到解决,但实践中又出现新三难"发问难""质证难""辩护意见采纳难",可结合具体案例加以说明。

4. 综合性

对组织课堂讨论用的案例应有一定的深度和难度,涉及多个法学原理和法律问题,以训练学生综合运用法学原理去分析、解决实际问题的能力。案例并不是越多越好,而在于精。如果盲目地堆集案例,是达不到法学教学目的的。例如,在教学中,"薄熙来受贿、贪污、滥用职权案"[①],属于综合性很强的案例,该案审判中涉及公开审判、指定管辖、辩护权保障、证人出庭作证、翻供、非法证据排除、污点证人及利害关系人证言、纪委调查收集材料的证据适格性及证明力、辩护方的调查权及质证权保障等程序法问题,还存在"明知并认可""为他人谋取利益"、利用"职务上的便利"的认定、"特定关系人"共同受贿、拒不认罪应否严惩、是否漏诉包庇罪等实体法问题,这些问题深具理论价值和实践意义,值得探讨和研究。

(二)案例教学过程的把控

1. 课前准备工作到位

教师须在开课之前制定一个详细、周密的案例教学计划,其内容包括本课程计划安排教学案例的总个数、各个案例实施的时间及主要涵盖的知识点。此外,教师还应为每个教学案例制定一个具体的组织计划,内容包括:案例类型、案例来源、向学生发放案例素材的时间、案例讨论的具体组织步骤、案例讨论过程中可能出现的问题及对

---

① 薄熙来案在我国法治进程中是一个标志性案件。该案在审判中所展现的公开性、透明性和程序正义,对彰显法治精神、推进法治进程有重大意义。

策等。上课前,布置学生阅读案件材料以及与案例有关的其他材料,熟悉案例材料内容和背景,对材料进行初步分析和评价,通过阅读与个人分析,抓住关键性的事实,形成问题意识,在教学过程中能够口头表达自己的思想和观点。

2. 合理安排案例教学时间

案例教学法相对课堂讲授法而言,更强调理论运用的过程性和主体参与的亲历性,实施过程常常是多个主体的互动过程,要求教师与学生、学生与学生之间要进行比较充分的交流,因此,在课时有限的情况下,要求教师应妥当地配置课堂教学的时间资源,创造一个有利于相互学习和研讨的氛围,适时地引导和有效地组织学生参与讨论。在课堂教学中,应适当地把握和控制学生的讨论时间,可考虑以下形式:①分组讨论。如每组讨论人数不多于10人,让每个学生都有发言机会,提高参与性和自信心。②班级讨论,进一步对案例进行分析,提出解决途径和方案。

3. 注重对案例讨论的引导评析

案例教学的关键点在于教师对讨论过程进行引导,对讨论结果进行有针对性的点评,以提升学生分析问题能力以及法律思维能力。第一,要正确引导和评价学生的讨论过程,对学生独特的见解和正确的思路要予以肯定,对不足之处中肯地提出来,纠正学生认识中的偏差,让学生掌握分析问题和解决问题的基本方法和技能。第二,在讨论结束后,教师要及时对案件所涉及的基本理论和重要知识进行整理和归纳,对主要观点做进一步深化和延展,引导学生向问题的深度和广度进行思考。① 第三,针对教学内容对学生的疑问做出比较全面、深入的解答与说明,并在此基础上举一反三,由此及彼,将刑事法律规范的适用深化与延展。另外,应加强课后作业的布置,如可以要求学生对案例写出分析报告,即围绕案例的论题展开,对案例中的疑难情境做出具体分析,挖掘出其存在的问题并进行解决。

4. 掌握教学内容和方法的运用技能

采取案例教学法应充分考虑所讲授知识的理论特征,将所有教

---

① 胡之芳:"刑事诉讼法学案例教学法的思考",载《当代教育理论与实践》2012年第10期,第71页。

学案例作一个整体规划,使其与整体教学内容大体对应和贴近,并应当考虑到通过案例来承接和过渡各个部分内容,从而保持教学内容的连贯性。一方面,在具体分析某一案件时,应注意从学生所熟知的知识点入手,渐进地向较高和更高难度的问题步步推进,使学生在知识的表层与深层、低层与高层之间循序渐进,从而达到贯通的效果。另一方面,在讲述具体案件所涉及的主要法律制度时,尽可能向学生介绍相关方面的系统的法律规定,使学生能够触类旁通,并进一步完善法律适用的逻辑思维。

(三)其他配套措施的建立

1.改革考核方法,引入激励机制

在案例教学中,要充分调动学生在案例讨论与分析中的参与积极性和主动性。因此,成功的案例教学,必须具有一个有效的激励机制。教师在对学生进行成绩评定和考核时,应改变过去以知识积累的多少为标准的评定机制,而应建立以综合能力为标准的成绩评判、考核机制。在具体考核时,将以往的单一课本理论知识考试,改变为理论与实践能力相结合的考试方式。在对学生成绩作评判时,教师应着重对学生分析问题的步骤是否恰当、思维要点的选择是否科学、能否抓住重要问题和是否抓住了问题的实质和关键,运用了哪些思维方法以及从什么角度看问题等方面进行考查,了解学生综合运用法律解决实际问题的能力,从而对学生成绩做出较为全面、客观地评判。

2.提高教师的案例教学能力

案例教学对教师素质提出了更高的要求。不但要求教师具有较高的教学技能水平,具有较强的课堂引导和控制能力,善于处理讨论过程中出现冷场、偏题、过激等各种情景。同时,要求教师有渊博的法学理论知识、较丰富的法律实务经验以及综合分析与归纳能力,熟悉所要讨论的案例并对案例中所涉及的问题有自己独到的见解,只有这样,案例教学才能达到预期的目的并收到良好的效果。因此,教师应当不断努力加强专业知识的学习,提高教学水平,并通过参与司法实践提高自身的司法实务操作能力,强化理论与实践的联系。

本科法学案例教学模式的适用与完善

张亚利[*]

摘 要: 案例教学是法学教育的重要内容和方法,我国卓越法律人才培养计划鼓励法学教育的多元化、职业化和创新性,明确了培养高素质的法律职业人才的教育目标,因此,根据法学教育实践性的特点和相关社会需求,科学地设计案例教学课程体系和教学模式尤为重要。本文对现代法学教育采用的四种主要的案例教学模式进行了分析,指出其优势和弊端,并结合我国国情,提出建立符合我国本科法学教育的三层次案例教学模式。

关键词: 法学 案例教学 具体模式

一、案例教学的必要性及其具体模式分析

当前我国的本科法学教育越来越关注学生实践能力和创新精神的培养,王泽鉴先生提出,"法学实践性教学的内容广泛,并且处于不断的发展、变化当中;不过,案例教学在其中始终居于某种关键地位"。案例教学法自 20 世纪 80 年代末被引入我国的法学教育起,经历了二十余年的推广,至今已取得相当的进展和成果。归纳起来,现代法学教育采用的案例教学模式主要包括以下几种。

---

[*] 作者简介:张亚利(1980—),女,湖南常德人,硕士学历,湖南文理学院法学院讲师,从事民商法研究。

(一) 美国为代表的判例教学法

"1871年,兰德尔教授在哈佛大学法学院首创以案例讲授法律的方法。兰德尔主张以学习法院的判例为重心,熟练律师的思考技巧,培养学生独立思考、分析、推理、表达以及解决问题的能力,即所谓案例式教学"。通过这种方式,学生不仅要掌握法理和法律条文,更要将精力投入阅读和思考指定的专题性案例,然后围绕所涉及的法律原则及其与其他法律之间的关系等问题展开课堂讨论。

这种案例教学方法以律师培养为目标,被认为是一种具有科学性、实用性的独特方法,但适用过程中其弊端也表现明显,主要集中在以下几方面。第一,判例教学法的有效实施对教师及学生综合素质要求很高,并不适合于所有的学生和法学院;第二,问答式和讨论式的教学法在大班授课时极易导致时间的浪费,没有充足时间来说明法律的基本知识和原理;第三,过于重视逻辑推理而轻视生活的真实经验,易导致学生对整个案例缺乏真实的情景认识和现实体验。

(二) 德国为代表的实例研习法

实例研习作为德国法学教育的基本方法,对深刻理解和掌握法律概念和体系具有重要作用。根据《德意志法官法》规定,只有经过法学院的学习才能取得申请国家司法考试的资格,通过第一次国家考试;要想成为法官、检察官、高级行政官员或大学法学教授,则还必须经过见习期并通过第二次国家考试。在德国两次国家司法考试中,笔试、口试都是以案例分析的形式出现。德国采用的实例研习模式主要包括讲授课、研习小组和练习课。讲授课以教师讲授为主,注重学术性和系统性,强调法学思维方式培养;研习小组是将民法、刑法、公法的学生划分为小组,由助教带领做案例题并讲解,学习案例分析的基本方法,重在培养学生独立进行法学研究的能力及论证说理能力;练习课是对错综复杂的教学案例进行重点研究,需要查判例、学说并进行分析。由此可见,案例教学是德国法学教育的基石。

德国的案例教学模式建立在其法律高度法典化的基础上,这与英美法系的判例教学法有本质的区别。德国的法学教育的弊端主要表现为:第一,法学教育的时间过长,毕业生开始法律职业生涯的年龄较大。第二,培养法官的目标模式使课程设置偏重司法,忽视律师等法律职业。第三,在大学教育和实习期中着力培养学生成为法官的构思并不完全符合社会的现实需求。

(三)模拟法庭教学模式

模拟法庭一词是由美国法学院中设置的"moot court"课程翻译而来,是指法学院举办的讨论模拟或者假设案件的虚拟法庭。学生通过案情分析、角色划分、法律文书的撰写、预演、正式开庭等环节,熟悉司法审判及仲裁的实际过程,掌握与案件相关的实体法和程序法,有效调动了学生的积极性和创造性,把沉闷的课堂变得生动活泼,促进了理论知识向实践技能转化,得到众多国家高等院校的认可和普及。

作为案例教学的一种模式,模拟法庭教学是法学理论与实践相结合的良好途径,但其适用过程中也体现出相当的局限性。第一,学生需要置身于特定场景进行真实演练才能够感悟庭审过程,这需要大量资金的投入和充分的时间保证;第二,学生一般在上演之前已准备好剧本,剧本中写好了法官、律师、检察官等角色的台词,包括最后的判决和理由,而这显然不能有效锻炼学生的法律思维和辩论能力;第三,很多模拟法庭教学将重点集中在庭审的辩论阶段,选择的是争议焦点明确的简单案件,证据往往为已预设的结果而添加,从而使举证质证的重要环节流于形式,难以培养学生的职业技能和应变能力。

(四)法律诊所教学模式

法律诊所教育(Clinical Legal Education)是20世纪60年代在美国法学院普遍兴起的一种新的法学教育方法,是"仿效医学院利用诊所实习培养医生的形式,通过诊所教师指导学生参与法律实际运用的过程,培养学生的法律实际能力,促进学生对法律的深入理解,缩小学院知识教育与职业技能的距离,培养学生的法律职业意识观念"。通过法律诊所模式,学生能接触到真实的案件背景材料和真实的当事人,学习设身处地理解当事人的感受;学习到咨询、谈判、起草法律文件等基本法律技能。

法律诊所教育基于以上的优势,已被许多国家作为案例教学的基本模式。"目前,美国政府认可的法律院校被要求必须开设诊所式法律教育课程。"我国许多高校的法学院也陆续开设了该课程,开设过程中所面临的问题主要表现为:第一,法律诊所教育在实践阶段是通过接触真实案件培养锻炼学生,但是实际生活中的案件纷繁复杂,很多案件不具有典型性,并不适合教学;第二,参与诊所教学的学生数量有限,且身份不能得到肯定。诊所教学中,学生的每一步行为均在教师的具体指导下进行,只能是由少部分学生参与,而法学院在校学生并未取得执业资格,在调查取证、与相关部门的沟通上存在障碍;第三,硬件投入要求高,经费来源不稳定。法律诊所教育的开展需要必要备的场地和硬件设施,还需要固定的场地会见当事人、接待咨询等,这都需要持久和稳定的经济投入,很多学校无法达到要求。

二、我国本科法学案例教学模式的选择

通过以上论述,我们可以看到每一种案例教学模式都有其独特的优越性,也有其弊端。我们应充分借鉴其优势,创设符合我国法学教育的案例教学模式,而这一模式应该是渐进和多样的。我国是法典化的法律体系,可以适度借鉴德国模式,同时,美国式的案例教学法对我们也有重要的启发意义。笔者认为,可以在本科阶段,按年级梯度,分三个层次来建立与之相适应的案例教学模式。

(一)第一层次,在低年级(一年级、二年级),以法学理论知识讲授为基础,以案例教学方法为手段,并设置基础案例练习课

我国是大陆法系国家,法律的规则和原则都由立法者规定于法典之中,具有深厚的法学知识积累是首要必备的。我国低年级学生缺乏全面系统的法律知识,无法真正理解法律,当然也不具备分析和处理具体案件的能力,与英美国家有很大差异,英美法的规则和原则大多散见在具体的案例之中,所以学生通过学习具体案例就能掌握

法律,并且,美国的法科生本来就是在获得本科教育之后再进行法学职业教育,我国的法学本科生远不具备相应的人文科学知识和思维能力。许多学者主张照搬英美法系的判例教学法时并没有考虑到具体国情的差异。

因此,在低年级阶段,我们应当坚持以讲授法为基础,只有教师通过讲授方式阐述法律的理论和原则,对法律规则进行详细注释和解读,低年级学生系统掌握法律知识,培养法律思维才成为可能。而且低年级学生刚刚进入法学院,完全不具备法律基础知识,还无法根据其特点和兴趣进行小班授课,一般都是采用大班授课的方式,而学生们水平各异,整体推行判例教学法必然无法照顾到所有的学生。所以,在具体讲授的过程中,可以由教师根据讲授内容的需要,适时插入典型案例,既能激发学生的学习兴趣,又能帮助学生理解法学理论中的重点和难点;同时,教师可以在案例之后设置有针对性的提问,引导学生自己得出最后的结论,从而加深对理论知识的理解,这也是根据我国法学教育的需要对英美法系判例教学法进行的一种借鉴。

除了课堂讲授还可以借鉴德国系统性设置案例练习课程的模式。"建议针对本科生的民法、刑法、行政法、民事诉讼法这四个部门法基础课程,应设置必修性质的'案例练习'课。这些案例练习课应与相应的讲授课程同时开设,以便巩固学生对讲授课中的相关知识的掌握"。通过基础案例练习课程,学生对相应的部门法知识有了更加深入和体系性的掌握,并有助于充分了解法律适用的基本方法,训练了学生的书面分析和表达能力,更为以后的课程学习打下牢固基础。

(二) 第二层次,在中年级(二年级、三年级),依托模拟法庭等课程进行教学,培育学生的职业素养和法律技能,并设置高级案例练习课

中年级学生实体法和诉讼法理论课程基本学习完毕,对法律知识和法律程序有了初步的认识和了解,大部分同学都参加过假期实习和法庭旁听,已具备一定的民法、刑法、行政法、民事诉讼法、刑事诉讼法、行政诉讼法等法律理论基础和实践经历。从开庭前到庭审的整个模拟过程中,学生可以不断思考,学习和讨论,不断熟悉庭审规则和审判程序,反复运用证据和证据规则与对方进行对抗,模拟法庭教学正是将这些综合能力的培养贯穿于学习的整个过程,不仅提高了学生运用法律知识的能力,也增强了学生的实践能力。

针对现行模拟法庭训练中的误区,如过于注重表演的形式等问题,在模拟法庭实训时,学生应只掌握自己所扮演的角色的资料,在法庭上积极思维而非表演;教师应引导学生对案例材料进行全面分析,进行启发式的指导而不能代劳。学生在前期分析的基础上自行对案件过程进行设计,通过模拟法庭比赛的形式让学生完全经受实战的训练,充分体会不同的法律职业者的思维方式并不断提升自己的专业素养和职业能力,这样模拟法庭教育才能体现良好的教学效果并得到较大范围的普及。

同时,在完成低年级的基础案例练习课之后,可以继续设置深入培养法律专业技能的高级案例练习课程。低年级阶段学生的知识体系尚未建立,选取的案例比较简单;进入中年级阶段后,案例练习课难度增大,更注重理论深度和职业技能的训练。此时,"一些案例涉及复杂或者有高度争议的法律问题,因而需要较为广泛地检索案例(以发现法院的惯常见解)以及理论资料(教科书、专著、论文等)。"

(三) 第三层次,在高年级(三年级、四年级),依托法律诊所等课程进行教学,强化学生的职业能力和职业道德,并培养学生的社会责任感

进入高年级阶段,通过前面两个层次的学习和训练,学生已具备较深厚的法学理论基础并掌握了一定的法律职业技能,其思维能力、表达能力都有了很大的发展和提高,此时,让学生与社会现实进行真正接触,法律诊所教育提供了最佳的学习平台。通过真实的案件环境,学生与案件当事人直接沟通交流,亲历一个完整案件的全部过程,学生从理论学习转向职业实践,各种专业技能得到强化,学生的学习更加主动、自立,分析问题更加全面、理性。同时,由于法律诊所是完全真实参与司法实践的过程,这意味着诊所对案件当事人、案件处理结果等问题都必须承担相应的法律责任,学生在参与过程中必然感受到强烈的职业道德感和社会责任感。

法律诊所课程的设立模式有多种。根据学校的具体情况和相应条件,可以附设于法学院系内,在本院系教师具体引导下为有关的当事人提供法律服务;也可以将学生安排在法律院系之外的特定机构中,在非教师身份的法律从业人员的指导下,直接从事法律服务工作。目前,许多高校法学院都成立了自己的法律援助中心,高年级的诊所式法律教育完全可以本校的法律援助机构为依托,并与当地的法律援助中心进行法律咨询、案件代理和法律研究的合作。通过为社会弱势群体争取权益的过程,学生不仅可以获得法律实务技能和学习能力,更可以培养起法律正义感和高尚的职业道德情怀。

　　法学案例教学是一个不断探索的动态过程,本文通过探讨本科法学案例教学三层次的培养模式,希望能切实培养学生的理论功底、实践技能和创新精神,使学生成为法治建设需要的复合型应用型法律人才。

参考文献

[1]王泽鉴.法学案例教学模式的探索与创新[J].法学,2013(4).
[2]王家启.法学案例教学模式与方法述论[J].北京科技大学学报,2009(3).
[3]甄贞.诊所法律教育在中国[M].北京:法律出版社,2002.
[4]李傲.互动教学法——诊所式法律教育[M].北京:法律出版社,2004.
[5]葛云松.法学教育的理想[J].中外法学,2014(2).

国际法案例教学在地方普通本科法学教学中的意义与应用探析

朱彧[*]

摘　要：国际法教学中存在的不足之一为案例教学的缺乏。地方普通高校法学本科专业中由于课时所限，难以设置单独的国际法案例课程。但实际上，案例教学在充实国际法教学内容、帮助学生理解国际法理论、实现应用型人才的培养目标和学生综合性学习能力和解决问题能力的提升、培养学生的理性思维、保证引导高校学生舆情的冷静化等方面都具有重要意义，因此，在教学课程上应安排增加课时的，在具体方法上，应根据情况综合性采用案例讲授法、合作式案例拟题教学法和案例发现教育法等方法进行教学，以提高国际法课程的教学质量和效果。

关键词：法学教学　国际法　教学方法　案例教学

引言

教育部《普通高等学校本科专业目录和专业介绍(2012)》规定，国际法是法学本科专业16门核心课程之一，这一课程设置表明，国际法属于本科法学专业的基础课程，其教学不可或缺，应得到和其他

---

[*] 作者简介：朱彧，湖南文理学院法学院教师，法学博士，电子邮箱：zhuyu310@126.com。

基础课程相同的重视程度,并应达到较好的教学效果。但在实际中,国际法的教学效果在某些方面并不尽如人意,存在着诸多问题,如在实用定位上,国际法的价值评价被降低;在教材编排上,因意图涵盖一切,偏重"求大求全"而造成教材的内容芜杂分散,现实性着重点不突出;在教学方法上,说教成分较多、案例教学不足;在专业性表现上,国际法更易受到政治因素的干扰。[1]

上述问题的归纳基本上反映了一段时间以来国际法教学中的困境,也启示了为提高对国际法学习的吸引力,达到应有的教学效果,应丰富教学方法,构建更为多元化的教学模式。针对前述研究指出的"案例教学不足"的问题,笔者略有所感,基于此,拟对地方普通高校法学本科专业中案例教学在国际法教学中的意义进行分析,并对其具体运用提出建议,以提高国际法教学的实效性。

一、国际法的特征与案例教学法的意义

毋庸置疑,一门课程的教授方法必须与该课程的知识体系、知识结构特点相符合,才能更好地实现教学目的和培养目标的要求,国际法的教学也不例外。因此,在安排教学、选用教学方法前,了解国际法的特征具有指导性作用。

(一)国际法的特征

国际法相比国内法,由于其社会基础是主权国家林立的平面性国际社会,因此,它虽与国内法具有某些共同性,但其更具有自己的特殊之处,简要归纳为以下几个方面。

(1)国际法的法律关系主体主要是国家,其他政府间国际组织,正在争取独立的民族或民族解放组织等。而国内法的主体基本为自然人、法人和其他组织。

(2)在立法上,国际法的制定主要是通过国家之间的协议来实现的,不像国内法,是由国内的专门立法机构按照一定的程序进行立法。

---

[1] 刘彬:"中国国际法本科教学改革刍议",载《武大国际法评论》2014年第17卷第2期,第388~389页。

（3）与国内法的主体几乎为国内主体不同,国际法的调整对象主要是主权国家之间的关系,具有国际性。

（4）强制性是国内法的基本属性,但国际法的强制性及强制方式具有特殊性。国际法的外在强制力主要是靠国家自己按照国际法,采取个别或集体行动对违背国际义务的主体实行报复、进行自卫。如联合国安理会虽是联合国机构中唯一有权采取行动的机构,但它并不是国际法的执法机构。再如国际法院,虽然它是国际法的一个司法机关,但它对当事方之间的纠纷并无强制管辖权,且国际法院的裁判也非强制执行,而只能依赖有关国家的自觉履行。①

基于以上特征可以认为,就国际法本身而言,其并不是静态的纯理论,而是在国际社会中具有广泛应用性的一系列规则、制度、体系的总和。因此国际法的教学就不能只授理论而舍弃现实案例的学习和研究,否则不仅降低了国际法教学的趣味,也不能完整地向学生展示国际法全貌,存在知识缺失,因此,引入案例教学是保证国际法教学质量的必不可少之举。

(二) 案例法在地方普通高校国际法本科教学中的意义

1. 充实教学内容,帮助学生理解国际法理论

在国际法的教学过程中,笔者感到普通地方高校的学生对国际法众多理论理解的不易,虽然他们对国际动态、国家大事非常关心,也愿意进行思考,但在学习国际法之前,他们对国际问题的思维方式是非国际法的,且由于国际法的某些理论知识与学生日常生活有距离,不易为学生具体感知,因此案例教学成为帮助学生进行理解的重要辅助。例如,对引渡与庇护、主权豁免与外交豁免、普遍管辖权等国际法理论,如果仅从概念、国际法依据、适用条件等理论上进行授课,学生对其理解是建立在机械记忆,而不是切身体会上的。但如果教师将相关的案例(如皮诺切特引渡案等典型案例)的材料预先发放给学生,让他们在课前查看资料,预习案情,在课中通过对该案的讲解来进一步复习相关的理论,并进行讨论,课后撰写对该案的国际

---

① 邵津主编:《国际法(第五版)》,北京大学出版社2014年版,第2页。

法评析，这样，学生对相关知识的理解就不是通过脱离现实的死记硬背，而是沉浸在对实例的理解中领悟理论知识及其运用。

2. 实现应用型人才的培养目标和学生综合性学习能力和解决问题能力的提升

一门课程的培养目标不应该是单一的，应追求综合性目标的实现，即学生在理论知识上的摄取、消化吸收和实践中对知识的学以致用。案例教学法不仅有助于学生在理解理论中培养较高的逻辑思维能力，而且有助于学生习得在实践中应用该理论的方法。因此，案例教学可以实现"职业培训"与"学术研究"双重目的有效结合。[①] 这一点对地方普通高校而言尤为重要，因为根据国家的教育规划，很多地方高校正在进行"应用型"大学的转型，以培养既能"动脑"，更能"动手"的实践性人才为目标。为实现这一目标，各门课程的教学应该根据课程的要求和特点补充实践类的内容。具体到法学的教学，案例教学更应该加大比重。

对教师而言，目前案例教学的采用无技术上的困难，我国学者在国际法案例资料的收集和研究上已归纳了众多资料，与国际法课程各章节知识点有关的典型案例相结合并略加筛选，俯拾即得。对学生而言，案例学习可根据其专业和外文水平的不同、区分性采用或深或浅、或难或易的素材进行。通过恰当的教学设计，案例教学可以串联国际法分散在若干章节的知识，将之系统化、有机地联系起来，如前述的皮诺切特引渡案就包含引渡、豁免和普遍管辖权等若干方面的知识。学生在这些案件的学习中理解、重温相关的知识——如案件涉及国际法的哪些领域，法官对各当事方陈述的理由是如何理解、拒绝或采纳的，对判决的理由如何阐述并是否具有国际法依据。通过大量融合理论与实践的学习，学生逐渐提高了法律思维能力和案例理解能力，由法律问题的旁观者、评论者变成法律问题的解决者、法律辩证的参与者、法律思维的创造者、法律实践的主导者和法律知

---

① 兰红燕："浅析案例教学法在国际法教学的意义及应用"，载《中国成人教育》2015年第20期，第169页。

识的整合者,①从而实现学生对知识的融会贯通,提高其综合性学习能力和解决问题的能力。

3. 有利于培养学生的理性思维、保证引导高校学生舆情的冷静化

青年学生具有强烈的民族自豪感和爱国情怀,同时也具有易于冲动的个性特点,往往在国际问题上(尤其是在一些热点问题上),他们倾向于感性的表达而缺少逻辑的分析。但在当今国际社会中,外交、国际政治、国际经济等问题的解决离不开对国际法的适用。而国际法对这些问题的解释和适用具有规则化、理性化的特点。笔者认为,在有重大国际问题发生的时候,及时引入切合当下时事的国际法案例进行教学,既尊重了学生的学习热情,又可以通过对相关案例的学习和讨论,引导学生的思维回归逻辑之道,避免从煽动性、情绪化的心态演进到不理性的言行表达,保证高校学生对舆情的冷静化处理。

二、案例教学在国际法教学中的应用

根据学者的研究,目前在国际法案例法的教学中还存在的不足之处主要有,案例教学中仅关注案例本身而未深入研究国际条约和国内法条的具体条款,也未关注司法过程和案例推理,无视在具体纠纷图景中以法律推理、法律适用、法律解释为中心的法律方法,从而偏离了法律职业应有的本质。且国际法教师对国际法名著缺少系统性的完整阅读,对重要案例缺少深入研究,对适合本科教学的典型案例更缺少有意识的筛选。② 就上述归纳的这些问题,笔者认为应该在今后的案例教学中加以注意和避免,进一步增强案例教学的效果。

(一) 案例教学的内容

在案例教学中,案例本身当然是教学的主要内容,由此可知,案

---

① 王丽娜:"商法学教学中合作式案例拟题教学法的应用价值探析",载《教育文化》2016年3月(上),第243页。
② 刘彬:"中国国际法本科教学改革刍议",见《武大国际法评论》第17卷第2期,第389页。

例本身的内容应当包含教师希望学生通过案例学习所要掌握的知识。通常,案例中包含的国际法问题往往是复杂的,涉及不止一个国际法知识点,这些知识点有些已经学习过,而有些可能还未学到,因此,为了学生能够以其所学尽其所用,保证案例学习的质量,教师须在众多类似的案例中进行筛选,使案例的学习难度与学生的能力和水平相适应,这样,可以使学生保持学习的兴趣,乐于通过案例求知,并能切实习用所学深化对理论的理解,建构自己的知识基础。

除了国际法理论外,相关的国际条约和国内法律也是案例教学中的重要内容。同国内法案件一样,国际法案件也必须借助法律规则、一般原则等进行解决。与国内法案件不同的是,国际法案件中除了可能适用国内法外,相关的国际条约也是常用的依据。因此,在案例教学中,教师应当将相关的国际条约和国内法律的背景资料(如条约、法律的制定背景、具体规则的解释和适用)告知学生或告知条约或国内法律的条文具体所在,让学生自己去查找与之相关的背景资料、仔细研究条款的立法目的和具体内容、评价其在案例中的适用效果。

除了上述案例资料、法律规定外,作为课外辅读的参考书籍,尤其是一些公认的国际法名著也是可以成为案例教学中的内容。依据《国际法院规约》第38条第1款(卯)项的规定,在该规约第59条规定之下,"司法判例及各国权威最高之公法学家学说,作为确定法律原则之补助资料者。"虽然国际法学者的学说不是国际法的直接渊源,但它对查明和确定国际法的渊源起着一定的补充辅助作用。因此,系统完整地阅读国际法名著作为教学的参考文献是教师备课的不可缺少内容,它可以使国际法名著中的内容和观点免于被断章取义地不完整理解。

(二)案例教学的应用

1. 案例教学课程安排

通常,地方普通本科高校法学专业本科课程设置与研究生课程设置和要求有很大不同。前者重在法学通识教育,为本科生传授法学内各科的基础知识,要求学生掌握各科基本知识要点,侧重搭建对整个法学的体系框架知识,养成初步的法律思维能力。而硕士研究生教育则重在法学内各科的专业化研究,学生通过学习,能发现案例中存在的深层次问题,并通过细致地解析提出对该问题的深入专业建议。就研究生阶段,由于已经进行了专业的分化,对本专业的课程设置进行倾斜,案例教学可以独立成课。但地方普通高校法学本科教育则不同,由于时不敷用,不可能对每一门法学子学科的课程设置单独的案例教学课。就国际法而言,国际法案例教学更多是在国际法课程的授课中与其他教学内容共同进行的。

除国际法课程外,法学本科课程中如开设了"典型案例评析""疑案辩论"、模拟法庭等综合性法学案例、实践教学课程的,也可以在课程的教授中选择国际法案例进行教学。

2. 案例教学具体方法

(1) 案例讲授法

案例讲授法的主导者为教师,教学方法主要为讲授式,这种方法给予学生讨论的时间不多,与一般对案例教学中学生参与度高的认知不同。但这种教学法的采用有其合理性。因为在不同的地方本科高校中,国际法课程的授课时间安排是不一致的,有些学校将之安排在低年级,而有些学校将之安排在中高年级。当国际法的授课时间在低年级(甚至在一年级)时,由于学生才开始本科学习,其法学知识积累薄弱,外语水平不高,法律思维还未形成,此时让他们对案例进行讨论,学生往往不知从何入手进行案例的讨论。因此,对低年级学生的案例教学宜先由教师进行理论的讲授,再举出与该理论相关的案例进行详细讲解,提供案例解析的思路和方法,并布置课后的书面小作业要求学生对所讲授的案例进行国际法分析,教师随后对学生的分析进行点拨,帮助学生掌握案例学习的方法,引导学生形成法律思维,提高学生的法学专业表达能力。

(2) 合作式案例拟题教学法

它是指教师在教授每个单元内容时,采用分组式教学,把自编案例发放给每个小组,由小组成员评议、讨论分类的案例,教师在必要时,对每组存在的问题进行解答,随后,小组要合作讨论出与案例有关的题目,将其分发到各个小组,由其他小组学生对提出的题目进行回答,最后,教师对所有小组出现争议的题目进行答疑,并评价各个小组的综合表现情况。① 这一方法适合本科中年级的学生对国际法案例的学习。

对比前一方法,教师在该方法教学中的案例学习参与程度相对降低,而学生对教学的进度和内容上主导性增加。虽然讨论案例由教师提供,但前期的案例分类和问题汇集由学生进行。在问题解答上,教师的参与减少,以学生对案例问题的归纳和相互解答为重心,教师在案例学习的后期作用也是启发性而非主导性的。合作式案例拟题教学法是由"教法"转向"学法"的中间阶段,对学生而言具有较强的探索性,但又因为有教师的辅助指导而不会使学生的案例学习过于艰难,或无法进行下去,使师生在能动合作的基础上完成知识的学习。

(3)案例发现教学法

发现教学法是由美国结构主义心理学家和教育家布鲁纳在其代表作《教育过程》中提出来的。这种方法主张学生在教师的指导下,像科学家发现真理一样,通过自己的探索发现事物的起因和事物的内部联系,从中找出规律,形成自己的概念,从而提高学生智慧的能力,使外在动力向内在动力转化,掌握发现的方法有利于迁移能力的形成,有助于记忆。其步骤为:确立和说明对学生有兴趣的问题、把这些问题分成若干有联系的提问、提出可能的答案、收集和组织有关的资料、钻研和讨论这些资料,概括出结论、证实结论。②

发现教学法是从被动型学习向主动型学习转化的教育方法,采用这一方法的教学是学生由接受性学习转向发展性学习的较高阶段。发现教育法比较适合在本科高年级国际法案例教学中进行,因为本科高年级的学生在法学专业和外语水平上都为国际法案例的深入学习奠定了一定的基础。至此阶段,学生可以较为顺利地阅读案例的外语原版资料,明确概念的内涵和论证的逻辑。学生可以通过对外部知识的思考、批判、吸收,将之消化吸收后而内化为自己所得,实现再创造性质的知识理解。

---

① 王丽娜:"商法学教学中合作式案例拟题教学法的应用价值探析",载《教育文化》2016年3月(上),第243页。
② 胡弼成主编:《高等教育学》,湖南师范大学出版社2015年版,第181页。

案例发现教学法具体可采用模拟法庭、案例讨论、疑案辩论等方式来进行。无论是模拟法庭、案例讨论还是疑案辩论，在对国际法案例的研究中，学生的参与度都大大超过教师的参与度，尤其是在模拟法庭和疑案辩论中，学生不再是消极的案例旁观者，而是积极的案件亲身经历者，他们更多地依靠自身去应对案件的处理：寻找理论的阐释资料、查证案件事实材料、讨论不同法律适用后果、预测不同判决后果和反响。这种学习方法可以使学生通过对案件的理解和处理在主动和专业的学习中深刻地掌握知识、理解法律实施对社会的影响。笔者在这些教学方式中发现，虽然教师在具体知识的教授上不如讲授方法的全面，但在放手让学生自己去主导学习的过程中，学生爆发出的参与热情和学习潜力超出原先的预想。在没有教师有形无形的权威压抑下，学生免受教师思维的束缚，展开思维对案例进行创造性理解；因为身临其境地融入案例中，学生自动将心态调整为必须要解决问题的法律人角色，尽力使自己采用法律化思维和法律职业方式来进行案件的处理，从而使《国际法》课程知识的建构不是通过教师的灌输而是通过学生自己的创造得以实现。

结语

笔者认为，案例教学是素质教学的重要方式之一，它调动了学生在理论和实践学习上的主观能动性，又因为具体方法的多样性，可以为师生选择使用，是目前公认的使理论知识与实践知识有机统一的教学方式，因此应该受到足够的重视。同理，国际法的案例教学在地方高校法学本科教学中应该保证足够的课时，为此，国际法案例教学不应只局限在"国际法"课程中展现，其他实践类课程教学中也应加入国际法案例的教学，使这些课程的内容更为丰富和平衡，同时也促进学生国际化视野的形成和知识面的横向拓宽，为我国国际化法学人才的培养提供更好的基础。

法学实践教学

论地方院校法律硕士实践教学体系的完善[①]

龚志军[*]

摘　要：随着我国地方院校法律硕士点的日益增多，作为高端应用型法律人才的法律硕士将日益增多。对地方院校法律硕士培养单位而言，如何改革传统法律硕士人才培养模式，加强学生法律实践能力培养成了法律硕士培养之重点。而培养学生法律实践能力，需要构建包括实践教学课程（环节）、实践教学师资、实践教学平台、实践教学考评机制等类型化的法律硕士实践教学体系，如此方能培养出法律知识系统完善、实践能力出色、适合地方社会经济发展需求的高端应用型法律人才。

关键词：地方院校　法律硕士　实践教学

随着我国建设法治国家步伐的加快，全国上下对法治人才尤其是应用型高端法律人才的需求日益增加。基于此，我国加大了以培养应用能力为目标的法律硕士人才的培养，截至2016年底，我国教

---

[*] 作者简介：龚志军（1979—　），男，湖南湘潭人，法学博士，法管学院副教授，主要从事国际法学与法学教育研究。

[①] 基金项目：(1)湖南省"十三五"教科规划2016年度项目"地方高校法律硕士实践教学体系研究"（XJK016CGD021）；(2)湖南商学院教学改革研究2017年度项目"'双一流'建设背景下地方财经院校法学应用型人才培养研究"（校教字〔2017〕17号）。

育行政主管部门一共批准了199家单位培养法律硕士人才。至此，地方院校法律硕士教育已步入大众化阶段。然而，众多地方院校在法律硕士人才培养过程中普遍存在应用能力不足现象，法律硕士人才培养的应用性目标大打折扣，社会对法律硕士人才综合素质不断提高的需求与目前法律硕士实践应用能力普遍不足的结构性矛盾日益凸显。在笔者看来，导致这一矛盾的关键原因在于，地方院校在培养法律硕士过程中的实践教学环节严重不足。本文拟针对这一问题，以创新和完善地方院校法律硕士实践教学体系为目标展开研究，有针对性地解决法律硕士实践教学不足的问题。

一、地方院校法律硕士实践教学的主要不足

随着我国法律（学）硕士人才培养的转型，我国地方院校培养高端法律人才的途径将主要通过培养法律硕士来实现。社会对高端法律人才复合型、应用型的素质要求正在考验着高校法律硕士人才培养的质量。然而，地方院校培养法律硕士人才尚未突破传统的模式，当前地方院校法律硕士实践教学仍然存在严重不足。

（一）法律硕士实践教学投入不够

针对社会对法律硕士人才高级应用型能力要求，目前地方院校对法律硕士研究生实践教学的投入远远不足。主要体现在以下几个方面：①对实践教学重视不够。高校作为人才培养单位，没有对实践教学形成高度的重视，造成了培养法律硕士应用能力的实践教学理念、实践教学环节（模块）、实践教学师资、培养经费等都严重不足。大部分地方高校法律硕士人才培养的实践教学处于一种只要有设置就行的次要地位。②当前地方院校开展法律硕士实践教学困难重重。一是实践教学师资不足。当今众多地方院校培养法律硕士的师资基本不是来自社会实务第一线，很少有学校愿意花重金聘请法律实务领域的专家担任法律硕士师资。由于师资缺乏实践型人才，导致了学生没有真正的实务锻炼机会。二是实践教学的平台缺乏。法律硕士高级应用能力的培养，需要真正意义上的学生全方位实践锻

炼的实务平台和配套机制。当前众多地方院校的实践教学平台大多流于形式,如此导致地方院校的法律硕士实践教学仍然是我行我素,一般是通过固定的实习环节,或者让学生自己找单位实习,或者由教师带队前往实践单位集中实习,最后由实践单位盖章证明和上交实习周记等即为完成任务。

(二)法律硕士教学体系模块(环节)僵化

当前,大部分高校法律硕士人才培养方案中的实践模块千篇一律。一般是在二年级下学期或三年级安排专门的实践环节,主要内容有文书写作、模拟法庭实训、专业实习等,与本科生实践教学并无根本区别。笔者认为,作为高级应用型的法律硕士人才,对法律应用能力和实践教学的要求当然应高于本科生,理当更能满足社会实际之需要,甚至法律硕士一毕业就能担当专业的实务工作。然而,目前地方院校法律硕士实践教学模块(环节)的设置,几乎无视不同地区需求差异、不同法律行业职业差异、法律本科生与法律硕士研究生的阶段差异。这直接导致社会对法律硕士应用能力需求的差异性完全被忽视,众多地方院校法律硕士人才培养不能满足现代法治社会需求。

(三)法律硕士实践教学考核形式主义

地方院校法律硕士研究生人才培养的目标要求所培养的法律硕士人才,既要具备不同于法律本科生的法律知识与素养,更要具备高于本科生以及法学硕士研究生的实务应用能力。这也是法律硕士学位点存在的独特意义与价值所在。因此,实践教学的效果是法律硕士人才培养中的重要一环。当前,众多地方院校法律硕士实践教学的考核大多陷于形式主义,对实践教学更无法形成促进作用。目前,大多数地方院校法律硕士实践教学考核,主要通过撰写社会调查报告、毕业实习以及模拟法庭演练等形式完成,且前两者一般是采用学生个人自觉完成的松散型模式,而后者则是通过课程学分的形式完成,基本上缺乏真正意义上的考核。这种完全陷于形式主义的实践教学考核不仅效果不佳,而且客观上还弱化了实践教学本身,最终使得培养出来的法律硕士不伦不类。

二、美国法律硕士实践教学的经验

(一) 构建了丰富的实践教学课程体系

美国的 J. D. 与我国的法律硕士类似,在人才培养路径上,美国非常注重法律硕士人才的实践教学课程体系,其实践教学的课程比例非常高。以密歇根州立大学为例,其实践教学课程体系包括咨询、面试、谈判、事实调查、解决问题、审判、上诉辩论、替代性纠纷解决、法律工作的组织与管理、起草工作等技能课程以及模拟法庭审判、模拟辩护、法律诊所等实训课程。① 哈佛大学法学院的实践教学课程体系包括知识产权、担保、银行、金融、环保、法律推理、争辩、证据处理等上百种实用性课程。通过这些课程,培养学生分析和撰写深层次法律问题的职业能力。除了校内实践教学课程之外,美国法律硕士教育还有非常丰富的校外实践教学课程。如带领学生亲历各类诉讼程序、安排学生到优秀的律师事务所实践及到其他法律行业领域从事专门的实践锻炼等。

(二) 开辟了区分行业职业领域的实践教学模式

美国的 J. D. 培养比较成熟,且其国内市场对法律人才的要求比较专业和高端,所以美国一些法学院在培养 J. D. 时,除了十分重视实践应用能力外,还考虑按照法律服务行业领域或者职业类型有针对性地开展深入性的实践教学,如知识产权法律硕士、金融法律硕士等。这些 J. D. 的专业性更强,其培养单位往往会在实践教学环节安排一系列的本专业领域或者某一类职业领域的专业实践教学课程、实践环节和实践平台。

(三) 注重实践教学师资队伍建设

美国的 J. D. 培养,具有大批实践经验非常丰富的师资。如密歇

---

① 袁翔珠:"论美国法律硕士培养模式及其对中国的启示",载《大学(研究版)》2015年第9期,第66~77页。

根州立大学法学院的 J. D. 师资基本上都是来自各领域非常成功的资深法官、律师、企业法律顾问、政府官员等。学生可以非常方便地跟随执业法官学习相关理论课程和诉讼法课程,跟随企业法律顾问提升自己企业法律服务能力,跟随跨国企业法律顾问学习国际民事诉讼,跟随腐败行为治理法律专家学习反腐败法等。这样的师资是专业知识和实践经验的结合体,能巧妙地把书本知识转变成法律硕士人才所需的工作工具,使学生在将来要从事的法律领域能成为称职从业者。①

三、地方院校法律硕士实践教学体系的创新完善

(一) 分类构建实践教学体系

随着社会经济的发展和我国依法治国的不断推进,法律服务行业及法律服务市场呈现出日益专业、细分的趋势。这对于法律行业从业者而言,既是机遇也是挑战。精通全部领域法律知识,应对解决各种法律问题的"全科医生"式法律职业者已几乎不再可能存在。在此前提下,作为地方院校的法律硕士人才培养单位,一方面当然要加强实践教学,同时,更应该针对不同地区、行业、专业对法律硕士应用能力需求的差异性,来构建不同类型的实践教学体系开展实践教学。

一是要结合地方社会经济法治需求构建科学的法律硕士实践教学体系。地方院校法律硕士人才培养的一个重要使命就是要为地方培养适合其经济社会法治需求的高级应用型法律人才。不同地区社会经济法治存在不同的阶段、特点和需求,如沿海地区与中西部地区、中心城市与边远城市,它们对法律硕士的需求自然有明显的不同。从这个意义上说,地方院校必须结合地区特点、凝练自身特色,构建特色的实践教学体系。如沿海地区对民营企业法务、涉外法务的应用能力要求比较高,而中西部地区对环境资源保护、旅游资源开发、依法行政、民族法治等方面的法律应用能力要求较高,所以相应

---

① LL. M. & M. J. Programs, http://law.msu.edu/llm/index.html, 2016 – 09 – 02.

地,相关地方院校在构建法律硕士实践教学体系时必须牢牢把握这一点。①

二是要结合法律职业行业的不同构建不同类型的法律硕士实践教学体系。我国目前在传统的立法、执法、司法法律职业门类基础上,已形成立法、法制、警察、检察、法院、狱政、律师、法律顾问、公证、人民调解、行政执法等众多法律职业门类。而且,在同一法律职业当中,又进一步分化出不同类型的专业领域人才,近年来社会上出现的越来越多的专门从事劳动纠纷、医事纠纷、婚姻家事纠纷、交通事故纠纷、公司并购等领域业务的专业化律师便是一个例证。② 因此,大而全的应用型法律硕士培养已经不适应新的形势。各地方院校应立足自身优势,构建更加细化、专业化的法律硕士实践教学体系。

(二) 强化法律硕士实践教学环节

目前,绝大部分高校法律硕士实践教学环节主要采用于学制中一定时间内集中实习的模式,由学生自己寻找实习单位或学校统一安排。应该说,这一传统实践模式是远远不够的。法律硕士人才培养,至少应该包含如下几个实践环节:法律实践方法指导、社会调查的开展、模拟实验、职业仿真实习等,而且必须将社会实践贯穿于学制始终。

地方院校在法律硕士实践教学体系设置方面,除了应该充分考虑法律行业职业分类实践教学体系模式外,还须围绕上述实践教学环节不断优化,围绕学生法律知识与理论学习的阶段和实际情况,科学地设计实践教学体系。一是要改变传统的实习模式,开设专门的、有针对性的实践教学项目与课程,以增强学生社会实践的方式方法,增强学生分析、解决问题能力,不断提升法律硕士的针对性和应用性。③ 二是要制定程式化的实践教学方案,供法律硕士研究生指导教

---

① 龚志军:"地方高校卓越法律硕士培养创新研究",载《衡阳师范学院学报》2017年第3期,第154~157页。

② 同上。

③ 董丽敏:"中美专业学位研究生培养模式的比较研究——以法律硕士教育为例",江西师范大学硕士学位论文,2013年。

师遵循。三是要搭建数量充分、职业行业分布合理的实践教学平台供学生社会实践与培训。四是要构建法律硕士实践教学评价指标体系,对实践教学过程及效果等进行考核和评价。

(三) 优化法律硕士指导老师队伍

法律硕士研究生一般通过三年左右系统的法科训练,在导师们的悉心指导下,逐步完善自己的知识体系、提升自己的理论知识水平、选择自己的研究专攻方向,获取基本的法律实务能力。从这一目标来看,除了学生自我努力外,指导老师队伍具有十分重要的作用。

一是全面提升法律硕士导师队伍的法律实践能力。各校应该通过导师遴选、考核等制度,选择具有法律实务背景和较好实践能力的优秀老师担任法律硕士研究生导师;同时,要将法律硕士导师的实务培训纳入制度化,包括法律职业资格的考取、法律实务部门交流、挂职锻炼等,以提升法律硕士导师的实践教学能力。二是着力打造"双师型"法律硕士导师队伍。通过"请进来、走出去"的措施,一方面培养或引进更多具有律师、企业法律顾问、仲裁员等执业资格的导师;另一方面委派导师到司法实务部门进行挂职锻炼,担任实务部门职务,具体参与司法实践工作,为法律硕士实践教学奠定基础。[①] 三是确立"理论导师+实践导师"的"双导师联合培养"制度。校内理论导师主要负责指导学生系统学习法律知识和进行基本的实践教学指导,校外实践导师主要负责学生系统的实习实践和专业化的实务锻炼。

(四) 健全法律硕士实践教学平台

要培养卓越法律硕士人才,须高度重视实践教学,因此,必须有培养实践应用能力的丰富平台做保障,[②] 一是地方院校应该结合培养方案上的课程,建立若干法务模拟实验室供学生进行法务模拟实验,

---

[①] 李麒、王继军:"实践教学与卓越法律人才培育",载《中国高等教育》2012年第24期,第2页。

[②] 龚志军:"卓越法律人才培养的'五维一体''法商结合'模式研究",载《湖南商学院学报》2013年第2期,第124~128页。

让学生亲身体验运用法律解决问题的方法和过程等。二是校企合作,打造一批优秀的教学实习基地。地方院校应该结合自己学位点的特色与优势,结合法律硕士人才培养的职业行业类型,同时也考虑校外实践导师资源,有针对性地精心选择一批优秀实习单位进行双方共建,将其作为本校法律硕士生的集中实习平台。三是充分利用高校法律援助站、法律咨询服务中心等平台,提高法律硕士研究生的法律应用能力。四是建立诊所式法律实践教学研讨教室。学校要充分利用校内外导师法律实务中的案例,利用诊所式法律实践教学研讨教室不定期开展诊所式法律实践教学研讨活动,提升法律硕士研究生解决法律实际问题的能力。①

(五)改革法律硕士实践教学考评机制

长期以来,法学硕士研究生通过学科理论知识考试、学术论文发表、学位论文答辩等进行考核评价,以实现提升学生文本研究、理论研究的学术能力。很明显,这种考核评价体制不适合以高端应用能力为培养目标的法律硕士。因此,地方院校应该改革传统的考核评价制度,建立适合法律硕士人才培养目标的考核评价制度。简言之,地方院校应当将法律硕士考核评价机制的重心转移到法律专业知识与实践技能的综合考察上,以此作为法律硕士研究生毕业与学位授予的重要依据。如此一来,将法律硕士的考核制度与应用型人才目标对接,在考核制度中结合各种法律职业从业人士所应掌握的专业知识和专门技能,注重对法律应用和实践的考核,而不仅是停留在理论知识的考核和写一篇合格的学术型论文上。②

---

① 江保国:"我国诊所法律教学的实践困境与制度培育",载《中国大学教育》2013年第5期,第75~77页。
② 袁碧华:"法律硕士考核标准的反思与重构",载《高教探索》2013年第5期,第118~122页。

地方高校法学专业实践教学体系创新研究[①]

李进平[*]

摘　要：法学专业实践教学是训练和提升法科学生法律实务能力，培养应用型法律人才的重要途径，是法学教育的重要组成部分。目前我国高校的法学实践教学普遍存在教学模式单一、形式化倾向严重、教学实效性差等弊端，难以实现实践教学目的。明确法学专业实践教学目标，构建一套层次分明、体系完整、结构合理的实践教学体系是提高法学实践教学效果，培养法科学生法律职业技能，优化法律人才培养质量的重要保障。

关键词：法学专业　实践教学　体系

美国著名的大法官霍尔姆斯曾说过，"法律不是逻辑的结果，而是经验的积累"。法学专业实践教学过程就是法科学生法律实务经验的积累过程，是培养和提升学生的法律职业技能的必经途径和重要渠道。教育部十分重视高校的实践教学和对大学生实践能力的培

---

[*]　作者简介：李进平（1969—　），男，湖南常德人，湖南文理学院法学院副教授，法学硕士，主要从事法学教育、刑事法学研究。

[①]　基金项目：本文系2016年湖南省普通高等学校教学改革研究项目"专业转型背景下地方高校法学专业课程改革研究——以分类培养模式为视角"的阶段性研究成果。

养,2011年出台的《关于实施卓越法律人才教育培养计划的若干意见》中强调要强化法学实践教学环节,强化学生法律实务技能培养,提高学生运用法学与其他学科知识方法解决实际法律问题的能力,促进法学教育与法律职业的深度衔接。在当前高校转型背景下实践教学的重要性显得尤为突出,目前我国地方高校法学专业的实践教学普遍存在教学模式单一、形式化倾向严重、教学的实效性差等弊端。笔者根据自己多年指导法学专业实践教学的经验和体会对法学专业实践教学体系的构建谈几点粗浅的认识,以期抛砖引玉和同人们共同探讨一条促进法学专业实践教学的有效路径。

一、法学专业实践教学体系构建的价值目标及原则

法学专业实践教学有广义和狭义之分,广义的实践教学是指以培养和提升法科学生实务技能为目标,重点训练学生的法律操作能力和法律职业伦理的课程体系、教学方法和考评机制的总称。它包括课堂内的实践教学和课堂外依托实践教学基地平台所实施的所有实践教学活动。狭义的实践教学仅指依托校外实践教学基地,并与校外实务部门联合共同培养训练学生法律实践能力的教学活动。本文所指的法学专业实践教学是指广义上的实践教学。

本文认为,法学专业实践教学体系构建有其固有的价值目标和应当遵循的基本原则。具体而言,法学专业实践教学体系的构建有四个目标:第一,满足应用性法律人才培养目标要求,构建具有实效性、全过程的实践教学课程体系;第二,遵循法律人才培养的规律,重点培养和锤炼法科学生的法律实务能力,即能够独自参与法律实践活动,运用所学法学理论知识,分析和解决法律实践问题的能力;第三,培育法科学生的法律职业道德和职业伦理,使之牢固树立"法律人"使命感和责任感;第四,与法律职业接轨,帮助学生掌握从事法律实务工作必备的技巧和方法,使他们毕业之后能够迅速适应法律实务工作的需要。

法学专业实践教学体系的构建除了要实现上述四个目标之外还应遵循以下三个原则:第一,全过程覆盖原则。实践教学体系的设置

要贯穿于大学四年,包括大学一年级都要设置实践课;第二,循序递进原则。实践教学课程的设置要遵循认知规律,按照认知性体验——模拟实训——体验式教学这一顺序安排实践教学体系。第三,实效性原则。实践课程的设置、实践教学模式和考评机制的构建都要确保实践教学的实效性,即要保证每门实践课程都落到实处,产生实际效果,能真正培养和提升学生的实践动手能力。

二、地方高校法学专业实践教学存在的问题

(一)实践教学的目的不明确

教育部《高等学校教学管理要点》强调了实践教学的重要性,其中明确规定:"实践教学是教学过程中的一个极其重要的教学环节。"2005年教育部颁布的《关于进一步加强高等学校本科教学工作的若干意见》第10条明确要求:"大力加强实践教学,切实提高大学生的实践能力。"各高校也遵照教育部的规定加大对实践教学的投入和改革,"但传统上片面注重理论教学的惯性作用仍旧持续,相当多的教师和学生缺乏对法律实践的基本认知,实践教学被看作弥补理论教学缺失的辅助工具,而非一种独立的教学手段"。[1] 如课堂内的案例教学,不少教师只是将这种教学方法视为帮助学生理解掌握理论知识的一种手段,当讲授某一知识点时举一案例让学生运用刚刚讲过的知识点进行分析,这样虽然有利于学生当堂理解和消化知识点,但由于没有给学生一个事前收集、查阅资料和独立思考的过程,所以对学生分析、解决问题的能力的培养并无多大帮助,也没有达到案例教学的真正目的。课堂外的实践教学活动也是如此,各高校法学专业人才培养方案中大多设置了数门实践教学课程,但对于每一门课程究竟要培养学生什么样的能力并不是很清楚,就拿法律咨询这门课程来说,不少高校的做法是将学生分成若干小组到社区、街

---

[1] 冯惠敏:"法学实践性教学体系构建研究——河北大学法学专业实践性教学改革",载《河北大学成人教育学院学报》2011年第13卷第4期,第77页。

道、公园、广场摆摊设点散发传单、问卷调查、接受咨询,事前并没做好充分的准备工作,咨询工作也大多是指导老师代为进行,这样的实践活动很难起到锻炼学生实践能力的作用。

(二)实践教学课程设置缺乏合理性

1. 实践课程所占比重过低

长期以来,我国高校法学专业的教学受"重理论轻实践"的影响,法学专业实践教学在法学教学体系中的地位较低,法学专业的总学分一般为160个学分左右,其中公共基础课占比25%左右,专业理论课占比65%左右,实践类课程占比往往不到10%。教育部一再强调各高校法学专业要重视实践教学,要把实践教学视为培养应用型法律人才的必经途径,并在2011年出台的《关于实施卓越法律人才教育培养计划的若干意见》中着重指出要加大实践教学比重,确保法学实践环节累计学分(学时)不少于总数的15%。在这一背景下各高校开始修改法学专业人才培养方案,适当增设了一些实践课程,但是这一修订并未实质性改变实践教学的地位,增设实践课程只是从形式上加大了实践教学的比重,至于实践教学的效果如何,实践教学的目的能否实现则在所不问。如不少高校法学专业人才培养方案中增设了《法律诊所》这门课程,但囿于师资力量、教学场地和教学经费等条件的限制,这门课程实际上很难开设,即使开设了也是走走过场,达不到开设这门课程的真正目的。

2. 实践课程的设置缺乏阶段性和系统性

目前不少地方高校法学实践课程的设置具有很大的随意性,鲜少经过充分的实证调查研究和缜密的论证。实践课程的设置既未遵循认知规律分阶段进行,也不具有系统性和完整性。当前高校法学实践课程的开设可谓五花八门,没有一个统一标准,课程名称很多,常见的如庭审观摩、法律咨询、模拟审判、司法调研、法律诊所、疑案辨析、法律援助、专业见习、毕业论文、毕业实习等。不同高校开设的实践课程都不一样,有的高校实践课程的开设完全是依据本专业的师资力量、教学设施和教学场地等条件有选择性的开设几门课程,谈不上实践教学体系的系统性和完整性。而且课程的设置并没有严格遵循认知规律分阶段进行,如不少高校法学专业一、二年级没有开设一门实践课程,所有的实践课都放在三、四年级开设。暂且不说这样的课程设置是否科学,单就这些实践课程能否顺利进行就有很大问题,一般来说,大学三年级的专业理论课程是比较多的,大学四年级的学生面临着考研、考公务员、参加司法考试和找工作准备就业等一摊子事情,想让他们静下心来参加这些实践活动恐怕并不现实,其实际效果也会大打折扣。

(三)实践教学的实效性差

现阶段不少地方高校由于师资力量、教学设施设备和教学场地等因素的影响,法学专业的实践教学流于形式,实际效果较差。导致高校法学专业实践教学缺乏实效性的因素是多方面的,本文将其归纳为以下三个方面。

1. 实践教学的师资力量匮乏

地方高校法学专业的师资主要来源于法学专业应届硕士毕业生或博士毕业生,这些毕业生法学理论基础扎实,知识面广,但他们普遍缺乏法律实务工作经历,法律实务能力欠缺,即便有少数人兼职从事法律实务工作,如做兼职律师等,也因为局限于某一领域,没有与实践教学有效挂钩,其自身的法律实务能力难以全面提升。教师自身的实务能力都有很大欠缺,又如何能有效地指导学生的法律实践活动,提升学生的法律实务技能?

2. 实践教学缺乏有效的评价机制

当前高校对法学实践教学的评价分为两个方面:一方面是针对指导实践教学的教师,另一方面是针对参与实践教学活动的学生。由于长期以来,法学实践教学没有从整个教学体系中独立出来,没有在教学体系中占主导地位,再加上当前高校对教师工作绩效的评价和职称评定更多偏重于教师的理论研究成果,这就使得绝大多数教师只注重本专业的理论研究,而忽视了对实践教学的研究探索,没有投入足够的时间和精力,多数情况下处于一种应付交差的状态,其实践效果也就可想而知了。此外,教师对学生的评价普遍存在简单化的倾向,往往是在一项实践教学活动结束之后让学生写一篇心得体会或实习报告,指导教师仅依据这份心得体会或实习报告给学生评定实习成绩,至于学生有没有真正参与实践活动、具体做了哪些工作、有何成效等问题概不考虑。如此一来严重挫伤了学生参与实践教学活动的积极性,导致多数实践教学活动流于形式,其效果自然也差强人意。

3. 没有构建与校外实训基地联合培养育人机制

教育部虽然在《关于实施卓越法律人才教育培养计划的若干意见》中明确要求各高校积极探索"高校——实务部门联合培养"机制。也确有部分高校建立了与实务部门的联合培养机制并取得初步成效,但多数地方高校囿于师资、经费等条件的限制尚未真正构建这一联合培养育人机制。出于实践教学的需要,多数高校都会联系当地法律实务部门,如法院、检察院、律师事务所,作为法学专业的实践教学基地,有的高校甚至与这些实务部门签订了书面的实习基地协议。但这种合作是表面上的、浅层次的,实务部门并未真正融入高校法学专业教学的各个环节。以湖南文理学院为例,湖南文理学院法学院十分重视法学实践教学活动,与当地十几个法律实务部门签订了实习合作协议,并建立了校内实践教学基地"两站两中心",但与实务部门的合作仍属浅层次,尽管在有些实践教学环节也会聘请实务部门专家指导学生的实践活动,如说聘请实务部门的专家指导学生的毕业实习、模拟审判等实践活动,甚至还定期或不定期聘请资深法官、检察官和律师来学院开设法律实务讲座。但仍有许多教学环节,如人才培养方案的制定、课程体系的设计、教材的编写、毕业论文的指导等,实务部门并未参与进来,更谈不上实施教育部要求的高校与实务部门人员互聘"双千计划"。

三、完善地方高校法学专业实践教学体系的构想

(一)科学定位法学实践教学目标

当前我国高校法学专业人才培养目标存在"千校一面"的弊端,尤其是地方高校往往直接采用"拿来主义",效仿优秀高校制定本校

法学专业人才培养目标,而鲜有考虑自身的办学条件和地方特色,导致培养出来的学生走入社会后没有自身的特色和优势,缺乏竞争力。笔者以为,地方高校法学专业人才培养目标应定位于面向地方基层的应用型卓越法律人才。围绕这一培养目标,法学专业实践教学体系的构建应瞄准以下教学目标展开,即致力于培养法科学生以下四方面的素质和能力:社会认知与适应技能、法律职业技能、创新能力、法律职业道德。社会认知与适应技能主要指社会认知能力、人际沟通能力和社会适应能力,这是法学专业实践教学中的第一个层次教学目标。法律职业技能是法科学生从事法律职业应具备的专业技能,包括语言表达能力、协调沟通能力、制作法律文书的能力、探知法律事实的能力,以及法律诠释、推理和论证的能力。创新能力是在技术和各种实践活动领域中不断提供具有经济价值、社会价值、生态价值的新思想、新理论、新方法和新发明的能力。当今社会的竞争,与其说是人才的竞争,不如说是人的创造力的竞争。作为一名法律人要有创新的精神、勇气和能力才能适应社会发展的需要,才能参与全球化的人才竞争。法律职业道德是法律人从事法律职业的底线和基本保证,是伸张正义维护公平的基石,正如孙晓楼先生所言:"只有了法律知识,断不能算作法律人才;一定要于法律学问之外,再备有高尚的法律道德。"[①]所以培养法科学生的法律职业道德是法学实践教学的一个很重要的目标。

(二)构建递进式、全过程实践教学体系

法学实践教学课程体系的设计应围绕上述四个方面的教学目标进行,遵循两个原则,分四个模块构建递进式、全过程的实践教学体系。

1. 实践教学课程体系设计应遵循的两个原则

第一个原则是全学程覆盖原则,即法学实践课程应贯穿于大学四年的全过程。法科学生实务能力的培养是一个循序渐进的连贯过程,不是短时间集中突击就能奏效的。应当从大一到大四每个学期

---

① 孙晓楼:《法律教育》,中国政法大学出版社1997年版,第12~13页。

不间断地安排实践课程，各课程的功能与各学期的理论课程相匹配。第二个原则是递进式设计原则，即每个学期实践课程的安排不能过于随意，应根据课程的具体内容、教学目标并遵循人的认知规律，从"认知性体验"到"模拟实训"再到"体验式教学"，形成多层次递进式的法律实践教学课程体系，从而达到良好的实践效果，实现教学目标。

2. 四个模块实践教学课程体系的构建

围绕上述四个实践教学目标设置相应的四个模块课程，即"社会认知与适应技能模块课程""法律职业技能模块课程""创新技能模块课程"和"法律职业道德模块课程"。当然这四个模块课程的划分是相对的，并不是截然独立的，某一模块课程主要训练和培养学生某一方面的技能，但同时也可能对其他方面能力的培养起到一定作用，四个模块课程的功能有交叉重叠的地方。第一个模块是"社会认知与适应技能模块课程"，这一模块课程着重训练学生的社会认知、适应能力和人际交往沟通能力。这一模块课程可由"法律实务专题讲座""司法调研""司法见习""庭审观摩"等课程构成。"法律实务专题讲座"可放在大一第一学期开设，配合专业教育进行，聘请实务部门专家就司法实践中的一些热点、难点问题开设讲座，一方面激发大一新生学习法学专业的热情，另一方面让学生初步了解司法实践。"司法见习"可在大一第二学期开设，通过这门课程的学习和实践让学初步接触了解司法实务部门和法律案件的处理程序，培养其对法律事实的认知能力。"司法调研"课程可放在大二第一学期开设，通过这门课程的学习让学生初步接触和了解社会，尤其是了解目前的法制建设现状和公民的法律意识，培养法律人的责任感和使命感。"庭审观摩"课程可在大二第二学期开设，在学习完三大实体法和三大程序法之后让学生亲自感受庭审现场，深刻体会各类案件的审理流程。第二个模块是"法律职业技能模块课程"，这一模块课程可由"法律咨询""疑案辨析""模拟审判""法律援助""法律诊所"和"毕业实习"等课程构成。"法律咨询""疑案辨析"和"模拟审判"可放在大三第一学期开设，"法律援助"和"法律诊所"可放在大三第二学期开设，"毕业实习"则可以放在大四第一学期开设。这一模块课程着重训练从事法律职业的技能、技巧，包括语言表达能力、法律文书的制作能力、协调沟通能力,以及法律认知、推理和论证能力等。第三个模块是"创新技能模块课程",这一模块课程包括"学年论文"和"毕业论文",通过学术论文的写作培养学生关注社会实践及发现问题、思考问题和解决问题的能力,训练学生的创造性思维,提升其创新能力。当然创新技能的培养可通过多种途径实现,上述"法律职业技能模块课程"的开设除了训练学生从事法律职业的技能、技巧之外,同样也能训练学生的创造性思维和创新能力,此外鼓励学生参与"全国大学生挑战杯"竞赛,参与大学生研究性、创新性项目的申报和研究等活动均能起到培养学生创新技能的作用。第四个模块是"法律职业道德模块课程",这一模块课程包括专门的"法律职业道德"课程和系列的"法律职业伦理"讲座,可放在大二、大三年级开设。除此之外,实现这一目标的主要途径是"完善实践课程体系和教学方法,借鉴西方国家进行法律职业道德教育理论探索和实践经验的结晶,将讲授法、渗透法、案例教学法、示范和角色体验等方法引入法律职业道德教育,为学生创设情感体验场,并为学生积累情感经验提供机会,使理论知识内化为学生的道德自觉性,养成学生职业道德人格"。[①]

(三)强化实践教学效果

当前地方高校的法学实践教学活动普遍存在形式化倾向,实践效果较差,成为法学实践教学改革的"瓶颈",如何突破这一"瓶颈"就成为强化实践教学、实现实践育人目标的关键。要加强法学实践教学的实效性需从以下几个方面着手努力。

1. 整合师资资源,构建"双师型"教师团队

构建一支有扎实的理论功底和丰富实践经验的师资队伍是提升法学实践教学效果的根本保障。地方高校可通过"外引内培"的方式构建"双师型"教师团队,一方面学校采取激励措施鼓励本校教师参加司法资格考试,获取司法资格证之后到律师事务所兼职做律师,积

[①] 刘慧频:"论法学本科实践教学目标体系的构建",载《湖北民族学院学报(哲学社会科学版)》2010年第2期,第140页。

累实践经验,同时选派青年骨干教师到法院、检察院等实务部门挂职锻炼,提升法律实务技能。另一方面学校可以从实务部门聘请实务经验丰富的法官、检察官和律师来校做兼职教师,指导学生的实践教学活动。

2. 建立有效的实践教学评价机制

实践教学评价机制由两部分组成,一部分是针对指导教师的评价,另一部分是针对学生的评价。对指导教师的评价要强化激励机制,不仅将教师指导实践教学活动折算成工作量,纳入绩效考核,还应将教师参与指导实践教学的工作纳入教师个人的年度考核,并与教师的职称评定挂钩,作为年度评先评优和职称评定的考核指标,以此激励教师积极投入实践教学活动。对学生的评价要注意量化,注重过程,避免以往仅凭一份报告或一次考试就决定学生最终实习成绩的局面。不同的实践教学项目可以制定不同评价标准,如模拟审判实践活动成绩的评定可由以下几部分构成:第一部分是理论课成绩,占总成绩的40%,考核的指标包括上课考勤、课堂提问、课后作业、平时测验等;第二部分是模拟审判表演成绩,占总成绩的60%,考核的指标包括庭前准备情况、角色扮演情况、庭上表现、评委的评价、学生互评情况等。通过细致的过程考核和量化打分使学生感受到实践教学不是"走过场",不是敷衍了事就能交差的,从而激发学生参与实践教学活动的积极性,突出实践教学的主体地位,增强实践教学效果。

3. 加强与校外实务部门深度合作,构建联合培养育人机制

地方高校应积极主动探索与校外实务部门合作的路径,加强与当地法院、检察院、律师事务所、监狱等司法实务部门的深度联系和合作,通过建立实习基地,签订合作协议明确双方的权利和义务,使实务部门深度融入法学专业实践教学的各个环节,邀请实务部门专家来学校开设法律实务讲座,共同商讨制订人才培养方案、课程体系,指导学生的模拟审判、毕业论文和毕业实习等活动,切实培养和提升学生的法律实务技能。

转型背景下模拟法庭与本科生法律应用技能的培养

——以湖南文理学院法学院为个案分析[①]

丁德昌[*]

摘　要：模拟法庭是指在特定的场所内为法科学生提供一种逼真的教学场景进行的法庭审判模拟的教学方式，具有实践性、模拟性和综合性等基本特征。模拟法庭之于激发学生主体性发挥，培育学生的法律思维能力和综合运用法律的技能具有重要价值。然而，实践中模拟法庭存在案例欠典型，重程序轻实体、台词演出现象严重。优化模拟法庭，不仅应开设模拟法庭课程；而且应注重案件争议性，精选典型案例。不仅应精心设计，周密组织；教师还应努力激发学生主体性。不仅入如此，还应该改革教学评价，建立综合评价机制。

关键词：模拟法庭　本科生　法律　应用技能

专业转型是地方本科高校适应我国产业转型发展对应用型人才的需要。《国务院关于加快发展现代化职业教育的决定》指出，采取

---

[*] 作者简介：丁德昌，男，湖南常德人，1971年出生，法学博士，湖南文理学院法学院副教授。

[①] 本文系2017省教改一般课题《转型背景下法学案例教学法与本科生法律技能培养的深度融合研究》的成果之一。

试点推动、示范引领等方式，引导一批普通本科高等学校向应用技术类型高等学校转型。普通本科高等学校转型关键在于专业转型，专业转型是高等教育发展的必然趋势。专业转型核心在于人才培养模式的应用技能转型。法学是一门实践性很强的学科，传统的重知识传授而忽视学生应用技能的培养模式越来越难以适应社会发展的需求，专业转型势在必行。模拟法庭以其逼真模拟性、重视学生主体性及实体法和程序法并重等特点，对于在法学专业转型中培育学生法律应用技能具有独特的优势。湖南文理学院重视应用型、复合型本科人才培养，形成了全方位的"学用结合"应用型人才培养新模式。2016年3月湖南文理学院专业转型发展经验被列入国家教育体制改革领导小组简报，向全国推广；2016年4月该校被省政府确定为"产教融合工程应用型本科高校"国家级转型试点。本文以湖南文理学院法学院为个案，对模拟法庭教学进行了一些初步的探索。

一、模拟法庭的内涵阐释

模拟法庭是指在特定的场所内为法科学生提供一种逼真的运用所学知识的教学场景，法科学生通过模拟庭审程序和扮演诉讼角色的形式进行的法庭审判模拟的教学方式。这是以学生为主体，以模拟法庭为平台，以案例为载体，严格依照诉讼程序模拟演示庭审活动的教学形式。模拟法庭教学是一种有别于传统理论教学的实践性教学，旨在训练学生应用法律规则和法律理论处理具体法律争议的能力，为其日后从事法律实务工作提供基础。在专业转型背景下由于模拟法庭对法律知识综合训练和对法律技能的系统培养的实效性强，现已被广泛地应用到高校法学实践教学中。

模拟法庭教学能为学生提供一个模拟实践操作的场域，"作为法学教育的一种方式，模拟法庭是对真实法律生活的模仿。"在模拟诉讼场景中学生了解、熟悉、掌握具体审判过程的同时针对具体案情进行理解、思考、判断，一方面验证和强化学生课堂所学的法学理论和知识；另一方面通过对法律理论和法律条文进行实践运用，学生的法律实践技能得以提高。可以说，模拟法庭真正让学生走出书本、走出机械记忆的格式化法律条文框架,让法律学习从"静态的"书本学习变成"动态的"实践学习。按照目标任务的不同,模拟法庭可以分为教学型和表演型两大类别。前者是指不仅将模拟法庭作为一种教学方法,更将其作为一门课程,学生通过模拟法庭可以将所学法学知识综合运用起来解决具体案例,从而培养和提高法律运用技能。模拟法庭教学将传统知识传授改变为以学生为主体、师生互动式的以法律技能全面培养为教学目标的实践教学模式。而表演式的模拟法庭是为了向外界展示教学成果或某种比赛收获而进行的模拟法庭演示,显然表演式模拟法庭以教学式模拟法庭为基础,是对教学式模拟法庭的一种提升。湖南文理学院法学院能较好地处理好教学型模拟法庭和表演型模拟法庭之间的关系,使二者相得益彰。

模拟法庭的基本特征,概括起来:其一,实践性。霍姆斯说过:"法律的生命从来不在与逻辑,而在于经验。"法学是行动的科学,法律教育是传授法律知识、培养法律实践能力的过程。模拟法庭实践教学,不仅让学生了解诉讼过程,熟悉审判程序,掌握民事诉讼法、刑事诉讼法、行政诉讼法的基本原则和制度;而且让学生正确运用法律理论,准确适用相关实体法,锻炼辩论技巧,从而提高实际认识、分析和解决问题的能力。

其二,模拟性。模拟法庭并非真实的法庭审判实景。模拟法庭根据庭审需要将由学生分别扮演法官、检察官、律师、原告、被告等不同角色。学生根据按照案件审理的标准流程来进行不同角色的模拟。尽可能逼真是模拟法庭最高的境界,评判模拟法庭成功与否的标准关键看其能否逼真地接近现实审。学生往往会对这种模拟的逼真的新奇教学方法感到有兴趣,在教学实践中往往能保持较高的参与热情。

学生在庭审实践中实践着相应的"角色"活动,体验到"角色"对自己能力的需求及自己对"角色"任务完成工作的不足,从而汲取自己在完成"角色"时的经验及教训,从而不断提高自己处理法律事务的能力。

其三,综合性。平时教学往往是学生学习的内容理论法学和部门法学的某个方面的内容。在模拟法庭中既涉及理论法学也涉及部门法学,既涉及程序法也涉及实体法。同时,模拟法庭教学涉及学生运用法律知识的综合能力、学生的观察能力、法律思维能力、表达能力、组织能力等的整体运用。

二、模拟法庭之于法律应用技能培养的价值

(一)激发学生主体性发挥,促使学生学习法律变被动为主动

主体性不仅是人作为主体所具有的性质,而且是人作为主体的根据和条件。激发学生主体性是学生学好法律的前提。传统法学"灌输式"教学方式中教师满堂灌,学生"抬头看课件,低头记笔记"现象严重。模拟法庭教学中,学生以主体的身份积极参与课堂教学,而不是以客体的身份被动地作为课堂的"旁观者"。

模拟法庭的直观性、逼真性和案例的典型性能激发学生的学习兴趣,积极促使学生主动地参与模拟法庭的各个环节。模拟法庭的竞争性,能激发学生本能的求胜心理,主动地钻研模拟法庭的案情,主动探索案件争议焦点,积极查找相关法律条文和司法解释,努力准备证据和制作司法文书。法官、检察官和律师的职业尊荣感,能增强模拟角色的学生职业神圣感,努力在各自的角色岗位上努力做到最好。在模拟法庭教学活动中,对于担任一定的角色的学生来说,如何完成任务,是每个学生必须面临和思考的课题。传统灌输式教学方式向模拟法庭中案例教学方式的转变,必将将学生被动式的学习方式变革为主动创造式的学习方式。主动创造性的学习方式,必将挖掘其潜能,大大激发学生的学习热情,极大促进教学目的的实现与教学效果的提高。

(二)模拟法庭能有效培育学生的法律思维能力

法律思维能力是法律人根据法律规定,遵循法律原理和法理精神,思考和分析法律问题和法律现象的能力。法律思维是法律人的特有思维方式,它是按照法律逻辑,来思考、分析和解决法律问题的思考方式和思考模式。

模拟法庭教学中,模拟法庭庭前准备的案例分析、讨论和综合,使学生在理解和掌握法学的一般原理和知识的基础上,提高分析和解决问题的能力,从而使学生法律思维得以启迪,"既能使学生掌握法律知识,又能培养其获取法律知识的能力与法律实践能力。"模拟法庭中,教师围绕案例引导学生讨论,层层深入地分析案情。通过师生之间的互动,教师和学生的思维火花相互碰撞,从而使一个较为复杂的案例条分缕析,种种相关法律问题获得求解。通过模拟法庭开庭,双方相互争辩,不断交锋,学生的快速反应、严密的逻辑推理等能力得到很好的训练。

模拟法庭能有效实施法律思维能力的培育。法律思维是法律人的特有思维方式,它是按照法律逻辑,来思考、分析和解决法律问题的思考方式和思考模式,能促进学生独立思考,促进其分析和推理能力的成长。在模拟法庭教学中,每个学生都要承担一定的角色,各自角色都承担模拟法庭的重要任务。学生必须进行独立思考,细致分析案件来龙去脉,找到案件结症和焦点。学生经常这样独立思考问题,其分析与推理的抽象思维能力得以潜滋暗长。

(三)模拟法庭能有效培育学生综合运用法律的技能

"形而上者谓之道,形而下者谓之器。"法律既是"道"层面的,但更主要的是"器"层面的,是一种技术技能。学生不仅应掌握法理和法律知识,更主要的是要学会运用法律原理、原则和法律条文去分析、解决法律实践中的种种案例和问题。"模拟法庭课程教学目的不只是让学生掌握庭审的程序,更重要的是培养学生将法学理论知识运用到案件中的应用能力,培养学生分析判断、解决具体法律问题能力。"学习法律知识是一回事,具体运用法律则是另一回事。法律运用是一个综合能力的体现。就法律本身而言,除了掌握基本的法律原理、原则和相关条文以外,法律技能对于解决法律问题更具直接作用。除了法律思维能力外,探知法律事实的能力和法律表达能力等对于运用法律也非常重要。

探索案情的能力是法律人法律素质的关键能力。对于法律人来说,一些复杂案件摆在面前,往往头绪杂难,线索不明,有时甚至有不知从何处下手之感。模拟法庭教学的整个流程和环节,教师可以帮助学生探索案情,获得案件真相和法律正确处理结论。学生在庭前根据教师提出的案例问题,寻找相关资料,本身就是进入探索案情的初步阶段。在模拟法庭开庭中,教师引导学生对相关案例问题环环相扣、步步深入地加以讨论,就是逐步深入地探索案情。模拟法庭中案例教学的整个教学流程和教学环节,将有助于学生自主探索案情的能力的培养。

法律表达能力是法律处理、分析案情、处理案件的基本技能。模拟审判教学中,要求学生准备系统的法律文书,如辩护词、代理词甚至判决书等,又要在教师指导下不断修正。学生通过反复的不断的磨炼和砥砺,撰写法律文书的能力将逐步增强。在模拟法庭开庭中双方辩论非常热烈,学生激烈交锋,唇枪舌剑,学生的法律口才能力将得到极大提高。

三、模拟法庭实践中存在的问题

(一)案例欠典型,专业争议性不强

模拟法庭教学与案例教学密切相关。模拟法庭中案例教学实施的效果如何,在很大程度上,取决于教师所选择的案例是否典型,是否能最大限度反映教学内容。要选择与法学教学内容密切相关、能最大化说明相关法律知识点的经典案例。案例缺乏典型性,即使模拟法庭教学形式上搞得热热闹闹,也只是表面现象,很难达到通过模拟法庭训练学生法律技能的教学目的。

专业争议性也是案例是否典型的重要内容。案件缺乏争议性,是很难产生原告、被告或控辩双方的激烈争议,难以形成精彩纷呈的辩论高潮,因此,学生法律技能培育也将大打折扣。然而,实际模拟法庭教学中,由于教师往往没有储备案例教学库,往往是掂到哪个案例算哪个,典型性存在很大问题。很多时候教师为了完成教学任务,所选择的案例要么过于简单,要么过于烦琐。所选的案件缺乏争议性和可操作性,甚至与教学内容关联性不够。实践中,有些教师从网

上搜索案例,对于证据只能根据凭空想象设计,这种案例往往与实际真相相去甚远。有的甚至将案件选择和改编权交给学生,学生往往以应付为原则选择简单的案件,由于其能力有限改编往往漏洞百出。这样模拟法庭也就流于形式,培养学生应用技能也是一句空话。

(二)庭前准备欠缺,庭中重程序轻实体

模拟庭审是模拟法庭教学的关键环节,是模拟法庭教学出成果的地方。如何让庭审精彩是每个指导教师和参与学生目光关注的地方。因此,大多教师非常注重学生台上的演练,而对于台下准备则往往缺乏精心的指导。譬如如何阅卷,指导学生如何发现问题并根据问题进一步查找证据,如何调取证据,如何进行相关法律识别,如何制定法律辩论方案等。这些庭前准备环节的缺失,往往导致法庭庭审中举证、质证和法庭辩论难以往纵深处实质展开。

同时,大多时候模拟法庭非常注重程序的完善,非常注重法律程序是否完备,这当然是好事。但是更多的是由于没有庭前深入地对案件进行挖掘,庭审就会成为为了走完法庭庭审程序的形式而已。这样模拟法庭对于学生法律应用技能的培训效果就非常有限。

模拟法庭由于在庭审的角色有限,真正能得到充分的锻炼的只有法官、控辩双方、原告、被告及其辩护人,一般在10人左右,而大部分学生锻炼是有限的。这就需要教师引导学生做好庭前准备,阅卷、取证以及对证据的分析和辩护词、代理词、公诉书和公诉意见书等的制作是不受角色制约的,所以学生都能参与。大多学生积极从事以上工作能弥补模拟法庭教学方式在培养学生法律技能上的不足。但由于法庭庭前准备的不足,这些锻炼环节被忽视了,导致大多学生能受到锻炼的机会非常有限,大部分学生只能成为"看客"而已。学生对模拟法庭的热情"冰火两重天"和"两极分化"极为严重。

(三)台词演出,表演现象严重

模拟法庭实践教学,往往过于注重"模拟"而忽视了实践。实践是基于现实的,源于生活,具有生活的逻辑性和真实性;而"模拟"法庭大多着眼于表演,虚构成分可能比较多,注重精彩的表演情节而经

不起现实的推敲,"大多数模拟法庭的实验教学活动沦为学生的'秀场'。"

只有经过对案情进行逻辑思维的深加工过程,学生法律思维能力和对案件的探索能力才能得到有效增长。现实中,模拟法庭往往更加注重表演效果,而忽视学生对案件的真实案情深入系统的研究和探讨,难以自然得出举证意见和质证意见,形成辩护词和代理词,"庭审过程完全按照预定的剧本推进,成为带有戏剧成分的实景演出。"教师不太注重学生对案件探索和逻辑思维的培养过程。特别是学生写的举证质证意见书、辩护词和代理词不得要领时,基于表演的需要教师往往缺乏耐心引导学生自觉认知而自主写出相关法律文书,而是亲自操刀。有时为了让庭审表演精彩,法庭中的发言,甚至举证质证时所说的话,都被编排在准备材料中。学生在模拟法庭表演中,面对如此完备的"剧本",纯粹就是依样画瓢而缺乏主观能动性的发挥。经不起现实推敲和检验的模拟法庭教学不仅阻碍了模拟法庭实践教学功能的充分发挥,而且在培养学生法律应用技能方面的作用往往大打折扣。

四、优化模拟法庭,培育法学本科生法律技能的路径思考

(一) 开设模拟法庭课程,实现实践教学与理论教学无缝对接

目前,模拟法庭教学对于大多学校而言尚属于技术性、辅助性的教学手段或方法,常常是为了参加各种比赛临时性组成的表演式教学。即使设置了模拟法庭课程的院系,大多也缺乏基于有效训练学生法律应用技能的课程设计,难以实现实践技能培养和理论教学的有效对接。应设置并提升模拟法庭在教学中的地位,将其提升为法学专业必修课;同时,也应精心设计模拟法庭人才培养方案。模拟法庭教学目标应以综合培养学生法律综合实践能力和法律素质为目标,"我国模拟法庭实验课程的教学目标亟待从定位于服务诉讼法学教学的一元目标走向培养学生法律职业素质和综合能力的多元目标。"

湖南文理学院法学院在湖南省教育厅组织的全省大学生模拟法庭竞赛中连续三届获得一等奖,其中在第三届获得总冠军,我们特别重视模拟法庭人才培养方案的制定。为此,采取了一些特色措施。其一,该门课程设立独立的模拟法庭人才培养方案,明确其性质、内容、特点以及教学对象等内容,并建立学生课程考核体系和对教师的评价制度。其二,课程设计上科学合理,教学放在大三第二期或大四进行,坚持由易到难、要有步骤地进行。学时安排上宜少不宜多,宜精不宜滥,力求做到恰如其分。其三,与其他课程有效衔接,不仅围绕模拟法庭教学设置法律文书写作、司法口才事务能力训练、疑难案件辨析等课程,还有针对性地开设民事、商事、刑事、行政等案件的小模拟法庭教学。教师通过对案例精讲,深刻阐释案例蕴含的法理和宪法原理。如此多层面地进行模拟法庭训练,大大促进了学生法律理论水平与实践技能的同步提高。

(二)注重案件争议性,精选典型案例

在转型背景下模拟法庭中案例教学在培育法学本科学生法律技能的效果如何,很大程度上取决于教师所选择的案例是否典型。典型教学案例对于培养学生参与模拟法庭教学的兴趣,引导学生分析和研究案例的法律和事实问题,对于训练学生的法律思维,培育学生法律应用能力具有重要价值。

为了培养法科学生法律应用技能,选择典型的模拟法庭教学案例应具备如下条件:其一,真实性。案例中双方当事人真实纠纷更能激起学生积极思维探索案情的兴趣。案例只有真实才能让学生更具有现实可感性,更符合生活逻辑。其二,专业性。选择案例应从法律视角出发,案例本身能较好说明法学理论的某方面知识点。作为当事人的主体行为是法律行为,主体之间的关系是法律关系。整个案件能较好地运用法律解释、法律推理和法律论证等法律技术。其三,争议性。没有争议性的案件是没有讨论价值的。如果案情一目了然,极为简单的话;学生将无须动太多脑筋,更谈不上在案情讨论和模拟法庭庭辩中激烈论辩,学生法律思维能力、探索案情能力和法律表达能力都无法得到有效训练。湖南文理学院法学院要求教师在指

导学生模拟法庭挑选案例时要精选案情相对复杂、有一定争议性的案例，应当选择有3个以上争论焦点的案件。只有这样，在模拟法庭教学中在教师适当引导下，学生经过认真思考层层深入地把握案情，其法律思维才能得到有力的训练。

(三) 精心设计，周密组织

模拟法庭教学相比于其他法学课程，课程内容综合性强、课程环节多、过程复杂，没有精心周密的组织设计是难以收到良好的教学效果的。模拟法庭教学不仅应有良好的整体组织设计，而且具体的教学内容、环节和过程都应有周密的组织。湖南文理学院模拟法庭教学中，教师精心设计，周密组织整个模拟法庭教学各个环节和过程。具体而言，主要表现为：

其一，组织动员，提出计划要求。模拟法庭教学指导教师一定要做好动员工作，下半年分发《模拟法庭实践教学大纲》和《模拟法庭实践教学指导书》。指导教师向学生讲明模拟法庭教学目的、总体计划、具体做法和模拟法庭中的各种角色要求。明确模拟法庭教学考核的方式和标准。

其二，分派案例，组织讨论。教师应在分发案例后，指导学生认真熟悉案例，提出问题，组织学生带着问题去阅卷、思考证据证明力。为了极大化提高模拟法庭对学生法律技能的惠及面，教师引导学生分组讨论是关键环节。在讨论中，教师应引导学生明确案件性质，找出法律关系主体，抓住案件争议的焦点。然后各组根据讨论结果，进一步对案卷材料进行分析，确定被告主体、诉讼请求，并在此基础上探讨事实理由。学生根据诉讼请求寻找法律依据，分析事实证据，在此基础上全组同学共同起草起诉书和答辩状等。

其三，认真编排，精心指导。湖南文理学院法学院在模拟法庭教学中坚持两次庭审、三级训练的教学方式。湖南文理学院校本科二批中每届法学专业有两个班。学生分为审判组、原告方和被告方，辩护人和公诉人方以及被害人。为了让学生都能得到模拟法庭训练，每班分成4~5组组成庭审团队，每个庭审团队独立举行一次模拟庭审。要求每个学生必须加入一个组并尽可能承担一个角色。指导教师应指导学生对出庭角色做出恰当的选择。其中对作为庭审主持者——审判长角色的选任非常关键,一般要选择心理素质稳定成熟、专业知识扎实和拥有较强判断力、控场能力的学生担任。

即使有的学生不能参加到模拟法庭的实战中去,也必须参与本组的准备和分析、讨论案件的工作。根据队员在各个庭审团队中的表现,由指导教师择优选择成员组成代表性庭审团队和另一个班进行模拟法庭表演。进行充分演练后组成最终成果汇报表演,两个班的所有学生都要参加旁听,聘请法检和律师事务所的实物专家参加评审,学校教务处和校领导指导。

(四)教师充分发挥主导作用,努力激发学生主体性

教师是整个模拟法庭教学的引导者和组织者,在典型案例选择、案件材料提供、案件信息整合,以及课堂讨论、庭审组织、总结分析等一系列环节和过程中,教师始终处于主导地位,发挥主导引领作用。同时,模拟法庭教学绩效关键在于学生主体性的发挥,"模拟法庭课程教学以学生为中心,突破了传统的以教师为中心的教学模式,因而为最大限度地调动学生的主观能动性和积极性提供了可能。"为此教师在充分发挥其主导作用的基础上,应是模拟法庭教学的主导者、引导师。其具体表现在:其一,教师应有效控制模拟法庭教学的过程和节奏。根据教学内容和教学环节,教师应合理安排时间和有效把握节奏。根据教学需要,该放手发动学生讨论的地方,充分放手让学生讨论;该收回来总结的地方,适时收回,做到收放自如。其二,在案例讨论问题中,教师应恰当引导和启发学生积极思维,探讨案例问题。教师引导和启发应步步深入,层层剥笋、环环相扣。其三,教师总结归纳应要言不烦、精辟精到。为此,教师除了应具有深厚的专业知识和技能外,还应具有迅速的应变能力和反应力、良好的语言表达能力,以及强烈的感召力和亲和力。

同时,充分发挥学生主体性,让学生积极、主动地参与到模拟法庭教学中来,是模拟法庭教学案例成功的关键。学生参与广度和深度越强,模拟法庭教学越成功;反之亦然。因此在模拟法庭教学中,应建立以学生为中心的主体教学模式。模拟法庭教学中尊重学生的主体性要做到：

首先，充分发挥学生能动性，让学生积极从事案例讨论的课前准备。教师应在前一周将相关讨论案例交给学生熟悉案情，并布置案例讨论问题。学生积极查阅相关资料，写好讨论发言提纲，并以寝室为单位进行初步讨论。这样，课堂上学生就会对案情非常熟悉，并且经过初步讨论，学生对案件的焦点和难点也会有所把握，学生法律思维能力就会得到训练。如此，课堂讨论时学生就会有的放矢，专注集中。

其次，要求教师应善于营造良好的课堂氛围，让每个学生敢于积极发言，而不会因为有压力感而不敢发言参与讨论。要充分尊重学生的表达自由权。学生发言无论正确与否，都应正面予以肯定和鼓励。有意识地和学生沟通交流，营造和谐的师生关系。应努力引导学生在有争议的问题上充分展开辩论和讨论。学生辩论越充分，参与度越大、讨论越深入，越容易接近和明晰真理。因为真理是不怕争论的，真理越辩越明。

最后，适时引导，恰当点拨。案例讨论的主体是学生，要求教师明确自己在案例教学中的角色和地位，绝不可越俎代庖。教师应在培养学生法律思维能力和实践能力为核心的教学观指导下，对案例教学予以宏观控制和积极引导。一方面，应放手让学生充分思考和讨论，坚决避免老师成为案例讨论的主角。另一方面，当学生的讨论出现僵局或困境时，教师应善于引导，努力帮助学生打开眼界，开拓思路。教师应通过自己的启发引导，将学生在案例讨论时思维中遇到的"结"努力解开，搭建学生思维从"此案"到"彼岸"的桥梁。

五、改革教学评价，建立综合评价机制

教学评价是对教学过程和结果的分析，对教学有引导、监督和控制作用，其中成绩评定是教学评价的重要一环。良好的成绩评定是对学生学习绩效的充分肯定，能激发学生向更高目标奋进。传统的法学教学考试，往往通过一张试卷对学生学习结果进行成绩评定。

这种重视结果而忽视过程的成绩评定方式,对于特别注重过程的实践教学是难以综合评定学生的学习效果的。

模拟法庭教学是一种综合性的教学模式。由于模拟法庭教学不仅教学模式具有复合性、教学环节具有复杂性,而且教学方法具有多样性、学生角色也具有多变性。因此将模拟法庭课程作为一门普通课程通,通过一张试卷考试对学生进行成绩评定显然是不科学的。模拟法庭教师往往只是注重对庭前材料准备和庭审过程的表现进行总结和点评,而忽视学生对案件本身的难点、关键点的理解和把握,甚至对实体法具体如何运用也不太关注。湖南文理学院法学院模拟法庭建立一套"238"多元化的成绩评定机制。"2"是指成绩评定包括结果评定和过程评定两方面,结果评定主要是文书评定,既包括讨论后的起诉书、辩护词或代理词的评定,也包括庭审完毕后学生模拟庭审的总结评定。过程评定主要是针对学生参与模拟法庭过程中的表现予以评定,过程评定主要设置有8个观测点,主要包括重点难点的把握程度、讨论表现、协作与团队精神、口语表达、文书撰写、法律使用是否正确、庭审程序是否规范、举止衣着是否得当。"3"是指评价主体主要包括指导教师、校外指导专家和其他同学并要求评价主体在评价给分时在备注栏指出其优点和不足。通过评价方式按照数字由小到大简称"238"模拟法庭成绩评定模式。这种成绩评定方式既重结果又重过程,实现了评价主体和测评因素的多元化,较好地实现了对学生的参与模拟法庭的综合评定。这种考核方式从注重结果走向注重过程,使得无论是庭审前准备、庭审进行,还是庭审总结都能受到学生高度重视,从而学生对整个模拟法庭自始至终都能保持较高的积极性和参与度。

参考文献

[1] Caroline Strevens, Richard Grimes & Edward Phillips (eds.). Legal Education: Simulation in Theory and Practice[M]. Ashgate, 2014.

[2][美]E.博登海默.法理学——法律哲学与法律方法[M].邓正来,译.北京:中国政法大学出版社,2004.

[3] 李纪恩,李一行,陈平.法学教育中案例教学法的应用[J].教育教学论坛,2016(3).

[4] 易经·系辞.

[5] 马柳颖.模拟法庭教学中存在的问题及其解决路径[J].高教论坛,2014(4).

[6] 吕铁贞.模拟法庭实验教学的困境与对策[J].北京教育学院学报,2014(5).

[7] 庄乾龙.模拟法庭在法学专业教学中的异化与完善[J].中国林业教育,2016(4).

[8] 陈学权.模拟法庭实验教学方法新探[J].中国大学教学,2012(8).

[9] 夏利民.模拟法庭课程教学模式与方法改革之探索[J].中国大学教学,2015(12).

法律专业院(学院)所(律师事务所)合作实践教学机制的困境与突破[①]

雷连莉[*]

摘　要：建立法律专业院(学院)所(律师事务所)合作实践教学机制，是国内拥有法律专业的高校普遍实行的一种法律实践性教育模式。但该机制在合作形式、合作内容、师资队伍建设等方面还存在问题，需要从这些方面入手不断完善院所合作实践教学机制，实现高校法学院(系)和律师事务所合作共赢。

关键词：法律专业　律师事务所　实践教学　合作机制

一、法律专业院所合作实践教学机制的内涵

法律专业实践教学是培养应用型、复合型法律职业人才的核心环节，是将法学教育与法律职业衔接的必要步骤。自2011年教育部、中央政法委联合实施卓越法律人才教育培养计划以来，许多高校法学院(系)紧紧把握这一法学高等教育发展的重大历史机遇，在法律专业实践教学问题上积极探索和实践。具体而言，各高校法学院

---

[*] 作者简介：雷连莉(1978—　)，女，云南昭通人，博士，讲师，主要从事法制教育和刑事诉讼法学研究，联系方式：25310879@qq.com。

[①] 基金项目：湖南省普通高等学校教学改革研究项目(湘教通[2014]247号)"法律专业院(学院)所(律师事务所)合作实践教学机制研究"。

(系)均在法律专业培养方案中安排了实践教学环节,规定了学分,并通过与法院、检察院、行政部门、律师事务所以及企业等开展合作,共建法律专业实践教学基地,提升法律专业人才培养质量。

法律专业实践教学基地的建设直接关系到法科学生实践教学质量,对于法学人才的创新精神和实践能力的培养十分重要。律师事务所作为律师的执业机构,法律业务范围广,实践性强。依据《律师法》规定,律师可以从事较为广泛的法律业务,如接受各类案件当事人委托参加诉讼,担任法律顾问,参加调解、仲裁活动,提供非诉讼法律服务,解答有关法律的询问,代写诉讼文书和有关法律事务的其他文书等。随着我国依法治国方略的贯彻执行,近年来律师事务所的数量呈递增趋势,截至 2016 年初,我国律师事务所数量达 2.4 万多家。正是因为律师事务所从事的法律业务范围广、实践性强以及律师事务所数量多等特点,广受高校法学院(系)青睐,被视为理想的法律专业实践教学实训平台。近年来,国内众多知名高校法学院纷纷与律师事务所合作,如中国人民大学法学院与北京盈科律师事务所共建战略合作伙伴关系;清华大学法学院与北京金杜律师事务所建立长期合作关系;华东政法大学国际法学院与上海市金茂律师事务所共建实习基地;等等。就地方高校法学院(系)而言,很多法学院(系)遵循就近原则,也纷纷和律师事务所建立了广泛的实践教学合作关系。

所谓法律专业院(法学院)所(律师事务所)合作实践教学机制(后文一律简称为"法律专业院所合作实践教学机制"),即指高校法学院(系)在实践教学方面与律师事务所合作所涉及的运行、管理、监督、考核、保障等一系列机制的总和。法律专业院(法学院)所(律师事务所)合作实践教学机制的建立与运行,不仅能帮助学生了解、熟悉法律实务和技术流程,还能增加其他新知识,培养学生综合运用法律知识分析、解决法律实务的能力,帮助学生训练法律基本职业技能,提高法律职业道德和素养,养成法律思维习惯,提升学生法律实践能力和综合素质;同时,法律专业院所合作实践教学机制能帮助律师事务所利用法学院(系)教师专业优势,共同研究探讨课题、分析案例,建立院所合作科研教学中心,加强律师人才培养,提高律师行业素质,促进律师行业建设,最终促成法学院(系)与律师事务所合作发展,实现共赢。

二、法律专业院所合作实践教学机制的困境

尽管众多拥有法律专业的高校均与律师事务所建立了合作实践教学机制,但其运作过程中存在的问题也是显而易见的,其中比较突出的有以下几方面:

(一)实践教学基地流于形式

为了给法学专业学生搭建实践教学平台,许多高校着力于跟律师事务所合作,轰轰烈烈举办签约(揭牌)仪式,并签订了合作协议。但往往在合作协议达成后,双方之间不重视合作协议的落实,甚至有的高校与若干律师事务所签了合作协议,但从未安排学生到已签约的律师事务所实习,使之前签的合作协议得不到具体落实,完全流于形式,成为一纸空文。这种重签合作协议,但不具体践行的原因很多,比如有的高校所签合作协议的律师事务所数量过多,而学生人数有限,安排不过来;有的是高校缺乏经费保障,对律师事务所实践教学基地的建设投入不足,严重影响了实习基地合作建设的稳定性和长期性等。

(二)实践教学合作内容过于单一

高校法律院(系)和律师事务所合作实践教学内容丰富,是院所合作实践教学机制得以持续运行的基础和发展的动力。而从目前来看,高校法律专业和律师事务所的合作,很多仅停留在高校法学院(系)利用律师事务所的人力、物力资源,单方面派学生去律师事务所实习。且一些高校将法律专业学生送到律师事务所后,没有持续跟踪学生实习的具体情况,不过问学生的实习效果,实习时间到期,学生回到学校,交一篇实习报告即告实习结束。这样的合作实践教学,学生在律师事务所的实习内容没有受到监督和考核,实习岗位不明确、工作任务过于简单且与毕业后的工作贴近度不高,实习内容相

对单一。另外，律师事务所与学校方在课题研究、疑难问题探讨、案例讨论等方面也缺乏合作，合作形式开展远远不够，无法实现双方合作共赢的初衷。

(三)双师型指导老师缺乏

法学专业学生在校内需要得到专业老师的指导，到律师事务所后，需要得到有丰富实践经验和经历的律师的指导。但现实情况是，在学校，从事法学专业教学的老师有法律实务经验的不多，大多法学专业教师的精力主要投入到了理论教学、申报课题以及科学研究上面，对于实践教学的经验极其匮乏。同时，很多高校将学生送往律师事务所后，学校方就放弃了对学生的监管，管理过于松散。学生到律师事务所后，有的律师事务所只是安排学生到办公部门打打杂，没有一对一安排指导老师，整个实习过程下来，部分学生只学习了一些办公实务，没有得到律师事务所指导老师的悉心指导，法律实践能力的提高甚微。

(四)实习学生实践能力薄弱

由于高校法学教育一直以来沿袭理论培养模式，注重向学生传授专业理论知识，而且很多是"填鸭式"的"灌输式"的教学模式，专业课程设置僵化，实践教学课程少，实践教学基地发展滞后，导致学生在去律师事务所实习之前，法律思维能力较弱，识别法律现象进而分析法律关系的能力极其有限，综合运用所学法律专业知识去解决实际问题的能力较差，缺乏处理法律实务的法律技能。将学生安排到律师事务所实习，学生突然和实践接触，很多学生完全不知如何下手。律师事务所即便安排了指导老师，但部分指导老师认为法学专业实习学生理论深，实践少，缺乏信心，解决实际问题的能力低，因此不敢放手让学生去操作具体法律事务，以致双方都比较尴尬。对于少部分法律专业基础知识不扎实、不系统的学生而言，更是难以真正解决相关法律实务问题。

三、法律专业院所合作实践教学机制的突破

（一）注重实践教学合作形式与内容的统一

　　高校法学院（系）与律师事务所的实践教学合作应注重形式和内容统一。第一，签订合作协议是前提。要保证律师事务所成为学校稳定的实习场所，签订协议是前提和保证。双方应在合作协议中明确合作指导思想、合作目标、具体合作内容以及合作的保障措施等，做到权利（权力）、义务（责任）具体明确，保证双方全面合作，资源共享，为双方固定和长效合作打下基础。第二，有合作经费作保障。学校应划拨专项经费，加大力度建设和发展律师事务所实践教学基地，保证学生实践教学需要，确保人才培养目标得以实现。第三，积极落实合作内容。协议签订之后，双方应积极落实合作内容，加强合作和交流，双方应经常互相走访、座谈，随时检视合作协议在运行过程中存在的问题并予以解决，保证院所合作实践教学机制可持续发展。第四，建立健全院所合作实践教学机制的相关管理规定，这些规定既包括法学院（系）关于律师事务所实习基地的管理规定，也包含针对实践教学的管理以及督促和监督实习指导老师、实习学生的相关考核机制、监督机制和鼓励机制等。

（二）拓展实践教学合作内容

　　法学专业实习学生除了在律师事务所做一些后勤工作外，实习指导老师应当根据学生的具体情况，适当增加学生处理法律事务的机会，让学生最大限度接近法律工作最前沿，比如解答法律咨询，参与民间纠纷调解、仲裁和诉讼代理，起草起诉状、答辩状、代理词等常见法律文书，审查修改合同，协助取证，参加法庭审理、处理企业法务等，让学生学习、体验和感悟律师执业工作的经验和技巧。高校法律院（系）还可以和律师事务所合作开展实践教学课程，聘请理论功底深厚、实务能力强、有丰富实践经验且具备教学能力的律师事务所律师作为兼职教师，到学校来开展专题讲座，做学术报告，开设特色型

实践性课程,如《律师理论与实务》《经典案例评析》《法律文书写作》等,为学生实践困惑答疑,参与学生的理论讨论等,巩固双方合作基础,提高学生法律服务能力。

律师事务所也可以利用高校法学教师的专业优势,共同探讨和解决一些疑难案件。为了提高律师事务所律师的理论水平,充实其理论知识,律师事务所可以派律师到法学院(系)接受培训;学校也可以派教学效果好、理论水平高的教师去律师事务所讲课,解读新出台法律法规、更新律师理论知识等。校内指导老师和律师事务所的指导老师还可以一起合作开展学术交流,比如组成团队,联合申报、探讨和完成课题,一起带领实习学生开展课题调研和研究工作,开展疑难案件的讨论等,实现法学院(系)与律师事务所在教学、实践、科研等方面良性互动、资源共享、优势互补和合作共赢。

(三)配备双导师型教师队伍

配备双导师型模式的教师队伍对于院所合作实践教学机制有效开展和运行极为必要。所谓"双导师"型模式,是指为满足法律专业实践教学的需求,发挥学校和律师事务所资源优势,在学校和律师事务所均为法律专业学生配备法律实践指导老师的师资配备方式。校内指导老师应配备责任心强,精通法律业务,热爱教育事业的实践指导老师。学校派学生去律师事务所实习之前,学校应召开实习动员大会,由校内指导老师告知学生去律师事务所实习的目的,并对实习过程予以认真、细致的安排,提出应注意的事项,多鼓励学生,打消学生怕在实习过程中出错的顾虑,帮助学生放下思想包袱,克服畏难情绪;在实习期间,校内指导老师应随时加强对学生的管理和指导,点拨学生在实习期间的各种专业知识困惑,提高学生实习质量和实践能力。

律师事务所应为实习学生配备具备律师资格,具有丰富法律实践工作经历和办案能力的资深律师作为指导老师。律师事务所指导老师根据自己的办案经验,和学生一起分析证据的来源、合法性以及具体运用等,帮助学生找到案件的焦点所在,提升学生对案件的整体把控能力。学生在律师事务所指导老师的具体指导下,结合之前学习的法学理论知识,学习和了解办案的具体操作过程,了解社会状况及司法运用情况,增加法律历练。

(四)增加课程教学中实践教学环节

由于实习学生在校期间了解的全是理论知识,到达律师事务所开展实习工作最初往往对于法律事务无从下手,指导老师也无从指导,因此,有必要对现有的法学专业人才培养方案进行改革,优化课程体系,将实践教学环节分为课程教学中的实践教学环节和专门的实践教学环节。前者即指在校期间开展诸如《律师理论与实务》《司法理论与实务》等实践教学课程,以学生为中心,以培养实务能力为目标,采用案例教学法,设计教学情景与内容,对学生相关法律技能予以实训。专门的实践教学环节主要是将学生送到实践教学基地,比如律师事务所,对学生相关法律事务处理技能予以综合训练。

课程教学中的实践教学环节在帮助学生了解理论知识的同时,可以从法律方法、辩论技巧、法律推理、实际应用等不同方面训练学生法律职业素养与技能[①],培养学生的法律思维,提高学生分析和解决实际法律问题的能力,使学生对今后专门实践环节乃至今后从事法律事务工作的环境、内容、技能以及素质有初步认识和系统了解。总之,增加课程教学中的实践教学环节,可以帮助法律专业学生积极应对专门的实践教学环节,学生不至于一旦被送到实践教学基地、面对实践时感到无所适从。

(五)提高实习学生实践能力

实习学生到律师事务所实习,应着重提高自身的法律实务实践能力。第一,认真学习、掌握在校期间没有学习过的与实践紧密联系的知识。学生在校期间主要学习法学专业基础理论知识,对于法律条文及司法解释的具体运用极为陌生,而实习的过程就是熟悉具体个案的操作过程,学生有必要抓住实习机会,认真学习法律操作层

---

① 刘蕾:"法学实践教学改革与卓越法律人才培养",载《教育评论》2013年第2期,第99~101页。

面,熟悉法律的具体运用。第二,通过实习努力提高和巩固相关实践知识。学生在律师事务所学习法律实务,不仅检验、巩固和深化了课堂上学习到的理论知识,而且增加了实践知识,原有的理论知识也得到更好巩固与提高。第三,除了专业实践知识的提高外,学生还应注意培养自身的岗位能力、人际交往能力以及塑造健康人格,不断总结积累经验,不断提高自身综合素质。

  为此,实习学生在律师事务所实习期间,应充分利用实习机会,虚心请教,主动实践。一是要勤快做事。实习学生应嘴勤腿勤,主动完成指导老师交给的任务,切忌拖拉;随时携带笔记本和笔,将指导老师布置的任务记下来,以免遗忘;除了工作之外,主动做一些比如打扫办公室等力所能及的事情,给指导老师和其他工作人员留下好印象。二是要注重细节。比如,为如期高质量完成指导老师交给的起草诉讼代理词、仲裁代理意见等法律文书写作任务,应熟练掌握 Word、Excel 等办公软件操作,保证排版整洁,语句通顺,没有别字。三是要多读原始卷宗,多请教。在阅读原始卷宗时,对于不懂的问题多虚心请教,学习卷宗中的要点和技巧,切不可不懂装懂。四是要善于总结。实习学生应勤于动笔,记录每天的工作任务及完成情况,对自己的工作经常进行梳理总结,总结经验教训。此外,实习学生除了应和指导老师建立良好的关系外,还应和律师事务所里的其他行政人员、秘书、复印室工作人员等搞好关系,并学会完成打印、扫描、复印以及装订卷宗等工作。

论地方转型高校法科生法律实务技能的培养路径

——以案例教学为视角

肖灵敏[*]

摘　要：培养法科生的法律实务技能是法学教育目标的核心所在。然而，地方转型高校在以法学教育为手段培养法学应用型人才、培养法科生法律实务技能方面，却一直陷入进展缓慢的摸索之中，效果不理想。造成法学教育如此困境的原因主要有：当前地方转型高校法学本科教育的培养模式非常单一，"填鸭式"教学仍占主导地位；很大程度上走的是美国的职业化模式，但在文化和传统上我们和英美法系是格格不入的；法学实践教学方式未落到实处；案例教学效果不明显。解决法学教育困境，培养地方转型高校法科生法律实务技能的路径应为：依据法学教育的目标，重构本土化的案例教学文化；选择典型的本土化的案例，矫正传统的案例教学，避免案例教学课程的单一化，充分发挥学校和教师的引导作用。

关键词：地方转型高校　法律实务技能　案例教学

2014年1月，教育部主持召开了关于地方本科高校转型发展的

---

[*] 作者简介：肖灵敏，女，湖南文理学院讲师，华东政法大学博士。

座谈会,深化产教融合、校企合作,会议深入贯彻党的十八届三中全会关于加快现代职业教育体系建设,深化产教融合、校企合作的总体部署,进一步推进地方高校转型发展,提高高等教育服务经济社会发展的能力水平。① 2015 年《教育部、国家发展改革委、财政部关于引导部分地方普通本科高校向应用型转变的指导意见》中提到,"创新应用型技术技能型人才培养模式。建立以提高实践能力为引领的人才培养流程,率先应用'卓越计划'的改革成果,建立产教融合、协同育人的人才培养模式,实现专业链与产业链、课程内容与职业标准、教学过程与生产过程对接。"2017 年 5 月 3 日习近平总书记考察中国政法大学时特别强调,"法学学科是实践性很强的学科,法学教育要处理好知识教学和实践教学的关系。"②可见,国家正推进以培养应用型技术技能型人才(以下简称应用型人才)为主旨的地方高校转型的改革,这为地方转型高校法学本科专业的发展带来了机遇,转型高校的法学教育应以提高法学本科生(以下简称法科生)的法律实务技能为目标和核心(容下文详述);同时各转型高校也面临着前所未有的挑战:如何培养法科生的法律实务技能,实现转型高校法学本科教育的培养目标——培养法学应用型人才。

一、法学教育目标与法律实务技能的关系

(一) 法学教育的目标

目前,关于我国的法学教育目标定位理论界尚有争议,有"精英说""职业说""通识说"等不同见解。笔者赞同"职业说"。"法律职业的特殊性决定了法学教育必须以法律职业为导向。"③早在古罗马

---

① "教育部地方本科高校转型发展座谈会黄淮学院举行",http://www.henan.gov.cn/zwgk/system/2014/01/13/010446216.shtml,2017 年 8 月 27 日访问。

② "习近平在中国政法大学考察发表讲话",http://www.jcrb.com/procuratorate/highlights/201705/t20170504_1749240.html,2017 年 7 月 26 日访问。

③ 曹义孙:"中国法学教育的主要问题及改革研究",载《国家教育行政学院学报》2009 年第 11 期,第 60 页。

时期法学教育的目标即为职业目标。直到现在,当今世界各国的法学教育的培养目标依然具有非常明显的职业取向。如德联邦法《基本法》《德国法官法》《德国律师法》和联邦法规《法学教育改革法》最新的立法修改,清晰地表明了德国的法学教育正在从传统上单一的"法官职业导向"转向"法官与律师并重的职业导向",即德国的法学教育由立法层面开始即强调其职业性的目标导向。① 美国、日本等国也都十分明确地将法学教育的目标定位为法律职业。我国学者霍宪丹认为,法学教育具有两重性,即教育属性和职业属性。② 当前我国法学教育界已经意识到法律职业目标定位之于法学教育的重要性,对于在向学生传授法学专业知识的同时应当着力培养法律职业所要求的思维能力、表达能力、写作能力和实战能力,亦有清醒的认识。因此,地方转型高校法学本科教育的目标也应以职业性为导向,培养法学应用型人才。

(二)法律实务技能是法学教育目标的核心

"法律从开始就是平凡的、琐细的,甚至是俗气的,说穿了就是要争名于朝,争利于市,用洋人的话说就是'为权利而斗争'。也因此,法律强调常人的理性,强调实践的理性。"③不管是"争名于朝",还是"争利于市",都要求在法学教育过程中注重法科生法律实务技能的锻炼和提升,否则法科毕业生是不能适应社会和职业对其要求的,也难以实现法学教育的目标。即使能够取得相关法律职业的准入,这样的从业者的法律素养和业务素质也是比较低下的,会无形中降低法学教育的意义和价值。④ 可以说,培养法科生的法律实务技能是法学教育目标的核心所在。然而,地方转型高校在以法学教育为手

---

① 参见张懋:"成为德国法官的教育之路——基于在德国联邦宪法法院的访学经历",载《法学教育研究》2017年第16卷第1期,第287页。
② 谭世贵:"以法律职业能力培养为目标的法学教育改革——以浙江省大学生法律职业能力竞赛为实例",载《中国大学教学》2014年第11期,第61页。
③ 朱苏力:"法不前识(代序)",见《法学前沿(第5辑)》,法律出版社2003年版。
④ 参见谭世贵"以法律职业能力培养为目标的法学教育改革——以浙江省大学生法律职业能力竞赛为实例",载《中国大学教学》2014年第11期,第61页。

段培养法学应用型人才、培养法科生法律实务技能方面,却一直陷入进展缓慢的摸索之中,效果也不十分理想。

因此,地方转型高校法学本科教育的目标应是培养适应法律职业要求的具有法律实务技能的高素质人才。当前地方转型高校法学本科教育改革的关键在于,应采取什么培养路径,才能使法科生毕业走上法律工作岗位后可以快速地满足法律实务工作的要求。

二、法律实务技能的含义及其培养困境

(一)法律实务技能的含义

要培养法科生的法律实务技能,首先应明确法律实务技能的含义。对于法律实务技能实务界和学术界一直有不同的界定。美国律师协会提出法律人才应该具有十大技能:问题解决、法律分析和推理、法律研究、事实调查、交流、咨询、谈判、诉讼、法律工作的组织和管理、了解并应对职业道德问题。[1] 我国有的学者认为,我国的法学教育至少应当瞄准以上十大技能,因为这是法律人的基础能力,法学教育需要以此为目标。我国现阶段的法律职业技能至少应当包括以下几项技能:一是擅用法学基本理论及法律程序。二是分析和逻辑能力。三是口语和书面交流的能力。四是擅用资料进行研究的能力。五是团队合作的能力。[2] 有的学者认为,法律职业技能是一种以智力技能为主、内容广泛、社会性极强的综合性专业技能,包括普通技能(主要包括语言能力、社会交往与社会适应能力、计算机操作能力、自我提高和创新能力)和专业技能(主要包括法律识别技能、法律解释技能、法律推理技能、证据操作技能、法律程序技能、法律论辩技能、文本制作技能、驾驭运用法律资源的技能)。[3] 还有的学者认为,法科生除了缺乏法律检索能力、法律适用能力、文书写作能力这

---

[1] 许身健:《实践性法学教育论丛(第一卷)》,知识产权出版社2011年版,第6页。
[2] 胡晓霞:"论法律职业技能培育的实现",载《人民论坛》2012年第11期,第100页。
[3] 王冰路:"论法律职业技能的培养",载《中国职业技术教育》2002年第14期,第35~37页。

些法科生必备的核心能力之外,还缺乏各种实务技能,比如谈判技能、调解技能、沟通和说服技能、证据收集和质证技能、合同审查技能等。① 上述不同的观点虽然分别从不同的角度来分析法科生所应具有的技能,但均认为法科生应具有实务技能。法科生应具有哪些实务技能,我们应根据我国地方转型高校法学本科教育的培养目标来分析。应用型人才培养目标定位,除满足应用型本科教育特征外,还要充分考虑经济、科技的飞速发展及"经济全球化"和"教育国际化"的历史背景。因此,本科应用型人才培养强调以知识为基础,以能力为重点,知识、能力、素质协调发展,更加注重学生创新精神和实践能力的培养。在专业方向、课程设置、教学内容、教学方法等方面都是以知识的应用为重点。这一目标内涵包括综合素质、知识结构层面和能力素质层面非常具体的要求,落实到了学生管理的各个方面。② 这就要求我们在地方高校转型发展中,进一步切合社会需求改革法律人才的培养机制,使我们的法科生毕业时能同时具备相应的专业知识技能、实践应用能力、创新能力和社会能力,从而更好地为地方经济与社会发展服务。具体而言,包括以下几个方面的基本要求:必须具备扎实的法律专业知识;必须具有较强的实践应用能力;必须具有相应的创新能力;必须具有较强的社会能力③。笔者认为,法律实务技能并不等同于法律职业技能,法科生毕业后并不一定从事法律职业④,

---

① 黄文旭:"作为法科生的你们,到底缺的是什么?",http://mp.weixin.qq.com/s?__biz=MzIxNDg5NzgxOA==&mid=2247483696&idx=1&sn=d2a707a4fcf901d8a-ab43194f5a641da&chksm=97a1c4c5a0d64dd3eef960da9edd2559e3e604136ed95d5a1860bdef34ead-9aa298daa2e9141&mpshare=1&scene=23&srcid=0706FllOYnVQL8ab6yqIahup#rd,2017 年 7 月 4 日访问。

② 梅友红、黄红英:《地方高校转型发展研究》,光明日报出版社 2015 年版,第 208 页。

③ 肖义、张波:"高校转型发展中应用技能型法律人才培养探讨",载《法制与经济》2015 年第 23 期,第 29~30 页。

④ 法律职业具体范围在各国不尽一致。在英国,法律职业一般限于律师。在美国法律职业有广义、狭义之分,广义包括私人开业律师、政府部门法律官员、公司法律顾问、法官和法律教师;狭义上仅指私人开业律师。加拿大的法律职业范围较广,分为法官、律师和公证人、法律辅助职业(如专利代理人、法律书记员、专利查询专家、合同书记员、地产契约书记员、所有权审查员)、法庭官员(如法庭书记员、法警、行政司法官员)等。在日本,法律职业一般指法官、检察官和律师。我国的法律职业也有广义与狭义之分。狭义主要指法官、检察官、律师;广义也包括书记官、法律助理、法律文秘、司法警察等辅助型法律职业,法律教师及法律研究人员、公证人员、仲裁人员和行政执法人员等。王冰路:"论法律职业技能的培养",载《中国职业技术教育》2002 年第 14 期,第 35 页。

而且大学四年的法律专业学习,并不纯粹为了谋求一份法律职业,而应是培养法科生的法律实务技能,这种法律实务技能主要是一种运用法律专业知识于司法实践的能力。具体来说,主要包括法律适用能力、法律论辩能力、文书写作能力等。

(二)法律实务技能的培养困境及其原因分析

目前我国法学教育所培养出来的人数迅速扩张,但学生就业率低下;教育机构和层次过多,但学生质量不高;法学教育产生研究化倾向,而众多学生却依然选择实务部门就业。因而,法学教育培养模式不符合法律人才培养要求,这是我国法学教育的最根本问题。如不能解决,则法学教育改革不会成功。[1] 从实务机关反馈来看,进入职业之后,从业单位要花费大量的时间和精力对新职工进行培养,原本可以在专门进行法学教育的学校和课堂解决的问题且可以取得良好效果的工作严重滞后,使高等法学教育的意义打了折扣。[2] 中国科教评价网发布的2016法学专业大学排名显示,全国至少有490所高校开设法学专业,而在教育部公布的15个最难就业专业名单中法学专业连续6年上榜。[3] 法学在麦克斯研究院公布的《2016年中国大学生就业报告》中连续三年成为就业率最低的专业。造成法学教育如此困境的原因是多方面的,主要原因有:

第一,当前地方转型高校法学本科教育的培养模式非常单一,"填鸭式"教学仍占主导地位。中国法学教育通用的模式是传统的课堂讲授和书面考试相结合,一直将注意力集中于对于法律知识及理论的传授和推演——这与大陆法系法典化的法律体系以及经院主义的法学教育传统有关,这种课堂教学方法,这种知识传授体系,与法律实务并不能很好地契合起来;另外,部分法学院或者学者已经认识

---

[1] 曹义孙:"中国法学教育的主要问题及改革研究",载《国家教育行政学院学报》2009年第11期,第62页。

[2] 谭世贵:《以法律职业能力培养为目标的法学教育改革——以浙江省大学生法律职业能力竞赛为实例》,载《中国大学教学》2014年第11期,第62页。

[3] 曹文泽:"司法改革背景下的法学高等教育走向",载《法学教育研究》2017年第16卷第1期,第25页。

到了培育法律实务技能的重要性,但还没有探索出一种适合在中国培育法律技能的方法。① 一些地方转型高校目前正在激励教师改革法学本科教育的讲授型模式,还在少数一些法学专业课程中尝试采取案例教学法(只要求案例教学占全课程的30%左右),改革尚处于起步阶段,成果未现。

第二,如今我国法学教育很大程度上走的是美国的职业化模式,本科法学教育目标就定位在培养复合式应用人才。应用型人才定位紧密结合法律学科的实践性,这本身也没有错。但是,在文化和传统上我们和英美法系是格格不入的,这一点是我们必须清醒认识到的。② 虽然从2000年至今,国内十所高校引进美国的"诊所法律教育"模式,即将课堂教学与课外实践结合起来的方式,旨在培养学生实务操作技能,但这种模式需要人员与设备方面的昂贵的投资,很显然它没有在中国获得大规模的推广。另外,就培养学生的法律技能而言,相比学生直接进入实务部门进行实习这种方式,诊所法律教育显然并不具有经济性,也不符合效率要求。而且更重要的是,10年过去了,并没有资料表明诊所教育模式在中国已经落地生根,并成为我国法学教育的重要组成部分。③ 而且有条件采取诊所法律教育模式的地方高校更是凤毛麟角。

第三,目前中国法学本科教育是以基础教育为主、实践教育为辅,以规格教育为主、特色教育为辅。④ 虽然绝大多数院校也会安排学生进行为时一个月或更长时间的社会调研或实习,但无论从学校和学生的重视程度,还是从实习的内容和效果来看,这种实习往往形式大于内容。另外,有些法律院校虽然对学生进行了专业划分,学生甚至分属于民商法学、经济法学及刑事司法等不同的法学院系,但所

---

① 侯永宽:"试论中国的法律技能教育",华中科技大学硕士学位论文,2011年,第6~7页。
② 关于这一点,我们不能从将来如何出发,也不能依照每一细微之处发声,而只能从基本层面看待,没有共同基础。转引自:王美丽、刘用军:"当心法律教育的唯技能主义倾向",载《中国人民公安大学学报(社会科学版)》2011年第5期,第120页。
③ 侯永宽:"试论中国的法律技能教育",华中科技大学硕士学位论文,2011年,第7页。
④ 郑丽萍:"美国案例教学视域下法学本科教学方式之改革",载《北京航空航天大学学报》2017年第30卷第4期,第106页。

有这些学生在校期间所学习的内容实际上并无多大差异,学生并没有因为专业或学院类别不同而接受到多少特色教育。因此,可以说目前中国法学本科教育是以基础教育为主、实践教育为辅,以规格教育为主、特色教育为辅。① 虽然采取了实践教育,但却并未落到实处。

第四,法学实践教学方式未落到实处。目前我国地方高校主要采取各种实践教学方式培养法科生的法律实务技能,主要包括庭审旁听、法律咨询、专业调研、模拟法庭、专业实习(也叫毕业实习)等。虽然实践教学方式多样,但实践时间安排太少,总计不到一个学期(地方高校一般在教学计划中给庭审旁听、法律咨询、专业调研各安排一到两周,而模拟法庭为两周,专业实习为两个半月左右),并且这些实践教学方式往往流于形式。例如,庭审旁听一般安排在大一、大二学期时进行,每学期约安排两三次,学生虽然了解了庭审的程序、感受到了庭审的威严,听后也撰写了庭审旁听感想,但在感想中认为只了解了基本案情,具体应如何分析判决不甚了了。即使安排好几次庭审旁听,想要了解程序法的主要内容依然是远远不够的,因为三大程序法涉及的内容是非常复杂具体的,更不用说去了解庭审中涉及的种类繁多的实体法了。法律咨询、专业调研、模拟法庭、专业实习在四年的大学法学教育中一般都只安排一次,差不多也是走过场。法律咨询一般只在现场为寥寥几个咨询人提供一些粗浅的意见。专业调研一般是到某个监狱或戒毒所看看,再开个座谈会讨论几个简单的法律问题。法律咨询、专业调研结束后都是撰写一篇报告,所写的报告内容并不能深入研究并解决现实中的法律问题。模拟法庭在地方高校法学院所取得的效果并不理想,这也是由模拟法庭本身的局限所致。首先,模拟法庭的参与度太低,表演成分显然盖过了其所要达到的实际目标,另外,模拟法庭往往都是在给定的事实和证据的基础之上进行,律师、检察官等所需具备的对证据的调查、分析等技巧很难在模拟法庭中得到体现,同时,在并非经过自己调查得来的证据的基础之上进行的法庭举证、质证、辩论的过程也显然流于形式,

---

① 郑丽萍:"美国案例教学视域下法学本科教学方式之改革",载《北京航空航天大学学报》2017年第30卷第4期,第106页。

模拟法庭最后只能成为辩论赛,也成了为非法律专业人士普法的场所。当然,模拟法庭可以激发法科生的学习兴趣,提升学生的团队合作能力,但很难培养出法科生的法律实务技能。特别是专业实习,虽然是一种培养法科生实务操作技能的良好方式,但在地方高校中约有一半的学生流于形式。一些高校在安排学生专业实习时根据学生的意愿采取集中与分散实习两种形式,分散实习基本上靠学生自觉去实习单位实习,学校的带队老师不可能监管得到,一些学生往往借分散实习的名义而干自己的事(或者考研或者考公务员甚至出去游玩)。即使集中实习的学生在实务部门认真实习,但也体现出了对实务相当多的不适应性,当然这种"不适应性"一方面可能是部分法学院与实务部门的合作不够理想,导致实务部门不愿意花费精力来培养学生;但另一方面,是实务部门提供了机会训练学生,但学生却无法适应实务部门的办案要求,比如不会对庞杂的案卷材料进行分析,并撰写分析报告,对自己不熟悉的领域进行自主学习显得力不从心,也不会针对当事人的要求提供具有参考价值的咨询意见,等等。这种情况下的"不适应性",其原因显然应该从法学院的课堂教学中去寻找。[1]已有学者对此进行了总结,即"法律职业教育以专业学位教育和法律实践性教学为切入点,其隐含的问题是:法学教育所借助的学术研究、知识体系和传授方式,已经与实践严重脱节了。"[2]虽然各地方高校法学院已经成为培养法律职业人的主要场所,但如果法学院的这种与实践严重脱节的培养方式不加以改变,它将会在整体上制约我国法科生专业素质的提升,尤其是在全球化的背景下,法律专业人才将不仅局限于一国,而是走向了世界。[3] 总之,一般地方高校所采取的实践教学方式由于实施的时间和学习的内容有限,很难真正培养法科生的法律实务技能。

---

[1] 侯永宽:"试论中国的法律技能教育",华中科技大学硕士学位论文,2011年,第8页。

[2] 易继明:"中国法学教育的三次转型(1949—2009年)",载《学习时报》2009年第9期,第7页。

[3] 侯永宽:"试论中国的法律技能教育",华中科技大学硕士学位论文,2011年,第8页。

第五，案例教学效果不明显。案例教学是教育者根据一定的教育目的，以案例为基本教学材料，将学习者引入教育实践的情境中，通过师生、生生之间的多向互动、平等对话和积极研讨等形式，提高学习者面对复杂教育情境的决策能力和行动能力的一系列教学方式的总和。① 案例教学在美国专业学位教育中被人推崇备至，有学者认为"哈佛商学院在全美乃至全球执斯学牛耳，多少系受此法之赐"。② 20 世纪 90 年代，我国专业学位教育引入案例教学法，历经 20 多年的实践，取得一定成绩，被认为是"推进专业学位教学改革的重要途径""推动专业学位研究生培养模式改革的重要手段"。③ 何美欢教授曾在清华大学法学院采取的普通法教学方法以培养法律职业技能为主要目标，采用苏格拉底式的问答式教学模式，契合了法律职业化的要求，这是对传统法学教育的革新，将学生与老师置于教学中的平等地位，并在此基础上更加突出学生的主体地位，但它却无法获得官方和学生的正式认可，由于它以英美的司法案例为内容和基础来教授，无法融入现有的课程的体系当中。侯永宽在《试论中国的法律技能教育》一文中认为，可以用中国的司法案例——尤其是疑难案例为内容和基础来教授这种方法，并且更具有可操作性，也利于推广。④ 2010—2011 学年度的上学期，由华中科技大学法学院李红海教授，按照问答式教学模式开设专门的法律技能课程——案例教学课程，同样遇到了无法获得官方和学生的正式认可的问题。⑤ 最近也有学者提出在 16 门法学核心课程⑥之外开设单独的案例教学课程。如陈

---

① 孙军业：《案例教学》，天津教育出版社 2004 年版，第 18~19 页。
② 张民杰：《案例教学法——理论与实务》，九州出版社 2006 年版，第 25 页。
③ 教育部："关于加强专业学位研究生案例教学和联合培养基地建设的意见"，http://www.moe.edu.cn/publicfiles/busi-ness/htmlfiles/moe/moe-824/201505/187792.html，2017 年 1 月 4 日访问。
④ 侯永宽："试论中国的法律技能教育"，华中科技大学硕士学位论文，2011 年，第 26、27、28 页。
⑤ 侯永宽："试论中国的法律技能教育"，华中科技大学硕士学位论文，2011 年，第 36 页。
⑥ 2007 年，教育部高校法学学科教学指导委员会在中国人民大学举行全体委员会议，会上通过的法学学科核心课程共 16 门，即法理学、中国法制史、宪法、行政法与行政诉讼法、刑法、刑事诉讼法、民法、知识产权法、商法、经济法、民事诉讼法、环境法与资源保护法、劳动法与社会保障法、国际法、国际私法、国际经济法。

伟在《论以职业能力提升为目标的法学案例教学改革》中认为："现有的案例教学仍然停留在低层次的案例援引层面,致使案例教学蕴藏的内在功能未能真正得以全部展现。"[①]但总的来说,案例教学动力不足,效果总体不佳,陷入以下困境:教师的意愿不积极,学生参与的自主性不足,教学案例的适切性低。出现这种局面,有其深刻的文化背景:教师科研至上的文化风气、学生"应试学习"的习惯、知识至上的教学价值观、案例中民族文化虚化。[②]

三、法律实务技能的培养路径

如前所述,传统的案例教学虽对培养法科生法律实务技能具有不可或缺的积极作用,但效果不佳,只有依据转型高校的法学教育目标,重构本土化的教学文化,确立科学的培养路径,传统的案例教学才能走出困境。

(一)重构本土化的案例教学文化

"案例教学并不仅仅只是一种简单的教学方法和教学技巧,而是一场涉及从知识观、教学观、师生观到具体的课堂组织形式、教学手段的广泛变革。"[③]因此要激发案例教学的生命力和发挥其积极作用,就必须革新传统的教学文化。在具体的法学教学实践中,依据法学教育目标——培养法科生法律实务技能,重构本土化的教学文化,正确认识和定位科研和教学的关系,树立自主、合作、探究的现代学习观,明确案例教学"三位一体"的价值定位,构建本土化的案例课程文化。[④] 首先,重构教学与科研的关系。克服重科研轻教学的现

---

① 陈伟:"论以职业能力提升为目标的法学案例教学改革",载《法学教育研究》2017年第16卷第1期,第165页。
② 李太平:"案例教学困境及其超越的文化思考",载《高等工程教育研究》2017年第4期,第165页。
③ 张新平:"论案例教学及其在教育管理学课程中的运用",载《课程·教材·教法》2002年第10期,第57页。
④ 李太平:"案例教学困境及其超越的文化思考",载《高等工程教育研究》2017年第4期,第167页。

象,在科研中不仅要重视理论科研也要重视教改科研,以学术创新推进教学改革,在教学中培养学生的研究能力,促进学生全方位的发展,特别是促进学生法律实务技能的发展。其次,重构现代学习观。在案例教学中教师应充分调动学生学习的主动性和积极性,变被动接受教育者为主动学习者,变外部压力下的被迫学习者为源于内生需要的享受性学习者,提倡自主学习。引导学生深度参与案例学习,培养自己主动研究案例中的法律问题的探索意识、探索精神和创新能力,树立探究学习观。再次,明确案例教学"三位一体"的价值定位。案例教学的价值取向不是单纯地彰显人、知识或社会某一方面的价值,而是要融"人的价值、社会价值与知识价值"为一体,互动平衡。在人的价值追求上,案例教学要"以学生为中心",重视培养学生改造社会、引领社会进步的专业素质;培养学生成为有"民族国家责任"和"全球视野"的现代公民。在社会责任感培养上,重视学生社会担当意识与能力培养,着力培养具有社会应用性与适应性特征的专业学位高端人才。在知识价值上,突出知识的应用。"模式2"的知识生产方式的应用情境、跨学科、问题导向的特征与专业学位的应用性、专业性和职业性的内在规定性具有高度的契合度,为专业学位发展提供了有力的理论依据,[1]也为法学专业的案例教学提供了知识生产理论依据,因此案例教学的知识价值定位要契合"模式2"的特征,要突出知识的实用性和应用性。最后,建构本土化的案例课程文化。在全球化时代,尽管我们要吸收外来文化的先进文明成果,但也要在坚守自己的民族文化的前提下,使外来文化融化在中华民族文化之中,务必防止中华民族文化淹没在西方文化的洪流之中。传承中华民族文化,在人民中弘扬民族精神,是教育应对全球化挑战的关键因素。事实上"在绝大多数国家,形成公民群体和形成民族认同仍然是教育的主要功能之一。国家课程仍倾向于大力强调民族语言和文化"。[2] 因此,在案例教学中,首选文化应是本民族文化。一则,

---

[1] 万森:"知识生产模式转型与我国专业学位教育人才培养模式创新研究",载《学术论坛》2016年第6期,第173页。

[2] [英]安迪·格林主编:《教育、全球化与民族国家》,朱旭东、徐卫红译,教育科学出版社2004年版,第200页。

本民族文化具有高效的引导功能。二则,博大精深的中华文化,为案例课程的本土化提供了丰饶的教育资源。对于传统文化中的"罕譬而喻""不愤不启,不悱不发""经世致用"等教学理念,如果我们善于提炼,这些将会成为案例文化的生长点与结合点。在案例教学中应克服只重视案例的工具性意义而忽视其文化价值观的倾向;要重视系统思维、普遍联系思维等中国文化民族特质,将其融于案例中,以克服西方案例分析只见树木不见森林、知行分离的倾向。[1] 总之,案例教学的变革需要有与之相契合的新型教学文化,只有这样,才能生成合理的教学目标,激发师生的自主性和创造性,解决教学过程中的各种问题,促进教育性对话有效开展,彰显案例教学的生命力。

(二)传统案例教学的矫正

案例教学的目标应当渗透法学教育的全部目标,案例教学应当是法学教育手段与方法中不可或缺的有机部分,因此与其他教学方法一样,以"培养造就信念执着、品德优良、知识丰富、本领过硬的高素质法律人才"为目标。[2] "应当以职业能力提升为目标价值来引导案例教学,把案例教学作为连通理论知识与实践操作技能的重要桥梁。"[3]《关于完善国家统一法律职业资格制度的意见》中强调"以案例分析、法律方法检验考生在法律适用和事实认定等方面的法治实践水平。"综上可知,案例教学的目标与转型高校法学本科教育的目标是一致的,案例教学是培养应用型法学人才,即培养法科生的法律实务技能的重要途径,是行之有效的教学方法,它不但可以把案例中的间接经验有效地转化为学生的实践知识,而且可以帮助学生把实践知识转化为可以直接应用于法律实践的法律实务技能并进而形成自身的直接经验。最重要的是目前转型高校的法学专业课程的教学

---

[1] 李太平:"案例教学困境及其超越的文化思考",载《高等工程教育研究》2017年第4期,第168页。
[2] 李友根:"论基于案例研究的案例教学——以'经济法学'课程为例",载《中国大学教学》2015年第3期,第47页。
[3] 陈伟:"论以职业能力提升为目标的法学案例教学改革",载《法学教育研究》2017年第16卷第1期,第165页。

中基本上都采用了案例教学法,只是采取的方法不当,效果不明显。应当说,法学教育界已经充分认识到法学院的课堂教学中案例教学的重要性,无论是将案例与法学原理、法律制度相融合,还是专门开设相关部门法的案例讨论课或案例研习课都可以看出来。[1] 正因为如此,从事法学专业教学的教师应当充分理解、积极运用案例教学法这一传统的教学方法,在重构本土化的案例课程文化基础上,矫正传统的法学案例教学。

1. 选取典型的本土化案例

首先,案例教学的重心在于案例的选择,这是从事法学教学的所有老师都公认的常识性内容。比如,兰德尔认为:"掌握法学原理最有效的方法是学习包含着这些原理的经典案例。"[2]美国案例教学法的成功与教师选择的案例的经典程度是息息相关的。有学者提到,"课堂教学中教师要将案例分析和理论知识的学习相结合,可以通过一个案例深入,由点到面铺开对理论知识的学习,这样学生在学习理论知识的同时就会有一个生动案例在不自觉地引导自己,并将案例同所学基础知识相联系,养成主动思维的习惯,避免在灌输式教学过程中由于对单纯理论学习产生疲乏心理而造成学习效果不佳"。[3] 在案例教学中,学生对于法律原则或规则的理解取决于案例这个"源"与"木",如果在案例选择的问题上出现误差,自然也无法期待学生正确和深入地理解相应的原则或规则。事实上,学生课堂的活跃程度与教师所选用的教学案例也有直接的关系。如果教师所选的案例不恰当,也会影响学生自主学习和探索的积极性。因此,案例的选择对案例教学效果和目标的实现至关重要。

其次,教师选取案例应注意的问题:第一,选取的案例应尽量避

---

[1] 李友根:"论基于案例研究的案例教学——以'经济法学'课程为例",载《中国大学教学》2015 年第 3 期,第 50 页。

[2] AMY R M.: Teacher thinking and case method: Theory and future direction. Teacher College Press,1993, p.64.

[3] 黄进:《中国法学教育研究 2013 夏季论文集》,中国政法大学出版社 2013 年版,第 94 页。转引自陈伟:"论以职业能力提升为目标的法学案例教学改革",载《法学教育研究》2017 年第 16 期,第 165 页。

免过难过偏。过难过偏失去了案例的经典性,也使学生失去学习探究的兴趣。第二,案例应当具有争论性。若案例的结果一目了然,则会影响学生的讨论案例的积极性。第三,案例应当尽量避免过于综合。综合性的案例涉及的知识点多,则不利于集中解决案例中的焦点问题。[①] 第四,应根据案例教学文化尽量选取最新的中国司法案例,能解决案例教学法的案例来源问题,当条件成熟时可以编制理想的案例教材。例如,《最高人民法院公报》所公布的案例(纵使《最高人民法院公报》所公布的案例存在重事实描述、证据罗列,轻法律论证过程、裁判理由阐述的现象,但是这个问题目前正在转变)。再如,法官们发表于《人民司法》《法律适用》《人民法院案例选》《人民法院报》上的分析案例的论文以及各地法院所编印的各种"某某审判"内部出版物,再加上指导案例发布制度的正常化和中国裁判文书网(http://www.court.gov.cn/zgcpwsw)的建立与运作,为我们理解法官裁判思路与裁判理由提供了很好的条件。杨泽伟教授在授课中强调要结合案例,这一点大家深有同感。学生对于具体的案例,尤其是中国的案例,比较感兴趣。大家认为在授课中应注意结合具体的案例,尤其是最新的案例,如南海仲裁案。[②] 当然在案例教学中我们可能只是随机地获取案例(即便是指导案例或公报案例),或者可能只是在某些规则领域可以找到案例,或者所找到的案例不一定具有教学价值与研究意义,这样的案例教学可能只是零散的、个别化的,难以真正实现我们所赋予案例教学的期望,[③]所以急需理想的案例教材。虽然各门法学课程都编有相应的案例教程,但案例的选择都不够经典、分析都不够透彻,据此很难培养学生的法律实务技能,因此各门法学专业课程的案例教学都需要一本理想的案例教材,一本全面系统梳理经典、重要案例并将其有机融入相关课程与知识体系之中的教材。

[①] 郑丽萍:"美国案例教学视域下法学本科教学方式之改革",载《北京航空航天大学学报(社会科学版)》2017年第30卷第4期,第107页。
[②] 冯江峰:"坚持马克思主义指导 提高国际法授课效果",http://forum.enetedu.com/collaborationtopic/Info? topicId=2975&&collaborattion_id=153,2017年9月5日访问。
[③] 李友根:"论基于案例研究的案例教学——以'经济法学'课程为例",载《中国大学教学》2015年第3期,第50页。

2. 避免案例教学课程的单一化

首先,在法学专业课程的教学中并非单纯是案例分析。在采取案例教学的同时,不能忽视讲授型的教学方式能使学生高效获取知识的优点,但要克服其较少关注学生法律实务技能的培养的不足,应将理论知识的讲授穿插在案例分析中。同时也要避免传统的案例教学以案说案,在案例分析中理顺涉及的理论知识,将案例与法学原理、法律制度相融合。河北大学的教师认为,在案例教学过程中,简明介绍案例,重点在于分析。如果案例内容较长,则延伸课堂教学,通过布置作业由学生在课下查阅资料或者写出分析报告。[①] 同时要特别注意避免单纯分析案例,而要引导学生通过角色表演、小组作业、课堂发言,讨论、分析解决司法案例,写作案例分析报告等途径来培养学生的法律实务技能。

其次,设置单独的案例教学课程并不现实。如前所述,有学者提出采取案例教学课程的路径来培养学生的法律实务技能,如"案例教学应当在基础性的法学课程开设之后,以单独的案例教学课程来进行展开,而不是在基础课题的讲授之中糅杂案例的方式来进行教学。"[②]笔者认为不妥,理由如下:第一,如前所述何美欢和李红海等教授等曾经尝试单独的案例教学课程已失败,侯永宽和陈伟等学者所设想的单独的案例教学课程成果未显。有的地方高校也设置了"经典案例评析""案例教学课程"等类似的课程,但效果都不明显,并未获得大部分学生的认同。第二,课程设置单一,无法替代16门法学专业核心课程的教学任务,毕竟一门案例教学课程只有一门课程,即使在每个学期针对每个学期的所授法学课程进行案例教学,但还是无法替代16门法学专业核心课程的教学任务。第三,法律实务技能的培养不是光靠一门课程或几个任课老师就能完成的,需在整个大学阶段依靠教学团队的合力才可能实现地方转型高校培养应用型人才的目标——培养出学生的法律实务技能。

---

① 冯江峰:"坚持马克思主义指导 提高国际法授课效果",http://forum.enetedu.com/collaborationtopic/Info? topicId=2975&&collaborattion_id=153,2017年9月5日访问。

② 陈伟:"论以职业能力提升为目标的法学案例教学改革",载《法学教育研究》2017年第16卷第1期,第166页。

3. 充分发挥学校和教师的引导作用

首先,学校应改革现有的评价机制。案例教学以培养学生解决问题能力和创新能力为目的,而现有评价把能力看成是一种固定结果,忽视在案例教学过程中能力、思维和态度变化的发展性评价,这种对案例教学的评价现状没有看到经验的连续性和交互作用的重要性,将案例教学评价导向了没有出路的死胡同。因此,案例教学应该转变传统的评价方式,转向以学生参与、民主协商、经验增长和能力建构为特征的新型教学评价。[1] 在具体操作中,对采取案例教学法的课程的教学评估可以学生经验增长为目的,学生的课程成绩不再采取固定的由平时评价分(占20%)与期末考试分(占80%)构成,而是由学生参与(学生自评占20%)、民主协商(学生互评占20%)、经验增长(老师评价占20%)和能力建构(期末总评占40%)构成。前三项评价均在平时教学中得出,最后一项评价则通过期末的案例分析测试题得出。

其次,教师的引导是培养法科生法律实务技能最重要的一环,俗话说:"师高则弟子强"。培养具有法律实务技能的学生,教师的引导作用是不可忽视的。因此,教师应当不断提高自身的理论知识水平和法律实务能力。澳大利亚悉尼新南威尔士大学法学院院长保罗·列孟德说:"法律教师比他们的学生需要更多的学习。一个懒得学习的教师是不称职的教师。"[2]案例教学法的实施,首先要求教师熟悉并能灵活运用这种方法。如果教师的知识水平和实践能力不足以引领学生积极思考,那么这种教学方法就不可能在培养学生方面发挥应有的积极作用。因此,教师必须有能力对学生经过阅读和思考所形成的初步观点和结论做出评析、指点和批判,并能够引导学生达到更深层次的理解。因此,教师个人的司法实务经验和能力对于案例教学成功与否是十分重要的。中国目前的实际状况是:仅有少数部分教师具有一定的司法实务经验,而多数教师普遍缺乏这方面的实际经

---

[1] 兰霞萍、陈大超:"案例教学的问题与出路",载《教学与管理》2017年第10期,第1~4页。
[2] 杨斐:"法学教学方法的地位和作用的再认识",载《广东外语外贸大学学报》2007年第5期,第47页。

验,因此,对于这部分教师而言,想要很好地进行案例教学,首先应增强自己的司法实务经验和能力。[1] 因此,务必保证案例教学老师的任职资格,既要具有理论知识的教学水平,又要具有司法实务能力。

再次,根据目前地方转型高校法学专业师资队伍的现状,逐步提高教师的任职资格。目前有些转型高校的双师型教师(既具有法学专业教师资格证又具有法律职业资格证)的比例已达到 30% 之多,有些高校已经在对研究生试行双导师制,即一个专职老师 + 一个实务律师或其他实务部门人员。双导师制的高校应合理安排实务部门的人员与专职老师给法科生上课的时间,既能使学生针对实务部门提供的真实的疑难案例来解决实务问题,还可提高学生的学习兴趣,锻炼学生的理解、分析并解决法律问题的实务技能。当条件成熟时,地方转型高校应保证法学案例教学的任职教师均是双师型教师。

最后,任职教师应摆正科研与教学的关系,加强团队合作。依靠教学团队的合力才有可能实现转型高校法学教育的培养目标。当然运用案例教学时应合理分配好法学理论与实践教学时间,建议时间各占一半为好。这种教学模式很明显是有利于案例教学的实施,有利于法律实务技能的培养的。

结语

总之,就如杜威所说,最好的一种教学就是牢牢记住学校教材和现实生活二者相互联系的必要性,使学生养成一种态度,习惯于寻找这两方面的接触点和相互的关系。案例教学就是联通杜威所说的这两方面接触点和相互关系的一种绝佳方式。一方面,案例就是现实生活的真实反映,它来源于生活当中的实际问题或某个问题情境;另一方面,用文字对问题事件进行描述,对真实发生的问题事件收集和整理,形成具有教学意义的案例,这就是一种学校教材,案例教学正

---

[1] 郑丽萍:"美国案例教学视域下法学本科教学方式之改革",载《北京航空航天大学学报(社会科学版)》2017 年第 30 卷第 4 期,第 108 页。

是沟通学校教材与现实生活的桥梁。① 地方转型高校的法学教育在全球化背景下正面临着各种困境,解决困境应当多方位、多层次展开,但是法律实务技能教育应当始终成为转型改革中的核心课题。为培养法科生的法律实务技能,应反思大陆法系传统的教育模式及其弊端,吸收美国普通法教育中若干有利的因素,结合中国国情,培养地方转型高校法科生法律实务技能的路径应为:依据法学教育的目标,重构本土化的案例教学文化,矫正传统的案例教学:选择典型的本土化的案例;避免案例教学课程的单一化;充分发挥学校和教师的引导作用。这条路径的有效实现必将是一个长期的过程。

---

① 兰霞萍、陈大超:"案例教学的问题与出路",载《教学与管理》2017年第10期,第3页。

地方高校专业转型
背景下法学实践教学新探索

冯钟鸣*

摘　要：法学教育离不开实践，在专业转型的背景下法学实践教学应该如何变化是历史给我们提出的新问题，转型的真正核心是人才培养模式的转变，应用型人才和学术型人才的培养模式必然有所不同，我们应在已有的实践课程上不断探索创新，及时总结经验，修正培养模式，构建课程体系。地方高校毕业生大多数会从事司法一线的实务工作，他们才是建设法治国家的基石，学以致用是最基本的教学指导思想，只有法学理论教学与法律专业技能更完美结合，才能不断提高教学质量，培养符合国家需要的应用型法律人才。

关键词：实践教学　　转型　　课程体系创新

2015 年教育部、国家发改委、财政部联合印发的《关于引导部分地方普通本科高校向应用型转变的指导意见》，拉开了地方高校转型的序幕，高校的转型发展，实质上是中国高等教育供给侧结构性改革。对于法律专业人才培养观念的转变其实自从 2011 年教育部、中央政法委员会《关于实施卓越法律人才教育培养计划的若干意见》

---

* 作者简介：冯钟鸣，男，湖南常德人，湖南文理学院法学院讲师、硕士，模拟法庭实验室主任，湖南劲鸣律师事务所兼职律师，研究方向为刑法。

（以下简称《若干意见》）出台就已经开始，各高校围绕强化法学实践教学环节进行了大量有益的探索，按照《若干意见》的要求，法学实践环节累计学分（学时）不少于总数的15%。高校应该加强校内实践环节，开发法律方法课程，搞好案例教学，办好模拟法庭、法律诊所等实践领域。这些新领域没有现成的经验可供借鉴，也没有统一的教学大纲、教材；各高校的法学院专业只能从自身条件出发探索创新、不免带有随机性、任意性。传统的法学实践课程包括毕业实习、毕业论文以及案例教学、庭审观摩、社会调研、模拟法庭、演讲辩论等，各高校基本都是采取的以毕业实习、毕业论文为必修课程，其他课程则根据各高校的特点有选择性的开设。

笔者所在的湖南文理学院2016年入选国家"十三五"产教融合发展工程应用型本科试点高校，同时，法学院法学专业被学校列为全校14个转型发展试点专业之一。结合法学专业的相关情况，笔者就高校转型背景下法学实践教学体系创新提出如下几点意见。

一、发扬巩固传统实践教学方式，突出案例教学的重要性，深化模拟法庭教学

（一）案例教学应该进一步规范

案例教学是法学实践教育的传统领域，19世纪末开始在美国的法学院普及，其在结构上包括了四个维度：以科学为基础；以案例为素材；以苏格拉底式方法为手段；以"像律师一样思考"为目标，主要是以法院的真实判例来训练学生自主分析案件的能力。目前，这种教育模式在美国法学院中仍占据主流地位。我国高校的法学院近年来也开始注重案例教学，尽管我国不是判例法国家，案例教学目前不是法学教育的主要手段，但是在加深对法学知识理解与熟悉方面仍有着不可替代的作用，实践中我们的用词是"案例"而不是"判例"，最高人民法院也定期发布案例选编以供司法机关参考，以便统一正确适用法律。

地方高校在案例教学环节现存的问题主要表现在：第一，案例教

学在课程体系中地位不高，不少高校还将案例教学放在选修课的位置，给学生一种可有可无的错觉，难以引起学生的重视。第二，对于典型案例的选编缺乏科学性，刑事案件多，民事纠纷案例少，行政商事等领域的案例就更少，所选择的案例不具有一定的代表性。而实践中民事纠纷才是司法工作的重点。第三，案例课如何教？没有形成定法。有实践经验的"双师型"教师难求。纸上谈兵式的教学明显与理论脱节，有一些很实际的问题司法实践中的处理也许与理论上不一样，如正当防卫在刑法理论中很好理解，可在司法实践中很难认定（于欢案就是典型），对此类案例如何通过课堂教学让学生领悟到司法人的智慧，也许对授课者会提出更高的要求。

笔者认为应该将案例教学课程纳入必修课，在学时上予以增加，以达到《若干意见》的要求；同时对典型案例进行科学论证，做到涵盖面广，结构清晰，能启迪智慧；真实案例、公共法律事件、影视作品都是很好的案例教学素材。甚至可以选择"双师型"教师亲身办理过的案件，分析得失，评论总结。

(二) 建立以审判为中心的诉讼制度改革背景下模拟法庭教学的新路径

目前的模拟法庭教学的不足是：第一，对案例的选择还不规范，国内也缺乏权威教材，演练的"剧本"缺乏科学性、有些案例明显争议不大、模拟庭审会出现"一边倒"的局面，学生并不能在对抗中演练；第二，学生、教师事先准备了太多，剧本化、台词化，缺乏现实案件审理中的不可预见性，难以充分调动学生学习的主动性和积极性；第三，"双师型"教师缺乏，教师自身没有丰富的庭审经验就谈不上教学生习得庭审技巧；第四，模拟案件中刑事案件占的比重太大，在某些高校甚至达到90%，而民事、行政案件比重不够。但是三大诉讼在庭审中的区别很大，举证质证的要点均不相同，至于仲裁程序在模拟法庭的课堂上更是鲜有涉及；第五，模拟法庭的课时量亦不够，不能保证每一位学生都能参与演练，"看得多练得少"是影响学生的能力培养的重要原因。

党的十八届四中全会以来，以审判为中心的刑事诉讼制度改革逐步在全国展开，2016年最高人民法院联合五部委制定出台《关于全面推进以审判为中心的刑事诉讼制度改革的实施意见》，推进以审判为中心的诉讼制度改革，就是要通过强化法庭审判环节，充分保障辩护权利和质证权利，加强控辩双方对抗，从而树立审判在整个刑事诉讼程序中的核心地位。司法工作者在庭审中的技能展示无疑将比过去有极大提高，举证质证、法庭辩论、法庭演说这些技能的培养都将成为今后法律人才培养的重要内容。比如辩论，我们不能让学生认为就是法庭庭审中的一个环节，并且这个环节的辩论意见早已经书面写好，按照程序宣读一次即可，甚至很多庭审中法官会打断辩论发言而要求递交书面意见即可，按照庭审改革的要求，今后的辩论一定是贯穿庭审始终的必不可少的环节，正如江伟老师所说"辩论决不仅限于法庭辩论，而是贯穿于从当事人起诉到诉讼终结的整个过程"，我们的教育必须顺应司法改革的要求。

模拟法庭是传统的法学院实训场所，不能简单将这一实训等同于熟悉庭审流程，除了对上述所列的问题改进之外，我们还要改变过去那种模拟法庭"走过场"的状况，以及仅选择部分学生参与演练，另外多数学生旁观的状况，必须将举证质证、法庭辩论、法庭演说的能力综合起来，在实训中演练、提高。突出一个"演"字，完全按照真实场景将庭审程序完整再现，给学生身临其境的感觉，并且要让每一名学生都演练到不同角色。事实证明这种方式能极大提高学生的兴趣及能力，让学生真正能驾驭庭审直至游刃有余，笔者所在的湖南文理学院法学院就因此获得全省模拟法庭竞赛的冠军。一些优秀的学生毕业后第一次开庭就表现出非常规范的庭审技能，完全达到专业转型的培养目标。

二、建立实践基地（法律诊所），为学生习得法律技能搭建平台

（一）扩大法律实践基地的内涵与作用

法律教学实践基地类似美国法学院的"法律诊所"，之所以称诊

所,是因为最早这种人才培养模式是借鉴了医学院专业的实习医生的培养模式。"法律诊所",是指在有律师执照的"双师型"教师的带领下,由法学院部分学生参与承办具体案件,从律师办案的角度把规范的办案程序走完,包括接待咨询、受理案件、撰写文书、收集证据、出庭代理、撰写法律意见书以及最后的结案报告等,都由"双师型"教师带领学生参与。但此模式也有两个缺陷,一是参与的学生人数较少,无法在法学院多数学生中普及,往往只有优等生才能得到这一实践的学习机会。另一缺陷是只从律师的角度参与了案件,而作为法律职业共同体的法官、检察官的角度还未能完全进入"角色"。

笔者认为,实践基地的建设在法律实践教学中有着不可替代的作用,首先它属于学校可以控制的平台,因而可以规范化教学。教师的选任、案件的受理、学生的参与都可以制定实践大纲,逐一落实,便于考核。学校的实践基地与法院、检察院、律所相互结合,可以给学生广泛的法律职业的实践平台,另外实践基地还可以与妇联、消费者协会等法律实务较多的机构合作,拓宽法律专业的实践面,给学生以更大的实践空间。笔者所在的湖南文理学院就建立了这样的实践基地,该基地同时为常德市公共法律服务中心湖南文理学院工作站、常德市妇女儿童法律援助工作站、湖南文理学院法律实践与服务中心、常德市反家庭暴力法律研究中心。这样我们就建构了"校院"(学校与法院、检察院)、"校所"(学校与律师事务所)、"校企"结合的具有应用性的示范性的"基地实训—社会实践—专业实习"三位一体、四年不断线的实训教学体系。形成以案例式教学、模拟教学、研究性教学、合作式教学等形式的互动式教学模式。

(二)强化其他相关法律技能的习得

"法律的生命并非逻辑,而是经验",而经验的获得必须依赖于实践,推行体系化的职业技能训练是法学教育的内在要求。与法律职业相关的技能很多,其中需要在学校强化的技能有撰写法律文书、演讲与口才、法庭辩论等,这些技能的习得首先要有理论基础,但更重要的练习是在实践中练习,真实的实践中的演练效果与教室中的演练完全不同,比如与当事人的交流,为当事人解答法律问题,"开处方"的过程,看似简单,实则非常不好把握,当事人自身的客观情况千差万别,如何用当事人能够理解的方式说明法律原则,最后让当事人接纳所开的"处方",以及对最后结果的把握,这其中的语言表达技巧绝非课堂上所能习得。法庭辩论更是如此,辩论是互动的,课堂上可以学习一些辩论的技巧,但实践中才能真正互动,同时对于建立良好的心理素质而言,除了实战,别无他法。法律实践基地在今后的运作中还应该加大投入,扩大规模,走出校门,给学生更广泛的实践机会,把基地设在法院、设在检察院、设在律师事务所等实践性强的机构,甚至学校也可以开设律师事务所,将大学生创业孵化基地、创新创业工作与专业转型实践工作完美结合,发挥整合优势。

三、建立科学的实践教学考核体系

"实践是检验真理的唯一标准",相关课程体系设置后效果如何？应该如何对实践课程进行考核？也是值得研究的问题,对实践能力的习得要有正确的考核方法,切不可流于形式。如对参加了实践教学的学生从学分上如何考量？课时量上如何设计？如何区别对待在实践中努力程度不同的学生？实践指导教师与学生如何互评？学校督评对实践教学如何确定标准正确评估？以上问题的解决也许要在今后实践中继续予以探索。

实践教学的考核体系自然既包括学生,也包括考核教师,对实践课程的教学考核也应该完全不同与理论教学,对"双师型"教师的考核与晋升职称需要创新。多年来我国高校法学教师强调的是理论,现行体制下,学校对法学教师晋升职称几乎只有"学术"一个标准,所依据的基本上就是发表的论文,而对论文的学术标准也基本上就是所谓的"理论创新",研究实际问题的应用性论文,往往因为没有"理论创新"而容易被排除在核心刊物之外,自然也不可能被列入考核的范围了。由于实践课程譬如"演讲与辩论""模拟法庭""案例分析""法律诊所"等费时费力,教师需要投入的精力和时间更多,却由于考核体系的传统性,很难直接量化反映到科研及教学业绩上,在职称晋升及评奖上也体现不出优势,没有了激励,就没有教师愿意付出,特别是"双师型"法学教师,其律师的身份让他们很容易选择自己去"单干"。既然转型高校学生培养目标从培养理论型人才转到培养技术、技能型人才,那么高校教师的考核仍然按照理论型来考核不免矛盾。在专业转型背景下如何激励"双师型"教师、如何确立正确的晋升职称模式亦是改革的重点,否则优秀师资的缺乏最后势必成为制约实践教学工作深入的重要原因。

目前,我国卓越法律人才教育培养计划进入了第二个实施周期,创新向纵深发展,地方高校专业转型背景下法学实践教学改革亦将继续深入,对于前期的探索我们应该及时总结经验,取长补短,规范法律人才的培养模式,以期法学教育取得更大成绩。

参考文献

[1]李政辉.美国案例教学法的批判历程与启示[J].南京大学法学评论,2012(2).

[2]李晓霖.法学实训课程建设与实践教学改革——基于中美法学实践教学发展的视角[J].沈阳师范大学学报(社会科学版),2013(3).

[3]邢绡红.我国高校法学实践教学的现状分析及对策[J].黑龙江高教研究,2011(4).

[4]尚永昕.法庭辩论[M].南京:南京大学出版社,2015.

[5]叶永禄.论法学实践教学与卓越法律人才培养教育[J].云南大学学报法学版,2013(3).

法学专业学生实践能力生活化具体路径探讨

田 华[*]

摘 要：法学专业的法律实践教学目的是职业能力培养，因此需要考虑如何设置有针对性的实践教学环节。拟以大学生成长过程中遇到的各种问题切入，采取法律实践教学生活化模式，即在法学专业的法律实践教学中，选取大学生活中会遇到的现实问题作为教学素材，从法律的视角解决这些问题来培养大学生的法律素质，养成法治观念。

关键词：法律实践教学 实践能力 生活化

生活化的法律实践教学有以下三个特点：一是零实践教学基地。缘于实践教学生活化的取向，此类实践教学将打破实践教学必须依托实践教学基地的要求，它不需要实践教学基地，这将在很大程度上缓解法学专业实践教学基地不足的问题。二是能力型教学。在"知识就是力量"等观念的引导下，教育演化为过度功利的"知识教育"。这导致了人们的生活能力并没有和其所具备的知识同步增长。三是其理论基石是"教育就是生活"。"生活教育是给生活以教育，用生活来教育，为生活向前向上的需要而教育。从生活与教育的关系上

---

[*] 作者简介：田华，湖南文理学院法学院讲师，法学硕士。

说,是生活决定教育。从效力上说,教育要通过生活才能发出力量而成为真正的教育"。①

法律实践教学生活化具体路径是在教师指导下,大学生用法律视角解决其生活中遇到的问题,感受法治中国,提高自身的法制观念。教师的指导主要表现为两个方面:一是选取大学生日常生活中的典型问题为教学素材;二是指导大学生用法律视角解决上述问题,提出解决法律视角的方法。

一、用法律来指引校园生活——考试

考试是大学生活的必修课,据统计,78%的学生在考试过程中曾有过作弊动机,将近一半的学生有过作弊行为,其中多次作弊的学生比例高达30%。② 由此看来,用法律等规则来指导大学生校园生活之考试是法律实践教学生活化应有之义。

首先,要学习《中华人民共和国刑法》《国家教育考试违规处理办法》等法律,以适应国家级考试。如全国大学英语四、六级考试、计算机水平考试、全国硕士研究生招生考试、国家统一司法考试、会计师资格考试等。与考试有关条款主要包括以下三个方面:一是《治安管理处罚法》第23条"扰乱机关、团体、企业、事业单位秩序,致使工作、生产、营业、医疗、教学、科研不能正常进行,尚未造成严重损失的,处警告或者二百元以下罚款;情节较重的,处五日以上十日以下拘留,可以并处五百元以下罚款。"与这一条款相关的行为表现为故意扰乱考点、考场等考试工作场所秩序。二是伪造、变造、买卖国家机关的印章罪,伪造事业单位的印章罪,伪造、变造居民身份证罪。与这些罪名相关的考试行为表现为考试进行前为舞弊准备各种证件,以取得考试资格的行为。三是非法获取国家秘密罪。与这一罪名相关的考试行为表现为非法获取属于国家秘密的试题、参考答案

---

① 江苏省陶行知教育思想研究会、南京晓庄师范陶行知研究会分编《陶行知文集》,江苏人民出版社1981年版。
② 姜凤萍:"大学生考试作弊现象的实证研究",载《华中师范大学学报(人文社会科学版)》2011年第2期,第186页。

的严重舞弊行为。2008年唐奎、张莉在研究生入学考试中非法获取属于国家机密的试题以非法获取国家秘密罪被扬州市广陵区人民法院分别判处有期徒刑8个月、6个月,并缓刑1年。①

其次,要学习学校考试违规处理办法,以适应校级考试。这是基于各高校的考试违纪处理办法存在许多不同方面。相同的考试违纪行为,处罚有可能不一样。如冒名参加考试,有些学校的学生一律会被开除学籍,有些学校可能只给予留校察看处分。

法学专业的同学学习和了解与考试相关的规章制度,在考前通过发放手册的形式指引其他大学生如何参与考试,告诉大学生在考试中不得做什么,预测考试违纪与作弊行为的后果,从而自觉自主的调整自己的行为,使之符合法律的规定,同时当遇到学校与国家的非法惩处行为时也要积极维护自身权益。

二、用法律为校外生活护航——兼职

大学生兼职是一个普遍社会现象,其在兼职过程中权益受到侵害主要可以分为三类:一是被骗财物。二是被骗劳动力。三是人身权受到侵犯。大学生在兼职过程中权益受到侵害时大多是用人单位不遵守法律法规在先。如果大学生了解相关法律法规,就能识别用人单位是否遵守劳动法律法规,不能期望一个不遵守法律法规的用人单位会保护其兼职的合法权益。

(1)法律视野下的中介费,根据《湖南省人力资源市场收费项目和收费标准》,根据录聘技术工种级别,中介机构可以向委托者(大学生)收取80~600元不等推荐录聘费。需要指出的是,为委托者(大学生)推荐单位,未录聘的不得收费。也就是说,只有委托者被录聘成功后才可以收取费用。这就意味着,不能先向委托者收取费用。

需要指出的是,大学生在委托中介推荐打工机会时要查看中介机构是否有相应资质。一般来说,依法成立的人力资源服务机构有一定保证。依法成立的人力资源服务机构场所必须张挂职业中介许

---

① 宗禾:"替考'枪手'被判刑",载《江苏法制报》2008年9月25日第2版。

可证和工商营业执照,应当明示服务项目和收费标准,收取中介服务费时应当开具税务部门监制的发票。

(2)法律视野下的保证金、押金、身份证与学生证等。《中华人民共和国劳动合同法》第9条规定,用人单位招用劳动者,不得扣押劳动者的居民身份证和其他证件,不得要求劳动者提供担保或者以其他名义向劳动者收取财物。

兼职生活中被骗劳动力主要表现为拒付、少付或延付报酬,或者延长工作时间等。《关于贯彻执行〈中华人民共和国劳动法〉若干问题的意见的通知》第12条,在校生利用业余时间勤工助学,不视为就业,未建立劳动关系,可以不签订劳动合同。因此,在用人单位聘用大学生时,大多不与其签订劳动合同,也不认为与其有劳动关系。因而也就不受劳动法的保护,不享受劳动者的工伤、劳动待遇、医疗保险、社会保险等。当然也有学者提出了与此相反的看法,在司法实践中,法院的判例也不尽相同。

尽管兼职大学生与用人单位不是劳动关系,至少是一种劳务关系。大学生应争取和用人单位签订书面劳务合同,协议内容应包括用人单位的名称、住所和法定代表人或者主要负责人、劳动合同期限、工作内容和工作地点、工作时间和休息休假、劳动报酬等条款。

如果用人单位不愿和大学生签订任何合同,而大学生又实在不愿错过这次劳动机会,则保留一个相关证据以证明劳务关系存在及其相关内容。例如,在交涉劳动条件时录音、留存排班表、工作服、工作标识、胸卡、考勤卡、自己工作时的照片、与同事一起工作的照片、用人单位发送录用通知书等。

鉴于大学生在兼职生活中权益受到侵害主要是由于用人单位不遵守法律法规在先,因而如果大学生能识别用人单位是否遵守法律法规,基本上能够免除大部分侵权行为的发生。如果权益受到侵犯,就向劳动监察部门投诉或向劳动争议仲裁委员会申请仲裁。

三、用法律预测社交生活——恋爱

法律的首要目的并不是制裁违法行为,而是在于引导人们正确的行为,合法地参与社会生活。恋爱关系本来是一种社交关系,不受法律的调整,但是在现实中当恋人分手时发生纠纷,甚至大打出手,更有甚者造成悲剧。基于此,根据大学生群体的恋爱过程中行为予以法律解析,希望大学生用法律来指引恋爱过程中的行为,减少恋爱纠纷,化解悲剧。

(一)恋爱过程中的财物给付

恋爱期间,男女相互向对方给付财物的现象是较为普遍的。一般可以分为以下三种情况:一是基于习俗,一方给付另一方钱款或物品作为订婚的标志,通常称为彩礼;二是一方赠与对方贵重物品及生产生活资料,如住房、汽车、金银首饰等,可以称为婚前赠与财产;三是相互赠送小额钱款、礼品及衣物等,属于双方之间的礼尚往来。恋爱关系终止,应依法处理恋爱期间的财物纠纷。

首先,恋爱关系终止的原因和责任不属于法律关系调整的范围,但对恋爱双方来讲,一方要求另一方退回财产的依据应该是法律,而不是"谁是造成恋爱关系破裂的责任者"。

其次,彩礼的退还有三种情形。根据《最高人民法院关于适用〈中华人民共和国婚姻法〉若干问题的解释》第10条规定,双方未办理结婚登记手续的,双方办理结婚登记手续但却未共同生活的,婚前给付并导致给付人生活困难的三种情况,一方可以习俗要求返还,另一方应予以退还。

最后,赠与对方的贵重物品、生产生活资料与小额财务。在一般情况下,前者属于附条件赠与或借贷,后者属于无条件赠与。除非对方有相反的证据证明。附条件赠与也就是以结婚为条件的赠与,解除恋爱关系则应退还财物,否则就属于不当得利。需要指出的是,依据《中华人民共和国婚姻法》(以下简称《婚姻法》)第3条的规定,借婚姻索取的财物应予以退还。

(二)恋爱过程中的同居、性关系

从1957年至1994年,最高人民法院陆续有十几个司法解释涉及"非法同居"。"非法同居"通过最高人民法院司法解释的形式,作为一个法律概念长期存在,直至 2001 年最高人民法院《关于适用〈中华人民共和国婚姻法〉若干问题的解释(一)》才放弃了"非法同居"的表述,"非法同居"作为一个法律概念被正式废止。按照这个司法解释的规定,相互之间没有合法婚姻关系的男女双方公开共同生活,被统称为"同居"。2004 年 4 月起施行的《关于适用〈中华人民共和国婚姻法〉若干问题的解释(二)》第 1 条规定"当事人诉请解除同居关系的,人民法院不予受理。"它宣告了我国法律正式将非婚同居视为私人空间内自由选择的生活状态。此类同居关系的存在与否、解除与否,法律不鼓励、不支持、不禁止、不干涉,即对狭义的非婚同居采取"不制裁、不保护、不干预"的宽松态度。①

较之于法律对非婚同居的态度,我国法律明确禁止涉及婚姻的同居。《婚姻法》第 3 条明确禁止有配偶者与他人同居。同时明确婚外性行为的不合法性。《婚姻法》第 4 条规定了夫妻之间的忠实义务。

作为公民,大学生必须依法行事;作为学生,还必须遵守学校的各项规章制度,除非该规章制度与法律相违背。笔者所在湖南文理学院《学生违纪处理条例》没有关于非婚同居与不涉及婚姻性行为处分规定,但是这并不代表其他大学的学生违纪处分条例没有相关规定。如《中南大学学生违纪处分条例(试行)》。第 22 条规定,在学生宿舍留宿异性或者在异性宿舍留宿的,给予记过或者留校察看处分;多名男女混居或者未婚同居的,给予留校察看处分,情节严重的,给予开除学籍处分。

---

① 王薇:"非婚同居法律制度比较研究",西南政法大学博士学位论文,2007 年。

基于专业技能培养的高职顶岗实习标准构建

——以法律事务专业为例[①]

吴 畅[*]

摘 要:顶岗实习是强化学生专业技能,提升学生职业素养的综合性实践教学环节,顶岗实习标准是保障顶岗实习质量的关键,其制定应当与行业岗位对接,与技能标准对接,与工作内容对接。目前法律事务专业顶岗实习的目标和内容欠明确,实习岗位多元,实习单位分散,且监管力度不足。顶岗实习标准的主要内容应当包括归纳顶岗实习典型工作任务,明晰顶岗实习各项任务标准,以及确立顶岗实习考核与评价标准。

关键词:顶岗实习标准 专业技能 法律事务专业 工作任务

一、构建顶岗实习标准的意义与要求

顶岗实习作为职业院校专业人才培养过程中的最后一个综合性环节,是专业教学的重要形式,是强化学生专业技能、提高综合职业

---

[*] 作者简介:吴畅,(1982—),男,湖南长沙人,湖南司法警官职业学院讲师,法律事务专业教研室主任,法学硕士,主要研究方向为刑事诉讼法、法律教育。
[①] 本文为湖南省教育科学"十二五"规划2014年度课题"高职法律事务专业技能抽查模式研究"(编号:XJK014CZY047)的研究成果之一。

能力的实践性教学环节,是培养工学结合的高技能人才的重要途径。作为法律事务专业培养高素质技能型法律应用人才的重要教学环节,顶岗实习使学生得以深入行业了解法律实务工作岗位,训练相关法律实务技能,为毕业进入工作岗位打下良好的职业素质基础。此外,就笔者所在的湖南省来说,教育厅于 2010 年创新性的启动了职业院校学生专业技能抽查考试标准开发工作和技能抽查工作,以强化高职院校专业技能教学。2014 年将法律事务专业确定为专业技能抽查标准的省级开发专业,创新性的引领了全国法律事务专业质量评价标准的发展。按照"模块化、通用化、行业化"的思路要求,法律事务专业技能测试标准遴选出五大技能模块,分别为诉讼技能、法律文书写作、法律咨询、合同处理和人民调解,[1]每个模块设置了若干技能点。顶岗实习对于专业技能教学和技能培养来说极具现实意义,实习过程能深化培养学生在诉讼技能、法律文书写作、法律咨询、合同处理和人民调解等领域的专业技能。

顶岗实习如此重要,应当制定并严格执行顶岗实习标准。该标准是加强顶岗实习管理的重要依据,是保障顶岗实习质量的关键。使学校、实习单位和实习学生都能明确实习目标,明确学校和实习单位的指导和监管责任,也使顶岗实习考核与评价有据可循。2014 年教育部《关于做好行业指导职业院校专业改革与实践有关工作的通知》中提出,"要选取量大面广的专业(类),按照专业与产业、企业、岗位对接,专业课程内容与职业标准对接,教学过程与生产过程对接的原则,研究制订本行业相关专业(类)顶岗实习标准"。[2] 2016 年教育部下发了《关于公布首批〈职业学校专业(类)顶岗实习标准〉目录的通知》,公布了涉及 30 个专业(类)的 70 个顶岗实习标准。[3] 法律事务专业顶岗实习标准的制定也提上了日程。

---

[1] 吴畅:"基于工作岗位的高职法律事务专业技能抽查标准探讨",载《职业时空》2015 年第 10 期,第 70 页。

[2] 常红梅、王月会:"《职业院校旅游英语专业顶岗实习标准》解读",载《教育理论与实践》2016 年第 30 期,第 21 页。

[3] 裴倩敏:"教育部职业教育与成人教育司负责人就《职业学校专业(类)顶岗实习标准》答记者问",载《中国大学生就业》2016 年第 22 期,第 4 页。

制定顶岗实习标准需要遵循几个基本的原则要求,即要与行业岗位对接,与技能标准对接,与工作内容对接。顶岗实习标准的制定,首先,应当在立足人才培养方案和培养目标的基础上,对接行业,找准顶岗的岗位及岗位要求。其次,要分析和明确本专业的专业技能标准和技能要求,顶岗实习标准应切合专业培养的技能标准。最后,要明晰不同工作岗位的工作内容,明确学生在每类工作项目和工作流程中所要达到的目标,使得实习的内容和考核标准定量化、精细化,尽可能让学校专业教师、实习单位指导老师和学生对实习目标都一目了然,并且可实现、可操作。①

二、法律事务专业顶岗实习的现状

(一) 顶岗实习目标和内容欠明确

顶岗实习使学生得以深入行业了解法律实务工作岗位,加深理解并巩固所学专业知识,训练相关法律实务技能,养成相关职业素养。但目前还缺乏明晰的实习目标,没有分解实习内容和任务,对不同工作岗位核心能力的培养和要求也重视不够。这样,缺乏实习内容标准的引导,学生很难在实习中找准自己的角色,找不到实习的重点和方向,不清楚实习应该锻炼哪些方面的能力。②

(二) 实习岗位多元,实习单位分散

法律事务专业主要就业岗位多元化,对应的顶岗实习岗位也呈现出多元化的特点,主要包括司法局(所)、人民法院、律师事务所、基层法律服务所和中小企业的相关法律岗位。不同的岗位有其法律职业共性,也有很大的差异性,因而学生所需要掌握的专业技能也是多元的。另外,因为这些实习单位和岗位的用人规模有限,难以集中

---

① 罗旭:"试析职业院校学生顶岗实习标准的构建——以刑事执行专业为例",载《职业教育研究》2014年第12期,第114页。
② 章曼卿、龚江南:"高职文科专业顶岗实习标准的制定研究",载《当代职业教育》2013年第7期,第61页。

安排学生顶岗实习,不像一些工科类专业可以规模化的集中安排实习。就业单位的分散性、岗位的多元性、实习内容的多样化,也给制定合理的实习内容标准增加了难度。

(三) 顶岗实习监管力度不足

顶岗实习监管力度不足与实习目标不明确、实习单位分散和岗位多元有极大关系。实习目标不明确使得日常监管缺乏目标依据和动力,实习单位也乐得省事。实习单位的分散以及师资和时间等方面的限制,使得学校指导老师对学生的指导多为远程指导。学校也多是与实习单位进行沟通,只是在巡查时约谈部分实习学生进行交流,分散实习也难以全面派驻实习指导老师跟随指导实习。另外,由于缺乏实习效果测评指标体系,很难进行有效的实习总结考评。至于学生自主实习,更是缺乏实习过程监管,基本处于"放羊"状态。

三、顶岗实习标准的主要内容

(一) 归纳顶岗实习典型工作任务

法律事务专业培养具有扎实的法律专业知识和相关法律实务工作技能、能在政法机关、司法所、基层法律服务所、律师事务所和公司企业的相关工作岗位从事法律实务工作的高素质技能型专门人才。主要就业岗位有司法助理员、人民调解员、法院审判辅助人员、律师助理、基层法律服务工作者、中小企业法务人员等。[①] 与人才培养目标相对应,本专业的顶岗实习单位主要为基层司法行政单位、人民法院、律师事务所、法律服务所和中小企业,主要从事的岗位有司法助理员(人民调解员)、法院审判辅助人员、律师助理(法律服务工作者助理)和企业法务人员。根据岗位要求,提炼出法律咨询与法制宣传、纠纷调解、文书写作与笔录制作、诉讼辅助以及合同拟定与审核

---

① 吴畅:"高职法律事务专业服务产业发展能力的探索",载《科教文汇》2016 年第 4 期,第 83 页。

五大典型工作任务。其中,司法助理员岗位主要涵盖法律咨询与法制宣传、纠纷调解两大典型工作任务;法院审判辅助岗位主要涵盖文书写作与笔录制作、诉讼辅助两大典型工作任务;律师助理岗位主要涵盖法律咨询、文书写作与笔录制作、诉讼辅助三大典型工作任务;企业法务岗位主要涵盖合同拟定与审核、诉讼辅助两大典型工作任务。

(二)明晰顶岗实习各项任务标准

在归纳顶岗实习典型工作任务之后,便是明晰顶岗实习任务标准。司法助理员岗位的实习任务标准主要包括熟练运用各类法律法规,归纳提炼法律问题和答疑,会进行法制宣传,掌握一定的调解技巧,会注意事态发展,有一定的安抚能力,等等。法院审判辅助岗位的实习任务标准主要包括能写出法律文书初稿和制作笔录,相关法条和专业语言运用恰当,掌握审判程序适用规则和方式,会送达诉讼文件,会计算各类期间,会整理和管理档案资料,等等。律师助理岗位的实习任务标准主要包括熟练运用各类法律法规,归纳提炼法律问题和答疑,能写出法律文书初稿和制作笔录,相关法条和专业语言运用恰当,掌握诉讼规则和方式,会调查取证、摘录案卷材料,会计算各类期间,会整理和管理档案资料,等等。企业法务岗位的实习标准主要包括会拟定商事合同初稿,会进行基本的合同法律风险防控,掌握诉讼规则和方式,会调查取证、摘录案卷材料,会计算各类期间,会整理和管理档案资料,等等。根据以上具体的实习任务标准,确定实习单位指导老师和校内指导老师的工作标准。

(三)确立顶岗实习考核与评价标准

顶岗实习考核与评价应由学校和实习单位双方采取多元考核形式共同组织完成。考核主体应注意以实习单位考评为主,学校考评为辅,并可以考虑适当引入实习生自评。评价指标上,应建立专业技能、职业道德、工作纪律、综合素养和专业知识等多维评价指标。考核内容应以实习报告、学生顶岗实习成绩鉴定表、实习指导老师工作总结、学生实习日志、实习手册等资料为主,实习教学的作业为辅。

考核形式可以灵活多样，建议采用实习部门终期评语及鉴定、实习部门日常考勤、实习生自我评价、专业技能考核等多种形式，将过程评价和终结评价有机结合起来。

具体而言，可以考虑将学生顶岗实习考核成绩分两个部分，其中占主要比重的是实习单位和实习单位指导老师对学生的考核成绩，权重可以为考核成绩的 60% 左右，另外学校包括学校指导老师的考核就相对的占 40% 左右。实习单位的考核应以专业技能掌握和运用情况为核心，综合考核专业技能、专业知识、职业道德、工作纪律、综合素养等多项指标，以实习单位指导教师签字并加盖单位公章的《学生顶岗实习成绩鉴定表》为主要表现载体。学校和校内指导老师的考核主要在于学生的实习表现，着重于以学生与校内指导老师的日常联络和沟通情况，学生完成实习日志、实习手册等实习任务的完成情况，以及校内指导老师布置的其他任务和作业为基础来进行考核。最后是实习考核成绩标准，成绩评定标准实行四级分制，即优秀、良好、合格与不合格，其中优秀等级要求 90 分以上，所占比例应不高于 10%。

转型背景下高校法学教育的转型理论与实践[①]

刘洲兰[*]

摘　要：为创新人才培养机制和落实向职业教育转型的目标，高校法学专业以参与社会公共法律服务为契机，推进法学教育理论与实践的全面转型。为此，理论上，法学教育需要实现培养目标从"应用型法律人才"向"法律服务能力"、教学计划从"单一"转向"多元"、教学理念从"知识型教学"转向"法学素质＋职业技能"。与此同时，教学实践上，实现教学中心从"理论教学"向"法律服务实践教学"、教学内容从"理论＋分散实训教学"向"理论＋法律服务技能教学"、教学主体从"教师＋学生"向"教师＋学生＋法律职业人"、教学管理体系从"单元"向"多元化"的转变。

关键词：转型高校　法学教育　公共法律服务　法律技能

为了深化高等教育改革，国家提出推进高校分类指导、分类管理改革，促进高校在不同层次、不同领域办出特色。高校为落实职业转

---

[*] 作者简介：刘洲兰，女（1979—　　），湖南文理学院法学院讲师，主要从事宪法基本理论、人权、法学教育改革等研究。

[①] 本文系湖南文理学院教改课题《专业转型背景下"控辩"技能型法治人才培养模式研究——以法学院参与公共法律服务为视角》成果；《转型高校法学专业实训教学的规范理论与实践研究》成果之一；湖南文理学院案例教学改革成果。

型的目标,不能让改革仅仅停留在口号上,就必须对高校传统教学进行全面的转型。尽管高校法学专业早已树立培养应用型法律人才的培养目标,但因法学教育依然停留在传统教学层面,使得法学应用型人才培养目标有流于口号之嫌。在高校向职业教育转型背景下,法学教育的全面转型成为重中之重。

一、高校法学教育转型的必要性

(一)国家发展职业教育的需要

我国高等教育取得一定成绩,其中高校也功不可没,但因分类不清、定位不明、发展方向趋同等问题,引发高校供给的人才与社会需求严重脱节等一系列社会问题。2014年国务院印发的《关于加快发展现代化职业教育的决定》指出,引导一批普通本科高等学校向应用技术类型高等学校转型,重点举办本科职业教育。教育部将促使600多所地方本科高校向应用技术、职业教育类型转变,各地随即启动应用型大学试点。

(二)高校摆脱法学教育困境的要求

在空洞的应用型人才培养目标下,法学教育计划、内容、教学主体、管理等都依旧以传授理论知识为中心。法学理论知识传授往往采取课堂教学形式。目前,法学课堂中教师在教学计划的指引下费尽全力传授知识,而学生事先对课堂中将要发生的一切毫不知情,漠不关心。若转型为以培养参与地方公共法律服务为中心,这一目标要求学生必须亲自参与法律服务,无法依靠往常的坐在教室被动听课来实现培养目标,而且公共法律服务是真真切切的面向社会具体法律部门或真实被服务对象,容不得半点马虎,为帮助人们以法律途径解决纠纷,学生不能或不可能不认真对待,更不可能出现传统法学课堂教学中学生疲软学习的情况。

(三) 国家资源充分利用的需要

毋庸置疑，高校拥有丰富的法律资源，而为促进社会公平、维系社会安定，政府有义务为民众提供公共法律服务。目前，我国普遍认同的政府提供公共法律服务的模式主要有政府设立法律援助制度、政府购买法律服务等模式。但无论哪一种模式都需要政府提供人力和不少数额的资金资助，另外，高校推动职业教学急需要建立社会实训基地，这也需要国家为此投入人力和大量的资金。为此，将公共法律服务与高校法学职业教育结合起来，能达到事半功倍的效果。一方面，公共法律服务为高校法学职业教育提供广阔的实训教学空间，换而言之，国家为高校转型提供巨大的支持。另一方面，利用高校法律资源能为国家节省一部分提供公共法律服务的人力和资金。

二、高校法学教育的转型理论

转型背景下，高校法学专业面临着深度转型，其中教学的转型又是重中之重。欲明确高校教学转型路径，首当其冲需要从理论上明了高校培养目标、计划、指标等内容。

（一）培养目标转型：从"泛化的应用型法律人才培养"转为"法律服务能力培养"

我国提出法学教育以培养应用型法律人才作为培养目标已经是一个老生常谈的话题。对此展开的研究颇多，但应用型法律人才培养目标的提出，并未能真正落实法学教育实践性强的特征，也未给我国高校法学教育带来太大的变化。究其原因，应用型法律人才的提法过于泛化，其具有指代不明的弊端，这样法学教育实践便始终无所适从。

高校法学院担当公共法律服务的服务者这一角色，在许多法学教育良好、法治发达的国家受到普遍的认同。如美国，哥伦比亚大学法学院规定，每个学生都应在毕业前完成 40 个小时的公益性法律服务；在宾夕法尼亚大学法学院，学生若想顺利毕业，则需完成 70 个小时的减免费法律服务。甚至在美国普遍存在有参与公益性的社会经验,有助于申请法学博士的惯例。随着理论研究深入与实践探索,美国、英国、德国等国都逐步形成了一些典型模式,使学生逐步走出了象牙塔,大学教育与社会建立起了密切的联系。我国高校拥有丰富法律资源,若以参与地方法治建设为己任,即积极参与公共法律服务,这一目标与应用型人才培养目标相比,更加具体明确,对明确转型高校法学教育转型具有重要的理论意义。以参与地方公共法律服务为教学目标,可以从法学教育实践的中心、内容、主体等方面对法学教育进行革新,从而落实法学技能型人才培养目标转型发展。

(二)培养计划转型:从"单一法学理论教学计划"转为"多元的法学教育计划"

教学计划可誉为教学活动有序开展的指挥棒。首先,加强和督促学生学习计划的制定。由于"教学"一词被狭义地理解为教师传授知识的过程,因此,教学计划仅被视为教师授课的计划,并不包括学生的学习计划。理论上,教学计划包含两层含义:一方面是教师授课的计划;另一方面是学生学习的计划。它主要包括课程内容、课时、组织授课的方法、授课目的、授课重点、授课难点、授课任务;学生学习的方法、目的、方式、任务、难点、重点等内容。其次,结合公共法律服务,完善法律实践课程计划的拟定。目前,高校法律实训教学计划设计无论是具体的实训项目,还是各类实训项目中的法律技能培养和评价都以模拟法律活动为基础,这样使得实训教学计划在落实阶段容易流于形式。若高校实训教学进行深度转型,即结合当地公共法律服务,实训教学计划不可能流于形式,因为在公共法律服务中,教师和老师的法律实训活动不仅受高校教学制度的约束,还受到社会上被服务对象和相关法律事务机关的监督。而且结合公共法律服务展开的转型性实训教学不管是法律实训技能训练,还是技能培养效果等都非常真实、直观。

(三)法学教育理念转型:从"知识型教学"转向"法学素质+职业技能"

公共法律服务是源于一国政府对其公民在法律义务上和政治道

义上的不可放弃、不可转移的责任担当基础和政治伦理要求,基于政府公共服务职能、由政府统筹提供的、具有体现基本公共资源配置均等化属性和社会公益担当责任,旨在保障公民基本权利,维护公民合法权益,实现社会公平正义所必需的一般性的基本法律服务。从公共法律服务界定看,提供公共法律服务的义务主体是"政府",宏观上的法律义务主体为各级人民政府,具体事务执行责任和落实层面上的行政主体,则一般指向各级人民政府的司法行政机关。公共法律服务与高校法学院看似没有直接联系。但从我国公共法律服务的内容看,包括法治宣传教育、法律援助、公益性法律服务和矛盾纠纷预防化解四大类别,高校法学院若参与公共法律服务,不仅具有丰富的资源以供完成四类法律服务,同时,公共法律服务能为高校法学专业转型提供广阔的应用空间。

因此,高校参与公共法律服务,首先需要转变法学教育理念,即从传统"知识型教学",即以讲解法学概念、法学理论等为中心,转变为"法学素质+职业技能",即教师引导学生发挥主观能动性,落实法律的应用过程。

三、高校法学教育的转型路径

(一)教学中心转型:从"理论教学"转向"法律服务实践教学"

众所周知,法学专业教学既包括理论教学,也包括实践教学。但实践中,存在一种错误的认知,即将课堂教学等同于理论教学,与实践教学平行且永无交集。事实上,课堂教学模式使法学课堂教学紧密联系法学应用实践,使法学课堂教学以培养学生应用能力成为常态。这样,高校法学院参与公共法律服务,并不意味着法学院只能建立公共法律服务实体平台,并在公共法律服务实体平台空间之内完成法学专业实践教学。而恰恰法学院建立实体平台仅仅是为法学专业教学,特别是课堂教学进行深度转型提供素材的实体设置。具体来说,由高校创设的公共法律服务中心接收案件,然后将案件分派进入法学课堂教学环节,且案件的课堂教学环节是重点和关键。在案件的课堂教学环节中,要做到理论教学与实践教学的紧密结合,并以学生应用能力培养为中心,对法学理论知识进行适当的、简单的讲解。

围绕公共法律服务中的案件展开的课堂教学,注重对学生的"控辩"技能,如起诉、应诉、法庭辩论、法律语言、法律文书等技能的培养。这些法学专业技能的掌握不是能一蹴而就的事,需要具有"台上一分钟,台下十年功"的精神。因此,转型后的法学教育应以"实践教学"为中心,但并不是要抛弃"课堂教学",只是需要改变传统课堂教学纯粹理论讲解且脱离法律实务的现状,将"课堂教学"改造成法学职业技能训练和实践的中心。

(二)教学内容转型:从"理论+分散实训教学"转向"理论+法律服务技能教学"

关于法学教育内容,不同的学者对此有不同的认知,且普遍认为法学教育内容是指法律规则、思想、理论等,不涉及法学技能培养。如邱本、李浩、邹晓红等学者的观点。而只有在研究法学实践教学内容时才有学者涉及法学技能,如杨征军和鲁玉兰学者的研究。

理论上对法学教育内容认识的偏颇,导致人们误认为法学课堂教学即理论教学,与法学实践是两条永不相交的平行线。事实上,法学课堂教学与实践教学不是一对对应概念,课堂教学对应的概念是课外教学,实践教学的对应概念是理论教学。课堂教学既包括法律理论,也包括法学技能训练的内容,目前实践教学往往以项目方式分类进行,如模拟法庭、庭审旁听、法律咨询、疑案辨析等。但不同类型的法学实践项目之间以及实践项目与法学技能培养目标之间联系的研究则无人问津。从而导致每个法学实践项目都只能让学生对法律实践形成一种模糊的认识。

我国法学教育侧重法学理论,但国际上,法学教育普遍侧重法学,诚如技能德国学者卡尔·拉伦茨所言,法学是"以某个特定的,在历史中逐渐形成的法秩序为基础及界限,借以探求法律问题之答案的学问"。还有学者指出"一流法学院的课程不仅仅是教授法律原则,更要教给学生律师的思维方式,而这正是他们适用不断变化的法律原则的基本工具"。可见,尽管法学理论是法学技能成就的前提,但法学教育的重点在于培养学生用法律解决社会问题的能力。

之所以以参与公共法律服务来促成转型高校法学教育内容从"理论 + 分散实训教学"向"理论 + 法律服务技能教学"的转型,首先是因为参与公共法律服务既能让法学专业学生做到学以致用,又能为社会带来良好的经济、社会效益。所谓经济效益是指高校参与公共法律服务能有效整合国家法治成果分享成本和大学生助学基金的资源,而社会效益意味着高校参与公共法律服务能为整个社会和谐稳定做出重要贡献。

(三)教学主体转型:从"教师 + 学生"转向"教师 + 学生 + 法律职业人"

教学包括"学生的学"与"教师的教"两个过程。那么,传统教学主体包括教师和学生。高校法学院转型后以参与公共法律服务为中心,使社会中的法律职业人在政府引导下积极参与高校法学院的教学,这样就拓展了教学主体。

关键点在转型后高校法学教育如何有效的吸纳社会力量协同培养法律职业技能人才。首当其冲的是要吸纳法律职业人参与高校技能人才培养。要促使法律职业人积极融入高校法学教育,仅仅凭借法学院建立实习基地或联络点是远远不够的,甚至是事倍功半的,而若通过以参与公共法律服务的法定义务为契机,在政府的制度、政策等支持下,能达到事半功倍的效果。尽管我国 2015 年 7 月 29 日最高人民法院印发了《关于建立法律实习生制度的规定》,其中明确指出"人民法院根据工作实际,定期接收法律院校学生实习",并对实习内容、导师制等做出具体要求,但人民法院被动配合法律院校的地位显而易见。因此,人民法院在参与法律院校技能人才培养的过程中的被动行为就不难理解。

以公共法律服务为契机,不仅能改变我国各级人民法院在联合培养法律职业人才过程中的被动地位,还能带动其他司法机关、事业单位、其他国家行政机关等的联合培养积极性。与此同时,政府在评价各级国家机关和工作人员业绩时增设培养法律技能人才这项指标。这样做有利于双管齐下的保障高校转型，促进法学教育实现从传统的"教师+学生"向"教师+学生+法律职业人"多元主体模式转变。

（四）教学管理体系转型：从"单元"转向"多元化"

转型背景下的高校法学教育转型，不仅仅是教学活动主体的事，更是教学管理部门的事。因为教学管理部门掌握着各种教学资源配给的权力，若教学管理部门不能提前或不能保证同步转型，那么，高校教学转型可能成为一句空话。

具体来说，法学教育管理分校级和国家主管行政机关两个层面。其中，高校法学校级教学管理又分为校教学管理部门和院或系教学管理办。其主要包括对法学教育活动主体的管理、教学计划、教学运行、教学教材编制和使用、课程设置、教学质量评价等。以高校参与公共法律服务为基础，为实现法学职业技能人才培养目标，课程设置分为理论课程和技能课程，如《民法学》课程设置包括理论课时60，技能（起诉、应诉、庭审辩论、文书写作等）课时30。针对教学活动主体的管理，法学教育管理部门要相应转型，不仅要管理、评价、监督教师、学生，还要管理参与联合教学的法律职业人，如定期向协作单位汇报参与联合教学人员的教学运行情况并进行公开通报，教学奖罚制度要涵盖协同教学的人员。此外，法学教育教材不仅要有理论知识，更要有技能培养内容；教学质量评价指标分理论教学和实践教学质量评价指标，目前理论教学评价指标比较健全，但实践教学评价指标是重点和难点。法学实践教学质量评价分为教师对学生实践活动评价指标和法学教育管理部门对法学实践活动参与主体的评价指标。其中，教师对学生实践活动评价可采取现场案例咨询，由每个学生从老师准备好的案例中随机抽取一或两个案例进行当场解答，然后老师针对学生的法律思维、应用法条、职业道德等方面进行综合评分。教学管理部门对法学实践教学的评价可通过回访已经接受过公共法律服务的当事人、职业道德、出勤、法律问题解决与否等进行评价。

总而言之,转型背景下高校法学教育面临着教学的理念、中心、内容、主体、质量评价等深度转型,只有这样,才能真正落实高校培养技能型人才的教学目标。

参考文献

[1]刘炳君.当代中国公共法律服务体系建设论纲[J].法学论坛,2016(1).

[2]刘洲兰.法学教育"控辩"技能人才培养模式探析[J].南方职业教育学刊,2015(3).

[3]邱本.论法学教育的内容[J].中国大学教学,2005(6).

[4]李浩.法学教育内容的理论定位[J].许昌学院学报,2012(4).

[5]邹晓红.论法学教育的内容、方法和手段[J].赤峰学院学报(自然科学版),2009(11).

[6]杨征军,鲁玉兰.法学实践教学的内容[J].北京市政法管理干部学院学报,2004(2).

[7][德]卡尔·拉伦茨.法学方法论[M].陈爱娥,译.北京:商务印书馆,2003.

[8]冯玉军.论国外法学教育改革的经验与借鉴[J].中国大学教学,2013(6).

[9]刘洲兰.论高等教育课堂教学之特性——以课堂参与者为考察对象[J].湖南大众传媒职业技术学院学报,2014(5).

法学师资建设

论卓越法律人才培养目标下的专业师资队伍建设

舒卓琼[*]

摘　要：建设理想的高水平专业师资队伍是推进卓越法律人才培养目标的先决条件和关键步骤。在明确卓越法律人才培养目标的大前提下，通过探究师资队伍建设的重要意义和理想状态，提出建设优秀法学专业师资队伍的若干举措，即硬件上加强基础设施建设，软件上重视教师自身素质，建设双师型、专兼结合的教学团队，设置健全相关配套措施以保证专业师资队伍建设的推进等。

关键词：卓越法律人才　法学师资队伍　教学团队

一、卓越法律人才培养目标下加强师资队伍建设的重要意义

2011年12月，教育部和中央政法委联合启动卓越法律人才教育培养计划，在《关于实施卓越法律人才教育培养计划的若干意见》中指出，总体目标是经过10年左右的努力，形成符合中国国情的人才

---

[*] 作者简介：舒卓琼，女，湖南怀化人，法学硕士，怀化学院法学与公共管理学院讲师。

培养机制,培养造就一批高素质法律人才①。对大部分地方类高校而言,卓越法律人才培养目标主要是为了培养应用型、复合型法律人才,以满足和适应多样化法律职业要求,重在培养学生解决实际问题的能力,让其成为优秀的法律实务人才,完成法学教育和法律实务的有力衔接。

当前卓越法律人才培养的诸多研究中,完善和创新以学生为主体的培养模式、课程体系等内容是重中之重。但教师是大学中开展各种教学和科研活动的主体,也是引导学生学习理论知识和进行实践创新探索的重要力量。卓越法律人才的培养质量在很大程度上取决于师资队伍的整体素质,师资队伍水平则直接影响卓越法律人才培养的水平和高度,因此建立一支具有良好师德师风、理论与实务并重的专业师资队伍是当务之急,具有无可比拟的重要意义。

二、专业师资队伍的衡量标准和理想状态

按照卓越人才培养要求,专业教师除了具备教师的一般素养之外,还必须具备专业学科所需要的专门素养。为了达到卓越人才培养要求,地方本科高校必须建设一支基本素养好、专业技术强、实践经历广、教学功底深、综合素质优的专业师资队伍。教师基本要求包括知识面广、专业实践经历多、教育教学能力强、敬业精神佳、职业道德优②。

教育部和中央政法委联合发布的《教育部中央政法委员会关于实施卓越法律人才教育培养计划的若干意见》要求:"加强法学师资队伍建设,探索建立高校与法律实务部门人员互聘制度,鼓励支持法律实务部门有较高理论水平和丰富实践经验的专家到高校任教,鼓励支持高校教师到法律实务部门挂职,努力建设一支专兼结合的法学师资队伍。"

---

① 康贞花:"卓越法律人才教育培养计划下法学教师角色定位及素质结构",载《法制与经济·实务探索》2015年第1期,第90~98页。
② 刘达玉、张鉴、王卫等:"基于卓越计划的应用型创新师资队伍建设",载《教育教学研究》2012年第1期,第34~36页。

三、建设合格专业师资队伍的若干措施

针对以上专业师资队伍的理想标准,对比发现现有的培养卓越法律人才的师资队伍建设中存在某些不足,例如多偏重于应然层面、实施效果不尽如人意、双师型师资队伍建设形式主义大于实际效果等问题,提出以下几项主要改进措施。

(一)加强基础设施建设

较好的教学环境,能激发出教师对工作和专业的热爱和专注,从而发挥自身专长,更用心地培养人才,也利于学生感受到来自学校的重视和期待,感受到课堂内外的别样氛围。应该在保证基本教学和科研条件的基础上,加强基础设施建设,开辟专门的实践实训场所,例如比照真实场景建设相应的卷宗档案室、模拟法庭场所,配备用于教学、科研和实践实训的主要仪器设备,购买较为完备的法律信息检索系统和数据库资源等,保证能让师生更好地开展教学和实践活动,也便于校外实务专家进校园顺利开展工作,营造一种接近真实法律实务环境的工作和学习氛围,更有利于师生从心理上、行动上将校园理论学习和法律实务工作视为一体,更好地推进落实卓越法律人才培养目标。

(二)重视教师自身素养

法学教师作为法律职业共同体中的一员,为整个法律职业共同体提供价值体系和精神理念[①]。要完成这个艰巨任务,法学教师必须具有高度的敬业精神和优良道德品质,有忠于本职工作的决心,立志于献身法学教育事业,强化教师职业责任感、使命感和自豪感,自觉自发地提高自身业务能力和综合素质,为培养合格的卓越法律人才贡献自己的全部热情和力量。

---

① 邹晓枚:"法学教师职业群体的社会角色构成",载《管理观察》2013年第12期,第123页。

教师作为培养卓越法律人才的主体，其本身就应该具备足够的卓越法律人才的能力和素质，扎实的法学理论功底、过硬的专业技能和传授知识的技巧等都必不可少。除此之外，法学教师还应该自觉培养自己的大局视野、中国情怀，了解中国现阶段以及未来的法治局面，掌握法律人才培养规律，深刻把握社会主义法治理念等。同时，法学教师自身还必须不断更新观念、锐意进取，勇于实践，善于创新，用自己的一言一行让学生感受公平、公正等字眼的意义，能够以身作则引领学生，以人格魅力感染学生，成为学生的榜样。只有这样全面发展的优秀教师，才足以有实力教育和培养更优秀的更卓越的法律人才。

(三) 建设双师型、专兼结合的教学团队

法学教育理论和实务并重的内在需求，决定了师资队伍建设应该着力打造以双师型教师为主的专业师资队伍，以结构合理，优势互补的专兼结合教学团队来引导卓越法律人才培养工作。

1. 坚持内部培养和外部引进相结合

（1）加大对校内专职教师的培养

对现有的校内专职法学教师，应该正确评估其能力，针对教学工作和教师自身需求，认真制定培养方案，例如鼓励教师积极考取法律执业资格证书、引导教师去公安局、检察院、法院、律师事务所、仲裁委员会等其他法律实务机构脱产挂职体验、去相关实践基地开展专业实践培训，在保障基本福利的基础上提供更多进修机会，等等，采取循序渐进、逐渐深入的方式来提高校内专职教师的实力，促进这一群体的快速成长，使他们逐渐成为满足卓越法律人才培养计划要求的合格教师。

在引进新进专职教师时，格外注重具有实务经验或者实践背景的人才引进，严格准入标准，明确双师型教师的具体要求，注重考察新进教师的能力与素质，为打造更优质的专业师资队伍注入强有力的后续力量。

（2）吸纳校外优秀实务专家

高校法学专业的教学与社会的需求还存在不小的差距，单靠课

堂教学活动也不足以培育出卓越法律人才，法学教学必须走出传统课堂，让学生接触社会，了解法律执业实务，理解将理论转化为实务的重大意义和具体方法。

当前，高校专职法学教师固然有相当数量具备双师型背景，但由于工作时间和任职条件限制，绝大部分教师只是从事兼职律师工作，并不具备公安局、检察院和法院等其他实务单位的工作背景，必然对真实全面的法律实务工作了解程度有限。因此，组建一支高水平校外兼职教师队伍就显得意义非凡，经验丰富的校外实务专家可弥补校内专职教师实务经验欠缺的不足。

法学专业应该首先提出卓越法律人才培养需求，然后从校外法律实务机构寻找合作对象，分别签订合作协议，分批次、有步骤地开展卓越法律人才培养工作。当然，在校外实务专家即兼职教师队伍建设过程中，必须要明确校外兼职教师的聘任制度、具体任务、薪酬构成、考核制度等，让校外兼职教师工作形成固定化、常态化。

2. 打造专兼结合的优秀教学团队

合格的法学师资队伍必然是一个强有力的教学团队，个人能力毕竟有限，不可能独自完成体系化法学知识的传授，因此组建合适的教学团队就是完成卓越法律人才培养必不可少的重要步骤。在这个意义上讲，这个团队必然要符合组织行为学的一系列要求。在法学教育教学实践中的表现就是团队中的组成教师优势互补、教学各有特色、学术研究各有方向、梯队构成科学合理①。

如前所述，按照教育部和中央政法委要求，师资队伍的打造应由校内教师和校外实务专家通过相互交流、采取"请进来、走出去、互相串门"等各种措施，共同构成教学团队。这些措施中，既包含横向的双向交流，也应涵盖逐渐深入的纵向交流，最终做到强化理论结合实际，校园和实务联手合作，真正缩短从法学院到实务工作岗位的距离，实现卓越法律人才培养的终极目标。

"请进来"就是把具有丰富法学实践经验的实务专家请进校园来

---

① 祖彤、孟令军、李娜："法学专业'双师型'师资队伍影响因素分析"，载《黑龙江高教研究》2016 年第 9 期，第 95~97 页。

从事实践课程教学,利用专题讲座、进课堂进行现场教学、指导完成相关论文和课题等方式与学生进行面对面交流指导。校内教学经验丰富的老教师则可以利用自身深厚的理论背景,围绕教育教学思想、实践教学能力强化、教学内容更新、课程体系组织等主题定期开展相关教研活动,邀请校外实务专家参与,通过不定期的教学研讨、教学观摩等方式提高所有团队成员的专业技术教育教学能力。

"走出去"就是要把愿意承担双师型教学任务的教师送到实务部门进行挂职锻炼,让专职教师参与校外实务部门的项目调研、实务观摩、法律相关业务培训等环节,以加强校内外合作,切实提高其实践经验和操作技能。当然,对于校内外双向交流的制度,应该从制度层面予以落实,决不让交流成为假大空的漂亮话,例如,校内教师出去任职应坚持对口原则,法学院教师的专业应与其到法律实务部门的任职相衔接,在法学院教什么专业就应该到实务部门任相应的职务①。

"互相串门"则是指教学团队成员还应该勤加切磋、互相交流、共同提高,例如共同参加国内外各类教学研讨会和实务培训等环节,共同完成各级相关课题和项目的申报、调研,还可以签订长期的定向培养协议,由实务部门提出具体的人才需求,提供实习岗位,挑选优秀学生与教学团队签订培养协议,由校内外导师进行两三年的联合定向化人才培养,较好地从根本上解决懵懂学生到实务新人的过渡,等等。工作之余,还可以采用一些简单实用的小措施提高校内外接触合作的概率,例如设置专门的交流场所,办理互相的进出通行证,开放各自内网权限可供查阅部分资料,组织一些素质拓展活动,等等,多方面举措并进以增强教学团队成员的集体感、归属感和融入感,形成良性的沟通合作氛围。

此外,教学团队成员一般具有组成多元化、年龄结构和职称结构合理等特点,除了常规的校内法学专职教师和校外实务专家做兼职教师以外,还可以广为吸纳其他跨专业教师,例如,社会学、心理学、

---

① 谢伟:"培养卓越法律人才的师资力量建设",载《经济研究导刊》2015年第19期,第216~217页。

医学等相关学科的专家人员,在年龄结构和职称结构上注意老中青结合,以达到"传、帮、带"的效果,推动团队可持续发展,保证教学团队成员既成熟稳重也有蓬勃朝气,实现优势互补,更受学生欢迎。

综上,法学教学团队建设是全面提升法学教学质量、人才培养质量的有效组织形式①。要实现卓越法律人才的培养目标,法学教学团队必须对原有课程体系进行有效整合,有倾向性地增加实践教学内容,通过团队分工协作,实现教学内容、教学方法、教学手段、教学成果皆有创新的最终目的,有力地推动卓越法律人才培养计划的落实。

(四)健全相关配套措施

1.制定合理的教师考核评价制度

衡量教师的能力,一方面要改变以往单一、模糊的考评机制,不再仅从常规教学工作、作业批改次数、听评课记录等传统项目来简单评判,也不再依赖督导团、学生的零星评价,而是采用多元化灵活考评机制,从学生和同行、实务单位、社会评价等各方面来综合考评。学生在实践活动中取得成绩、新闻媒体的跟踪报道、实习单位的反馈意见等都可以纳入考评体系,建立立体全面的考评制度。

另一方面,要从制度层面对教师形成相应的约束,教学团队事先制定计划、方案,明确具体时间段内,教学团队中的每一个专兼职教师应该完成和达到的各项教学任务和实践效果,并且最好以可视化的形式记录和展示最后的培养效果,将联合培养卓越法律人才的任务落到实处。

2.健全有效的教师激励措施

要高度重视卓越法律人才培养计划的师资队伍建设工作,就必须要充分调动教师的积极性和主动性,制定和健全有效的激励措施,主要通过加大经费投入、合理分配薪酬收入、修改职称评定标准、增加培训进修机会等多方面深化体制改革。

例如在加大经费投入方面,可以设立卓越法律人才计划专项基

---

① 王利军、孙亚聪:"法学教学团队建设的问题与完善",载《产业与科技论坛》2014年第4期,第133~134页。

金,设置双师型教师津贴,鼓励教师积极申报关于卓越法律人才培养方面的国家、省、市级项目,增加经费配套额度,资助教师开展相关问题的理论和实务研究,引导教师积极实现成果转化,鼓励教师积极申报国内外各种培训、进修,并且保证相关待遇,对积极开展教学理论和实务工作结合的教师给予适当的奖励等。

在薪酬制度上,一方面要适当提高师资队伍的整体收入,防止出现双师型教师在实务中获得的巨大经济回报远高于校园收入,从而导致无心教学的尴尬局面。另一方面也应该允许出现一定程度的收入差异,既能肯定优秀双师型教师的知识价值,也能有效激励其他教师向优秀双师型教师积极转型。

在职称晋升、评优考核时,除了重视学术论文质量以外,还可以对具有理论结合实务的项目或者成果的教师采取政策性倾斜。制定能体现双师型教师工作绩效的显性量化指标,无论是教师有教育教学改革课题、教育教学改革论文,还是其学生有学科竞赛带队经验、专业实习见习经验等,都可以优先考虑或者适当加分,最大限度地鼓励教师加强理论联系实践的力度,逐渐推动形成全员参与、良性竞争的活跃氛围。

对卓越法律人才培养目标下市级电大教师自我培养的思考

贺凤来[*]

摘 要:2015年湖南在全国电大系统率先试点推行"农民大学生计划",14个市州,益阳率先,其他市州陆续招生,整体来看,"法学(农村法律事务方向)"专业成为热门专业,受到农民大学生的欢迎。因为教学环节主要在市级电大层面落实,加上2015年春季入学的学生也已到毕业季,对市级电大法学专业责任教师来说,要把这些农民大学生培养成应用型卓越法律人才,是压力也是动力,是成长也是挑战。面对这一时代新课题,唯有自我培养,自主学习,以更好地适应卓越农民大学生法律人才培养的需要。

关键词:卓越法律人才 终身学习 远程开放教育 农民大学生 市级电大 自主学习 自我培养

继"一村一名大学生"之后,2015年春季开始,湖南广播电视大学率先在全国试点,推行"农民大学生计划"。益阳为贯彻落实湘组发〔2014〕12号《关于实施"农民大学生培养计划"的通知》文件精神,在市委组织部、市教育局、市财政局和市人社局四家部门的大力支持下,于2015年春季在全省率先顺利启动"农民大学生培养计

---

[*] 作者简介:贺凤来,女,湖南益阳人,副教授,研究方向为法理学。

划"。南县电大站在全市首个进行"法学（农村法律事务方向）"专业专、本科试点。两年来,法学专业专本科学生已经达到664名,占总数的42.27%。湖南其他13个市州也陆续开始招收法学专业农民大学生。现在,2015年春季入学的学员已经到了毕业季,纵观两年半的整个培养过程,本文拟从卓越法律人才培养的视角,对法学专业农民大学生师资队伍建设方面的问题进行探讨研究,着重是对法学专业农民大学生教师自我培养的思考。

2011年,教育部、中央政法委联合发布《关于实施卓越法律人才教育培养计划的若干意见》(教高〔2011〕10号),文件将卓越法律人才分为"应用型、复合型卓越法律人才""国际化卓越法律人才"和"中西部卓越法律人才"三类[1]。这和苏力教授指出中国一方面需要高水平复合型国际化的人才,另一方面中国基层社会、农村社区的纠纷解决需求需要"马背上的法官"的观点是契合的。2014年,中共十八届四中全会进一步提出"加快法治队伍建设,创新法治人才培养机制"的战略目标。尽管农民大学生不一定或者绝大多数不会成为名副其实的"法官",哪怕是"马背上的法官",目前也还没有体制机制使其成为名副其实的人民调解员,但所有职业都会在一定程度上涉及广义的法律,而农民大学生的身份,不是村支两委（社区）主要负责人就是其中的其他成员,再或者是后备干部,至少也是普通党员,他们的身份、工作,和法律密切相关。如果把培养难度有点大的应用型人才看作是卓越法律人才的话,这批人才是法治中国的全面实现,法治中国最后一公里链条上的必不可少的重要一环,也是论文题目当中的应有之义。

一、法学专业农民大学生对教师的要求

（1）从农民大学生知识水平的角度来看,需要专业功底扎实、授课深入浅出的专家型教师。培养的对象集中在农民这个群体之后,

---

[1] 李瑞生、王翠云:"论当代大学法学教学存在问题的解决——卓越法律人才培养的视角",载《法制与社会》2015年5月中刊,第219页。

根据教学法上因材施教的原则,农民大学生接受不了纯粹的专业术语和理论知识支撑的课堂。根据远程开放教育目前的模式,以网上自我学习为主,以面授课程为辅的范式决定了面授课堂不可能像一般的大学课堂那样逐章逐节地呈现,而只能是重点难点的集中讲授或高度浓缩的系统讲授,自我学习必然伴随学习层次和学习程度深浅不一的实际,授课者既要高屋建瓴,又要深入浅出,高效利用课堂,既能成功激起学员学习兴趣,最好是达到"一石激起千层浪"的效果,深入持久地激起学员的学习兴趣,又能一定程度上解答学员知识方面的困惑。这既是高标准又是严要求,专业知识功底不扎实的教师,知识的拓展和凝练方面不到位的教师,自然难以胜任。

(2)从农民大学生人生阅历丰富、生活中和法律碰撞的机会越来越多的角度来看,需要和时代的脉搏一起跳动、敏感地站在时代最前沿的"今日说法"型教师。以土地为例,从联产承包责任制开始时的"宝贝"土地,到变成农民工来到城市导致一定程度"荒芜"土地,到新农村建设引进资源和项目"流转"土地,还有伴随这些变化而来的国家相关法律法规的出台和政府相关政策的调整,农民有诸多的不适应,有很多的困惑,这些必然是农民大学生迫切的专业现实需求,也是农民大学生法学专业开设意义所在,书本上的案例不能说没有意义,但都是"昨天"发生的,对农民大学生来说,他们对"今日说法"的要求更感迫切,重点聚焦在"今日说'农村'法"上。熟悉农村发展新形势,聚焦农民关注新问题,是农民大学生对我们课堂的要求。

(3)从农民大学生集学法者、执法者、司法者、守法者多重身份高度凝结在一起的角度来看,需要全科型的既有理论知识又有实践经验的具有跨界模式特征的立体型教师。专科、本科层次的农民大学生的培养目标,肯定是定位在培养应用型人才上,应用型人才自然要求和生活"真情对对碰",遇到专业方面的问题能用法律人的思维看待和思考,处理问题按照法律的规定和流程,解决问题能达到法律所追求的公平和公正,这很不容易。大学教师有专业理论知识,专业工作人员如法官、律师等有较强的实践操作能力,但二者兼备者少,市级电大法学专业责任教师二者兼备者更少,尽管在加大建设实践教学基地的力度,定期开展相关活动,以密切农民大学生和法院、律师事务所等单位和相关部门的联系,保障应用型人才培养质量。但鉴于实践教学目前还有待加强,完善农民大学生心目中的教师还主要是市级电大的教师队伍建设的实际难题,加强学习,在专业知识加强的同时,更加注重提高自己的实践能力,以做到在答疑解惑时(农民大学生请教的问题,大多就是自己听到看到甚至就是发生在自己身上的问题),不管是在线还是当面,都能够为学员拨开迷雾,指点迷津。

二、农民大学生法学教师队伍现状

法学教育是法律职业的基础,而师资队伍又是保障教育质量和教育目标实现的根本,因此,建设一支适应法学教育职业化需要的师资队伍便理所应当。[①] 市级电大法学专业责任教师要适应农民大学生培养目标需求,也必须加强师资队伍建设。湖南省14个市州,加上湖南广播电视大学,共15个单位,总共有法学专业教师22人,市级电大一般每所学校就1位法学专业责任教师(个别学校有2个的),有的教师还不在教学部门而是在别的部门工作,只是兼任法学专业责任教师而已。若是在教学部门,也是班主任工作、科研工作等加身,工作量很大。幸亏整个电大系统有国家开放大学和省级电大作为坚强的后盾,是强有力的支撑,以远程开放教育为特色,网上学习资源在不断丰富和完善。纵使如此,面授教学、网上评阅、论文指导这些规定动作还是每个市级电大责任老师不能少的工作。基于目前这种局面,2017年6月,湖南广播电视大学为进一步加强国家开放大学共享专业法律事务(农村法律服务方向)专业和法学专业涉农法律课程的建设,提高教学水平和教学能力,适应在全国开放大学和电视大学系统共享的需要,决定在法学专业开展专业教学团队建设试点,积极建立打造"农民大学生培养计划"法学专业教学团队。这既是创新教学机制的大胆探索,又是市州电大教学师资薄弱的明证。

---

① 肖晗:"卓越法律人才培养中法律文书师资队伍建设的困境与对策",载《湖南警察学院学报》2014年第4期,第106页。

这种局面直接导致的结果就是每一位教师必须什么都懂才行,全部专业核心课程,民法、刑法、行政法、民事诉讼法、刑事诉讼法、行政诉讼法、宪法、法理学……统统打包,全盘接纳。实际上全日制大学里专职教师也没有可能这么全面,市级电大这种还要承担大量的管理任务的教师更没有可能做到这点,但理论上的不可能在实际中却成了现实,如此,就只能打些折扣,就只能不是那么到位。一天两天面对这种专业困境,老师们还会有些焦虑,长此以往,可能就是一种麻木,这种麻木甚至有可能变成一种心安理得,对于进一步追求专业方面的自我成长的态度也变得越来越无所谓。

三、自我培养是卓越法律人才培养目标下农民大学生师资队伍建设目前条件下的出路

（1）受众是农民大学生的特殊要求。当前我国法学本科教育修业起点低、年限短,难以保证法学教育职业化的发展质量,亟待改革[①]。电大远程开放教育农民大学生法学专业的培养年限只有两年半,时间更短;从知识水平的程度相比,起点更低;只是相较于全日制大学生,农民大学生社会生活阅历丰富得多而已。通过比较,可以看出,要把农民大学生培养成卓越应用型法律人才,市级电大法学专业责任教师面对的挑战不小,任务难度较大,照搬照抄一般开放教育学员的教育模式行不通。单就毕业论文这一环节而言,农民大学生一是不理解为什么要写毕业论文,二是感觉很难,觉得自己写不出。市级电大责任教师作为团队,在省电大老师的领导下,反复交流探讨研究,考虑到法学专业的培养目标和实际情况,确定农民大学生法学专业毕业作业以案例分析的形式完成,强调结合农民大学生本职工作、本人生活或所在地区的实际。类似的问题还有很多,要把它们都完美解决,只有开动机器,自主学习,不断提高自身能力和水平。

（2）践行远程开放教育理念的要求。远程开放教育是整个电大

---

① 聂早早:"卓越法律人才培养与司法考试制度的通融",载《学术论坛》2013年第12期,第170页。

系统办学的标签和特色，作为这个系统的一员，肯定既要做远程开放教育的推广者，向学员推广介绍远程开放教育的理念和方法，又要做远程开放教育的实践者，自己也在平台上不断摸索和学习，和学员一起，体验和感受，改进和创新。电大的教育，作为在职成年人的继续教育，着重强调的就是自主学习，如果电大系统的教师，如韩愈《师说》中让孩子向教师学习，自己却耻于师的家长一样，向学员倡导自主学习，自己却不能自主学习专业领域的知识，这确实也是一种莫大的讽刺。市级电大的教师，集行政和教师于一体，多为事务所累，专业求精很难，在职期间长期外出求学更是鲜见，系统外参加专业培训几乎没有，系统内国家开放大学100多期培训班，法学的专业培训总共才两期。跨界身份决定了远程开放教育这种自主学习的模式是一种比较好的选择。

（3）深刻变化的新农村的现实需求。农民大学生的现实需求决定了法学专业教师要不断学习，与时代同步。社会在转型，时代在前进，每年新出台的司法解释有很多和农民的生活息息相关，不熟悉、不了解，就无法应对教学的要求。还有，按照教材备课，一般课程界限比较分明，而农民碰到的实际问题，可就不像书本上的文字，有可能涉及几门课程，比如一个案子可能会涉及民法、刑法等方面的问题，或者在教师帮助大家对某个真实案例的实体问题、程序问题、证据问题等进行全方位的分析后，农民大学生才能厘清头绪，而这些当中个别案例还是正在发生的，没有现成的标准答案，这种专业的高度要求教师的理论和实践能自如地切换和重构，不学习不成长是绝对达不到的。另外，既然人才培养模式发生了变化，课堂教学模式也是要发生一些变化的，教学的内容是必须既紧靠教材又一定程度的脱离教材的，教师可以也应该行使一定的教学自主权，从模式上看，也许有点电视品牌栏目"今日说法"的味道，从生活中来到生活中去的课堂，农民大学生应该是欢迎并渴望的，但这种课堂，研究的还不多，实践的也不多，需要市级电大的老师大胆开拓，锐意进取，做突破性的尝试和创新，这种创新，意味着一种教学模式的转换，意味着一种思维方式的转变，也意味着更为辛苦和努力的付出和尝试，这也是离不开市级电大专业责任教师自我培养、自主学习的。

（4）应用型人才培养的实际要求。2012年7月，最高人民法院发布文件，要求建立人民法院与法学院校的双向交流机制，对在全国法院推动实施卓越法律人才教育培养计划做出统一部署，部分地方的政法部门迅速做出了回应。① 这种回应，暂时还没有到达市级电大这个层面，市级电大法学专业责任教师通过这条途径以熟悉、掌握司法实务流程和操作，目前没有可能。而农民大学生在自己的工作岗位上，不像全日制大学毕业生刚走上司法实务的工作岗位一样，有一个传帮带的过程，而是即学即用。这种情形下，教师法律事务经验的缺失，肯定会给农民大学生人才培养带来很大的问题。现在虽然在加快建立实践教学基地的步伐，也取得了一定的成效，但实践基地的建设还处在摸索阶段，学员的实践时间没有成建制，专业人员的指导也还没有成建制，一切都处于建构之中。法学是世俗的学问，甚至很多是实践性的、技术性的，因此单靠课堂讲授是不够的。但许多问题并不是人们看到了，就有动力去做的，或有能力做的。② 但在这样一个应用型人才培养模式还不成熟的环境下，为尽量弥补这些漏洞，法学专业责任教师要排除一切理由和借口，利用学员有限的实习机会，尽量熟悉法律事务操作流程，多多关注网络、电视等媒体有关法律事务的案例，加强对司法事务中农村的常见问题、热点问题和难点问题的敏感度，以满足应用型人才培养的需求。

（5）工作繁杂的现实要求。行政人员和专职教师混合不分的现实，决定了法学专业责任教师走自主学习之路是明智的选择。基层电大有自身的实际，如面授教学安排不是很多，通过教学促进专业成长的力度不够；行政工作量太大，教师难以安下心来提升自己的专业；农民大学生起点不高，面授学习的时间又短，影响教师学习的积极性；学校对专职教师重视不够，在专业学习方面体制机制不健全；等等。尽管有这诸多理由，既然身为教师，就应该有一种使命感，不

---

① 余涛：" 卓越法律人才培养与理想的专业法学教育——以法律职业为视角 "，载《西部法学评论》2013年第4期，第36页。
② 苏力：" 当代中国法学教育的挑战与机遇 "，载《法学》2006年第2期，第12页。

能以此为借口,怨天尤人,而应该忙里偷闲,自主学习,自我培养,不断促进自己的专业成长。

（6）终身学习的时代要求。这是一个终身学习的时代。历史发展到今天,每个人都必须学习,都必须终身学习,都要会自主学习。终身学习最响亮的口号是：每一个人的一生,从摇篮到天堂,要学会不断学习。新形势下光荣神圣的使命,要求市级电大法学专业责任教师终身学习,自我培养,以弥补后天条件的不足。电大是承担终身教育工作的主要部门之一,专业责任教师作为电大的一员,自然要终身学习。并且作为教师,有一定的学历,并且有好些年的工作经历,也已经具备了终身自主学习的能力。

当城市法治的概念和话语茁壮成长的同时,农民大学生的培养,尤其是法学专业农民大学生的培养,意味着农村将迎来一波又一波更加强劲的法治的洗礼,这些星星之火,可以燎原,可以积极促进法治中国和现代化中国的实现。因此,作为市级电大法学专业责任教师,站在这样的历史高度来理解自己所从事的职业,唯有自主学习,自我培养,为把法学专业农民大学生培养成卓越法律人才做出自己应有的贡献。

"校局合作"基础上试行"双导师制"初探
——以湖南司法警官职业学院为例

刘莎 周世军[*]

摘 要：高职教育培养人才的目的在于为社会培养高素质的技术技能人才。湖南司法警官学院在"校局合作"的基础上对试行"双导师制"进行了初步的探索。主要分析"校局合作"基础上推行"双导师制"的必要性和可行性，并提出"双导师"制在高职司法警官类院校试行办法和讨论试行过程中存在的问题。

关键词：校局合作 双导师制 人才培养

一、"校局合作"基础上推行"双导师制"是应时之需

双导师教学制度起源于14世纪中叶的西方国家，学者周红康曾经对研究生双导师教学进行论述并得出结论："理论与实践的双向结合能够促进学生的思维与动手能力的双向提高，促使学生更好的融

---

[*] 作者简介：刘莎，女，湖南司法警官职业学院法律系教师，法律硕士，主要从事法学教育、人民调解研究。周世军，男，湖南司法警官职业学院法律系主任，副教授，主要从事法学教育、行政法研究。

入社会,更快的向复合型人才发展。"[1]近年来我国一些高校对"双导师制"也进行了探索,取得了一定的成效,但从总体上看,这些成效都只是初步的和阶段性的,仍需我们继续深度挖掘其在教育教学改革和创新人才培养模式中的功效。就"双导师制"目前在各大高校推广实施的整体情况,本文做了一个初步的调查:从高职类院校推广实施情况来看,采用"双导师制"人才培养模式的主要集中在实践性较强、能直接向对口单位输入技术技能人才的工科类、医学类和一部分文科类专业,而作为培养法学类人才的高职类院校特别是司法警察类高职院校则鲜有;从法学大类专业推广实施的情况看,法律硕士因其以职业化教育为培养目标,在各大高校均大力推广实施"双导师制",取得了丰富的实践经验,但在学历层次较低的法学类高职院校提倡实施"双导师制"的情况则比较少见。本文主要以湖南司法警官职业学院为例对"双导师制"在司法警官类高职院校的试行情况进行初探。湖南司法警官职业学院以"对接行业一线需求,培养政治坚定、作风优良、技能过硬、身心健康的高素质技术技能法律应用型人才"为人才培养目标,形成了"校局联盟、校局(狱、所)合作"的集团化办学模式,为我省及周边省区的政法系统培养了大量高素质基层法律职业人才。而在这种集团化办学模式下探索"双导师制"人才培养模式可打破原有的教育教学和人才培养瓶颈,主要作用如下:

(一)实现了培养目标与行业实践的衔接

近年来,为实现培养高等职业院校高素质技术技能人才的目标,各类高职院校压缩理论教学课时,转而将更多的精力投入到实践教学当中。但从实施的总体情况来看,学生毕业走上工作岗位之后,面对问题时常常不知所措。究其原因,学校实训课程的教学内容未能及时更新,已大大落后于工作实际。学生的知识和能力储备不符合工作岗位的需求。这极大的局限了高职院校的发展。湖南司法警官职业学院在 2013 年 1 月成立的全国首个司法行政系统的职教集团

---

[1] 王现鹏:"海南省高职院校教学与实践双导师制的思考",载《经营管理者》2017 年第 3 期,第 352 页。

打破了这一僵局,它是由湖南司法警官职业学院牵头,省教育厅、省司法厅发文批准组建的"湖南司法行政职业教育集团"。几年发展下来,初步形成了校局(狱)合作优势互补、共同发展、互利共赢的局面。而在此基础上试行的"双导师制"人才培养模式能够充分利用各对口单位的资源,实现理论知识与实践技能的及时对接。部门行业指导老师与校内指导老师可以实现信息互通,取长补短;校内指导老师将真实的案例带到教学中,加深学生对行业的认知,使学生掌握基本的行业技能。在校期间学生完成一定量的知识储备和掌握必要的行业技能,从而满足对口就业岗位的需求,改变原有培养目标与行业实践脱节的局面。

(二)解决了教育教学与行业需求的对接

为更好实现《中国制造2025》、"互联网+"行动和湖南"五化两型"新战略,根据教育部的要求2016年1月18日湖南省教育厅特下发《关于深化职业教育教学改革全面提高人才培养质量的实施意见》,提出"增强学生社会责任感、创新精神、实践能力作为重点任务";同年2月2日下发了《湖南省高等职业教育创新发展行动计划(2016—2018年)实施方案》,要求"提高高职教育人才培养质量,增进学校人才培养与社会人才需求和适用的契合度"。这对高职类院校的教师提出新的要求。高职类院校教师在完成日常常规教学工作外,每年都要完成一定量的科研任务。特别是一些新入职的教师还要担任班主任(或辅导员),从事学生日常管理和心理辅导等工作。这些工作任务挤占了教师的大部分时间,教师想要了解和掌握最前沿的行业资讯通常只能利用课余或者寒暑假的时间。这短暂零星的时间使得教师不能及时迅速的更新教学内容,容易让教学内容与行业需求出现脱节,大大影响了学生的就业率。而在校局合作的基础上试行"双导师制",可以基本实现教学与行业的对接。现"湖南司法行政职业教育集团"共有成员单位51个,涵盖了省内的市级司法行政单位、律师事务所、监狱戒毒单位、司法鉴定中心、行业协会和相关院校等。[①] 并且设立了5个专业建设委员会,分别是法律事务、社区矫正、刑事侦查技术、刑事执行和戒毒矫治。[②] 在此基础上能够通过对口单位和相关专业的教学和实训的对接,优化高职教育的资源配置。譬如在学生顶岗实习期间,部门行业指导教师将最新的行业动态、最新的技术知识通过实践活动让学生自己领悟和掌握;也可通过教师下实习基地行业实践的方式收集整理行业资讯,部门行业指导教师和校内指导教师定期交流理论和实践经验。这样,不仅提高了教师的教学水平,也能使得教学内容的更新与行业发展态势保持一致。

(三) 弥补了学院教学设备的局限性

高职院校人才培养的目标决定了提升学生专业技术技能的重要性,校内外实训设备直接影响着高职院校培养技术人才的质量。现实情况却是大多数高职院校由于经费有限,普遍存在实训设备不足的现象,这必然影响了学生实训课程的学习效果,影响学生专业技能的提升。2013年,在校局合作的基础上学院提出探索实训基地建设"校内基地仿真化"和"校外基地教学化",打造了"东安校狱(所)合作""安仁校地合作""沅江校局合作"3种合作模式。截至目前学院与19个司法局、10个人民法院和16个监狱等司法行政单位达成了校局合作协议。通过校局合作,与对口单位共同实施"双导师制",可以充分利用实训基地现有的设备资源开展实践教学。学生在实习期间跟着部门指导教师跟班学习,校内指导教师下实习基地给学生专题授课,这不仅缓解了高职院校校内实训中心设备不足的问题,而且学生在一线的工作中亲身体会了工作氛围,开拓了自己的视野,提升了自身的技术技能。

[①] 贺进、龙昶、贺志明:"深化校局合作机制改革的实践与思考——以湖南司法警官职业学院为例",载《新西部(理论版)》2013年第14期,第64~65页。

[②] 安燕、龙昶、贺志明:"校局合作培养高素质基层法律职业人才——以湖南司法警官职业学院为例",载《衡阳师范学院学报》2013年第5期,第141~143页。

(四)促成了学生角色的提前转变

本文通过与多名实习生、毕业生以及辅导员的调查走访发现,当今许多高职类院校学生都存在着同样的疑惑:在校期间对行业认知不够不知如何规划自身的行业生涯,到了实习岗位甚至毕业走向工作岗位时发现自己在校期间课堂所学知识不能运用到实际工作中,不能及时适应工作岗位,甚至不具备从事所学专业相关职业的能力,对未来充满着恐惧感和茫然感。学生对自我和社会的认知偏差,直接影响了学生对自身的职业生涯规划。在校局合作的基础上推行"双导师制",部门行业指导教师能够将目前本行业的整体发展前景,所需要的专业技术技能人才的标准、一般工作的流程、工作的实战经验和职业道德规范等信息在实践过程中传授给学生,学生在实习期间逐步融入工作环境中,熟悉了解自己的工作岗位。内化于心,外化于行,学生在实习工作中逐步养成良好的职业道德意识与职业行为规范,从而渐近的帮助学生完成了角色转变。

二、"双导师"制在高职司法类院校的试行

(一)导师的选聘与配备

导师分为校内指导教师和部门行业指导教师,在导师的选择上应更加注重应用性。校内指导教师应当从专职教师中选择,要求具有较高的工作积极性、丰富的专业知识和教学经验、较强的实战经验和能力、具备基本的科研能力,符合"双师型"教师的基本要求。而部门行业指导教师则由实习单位相关部门领导或实践经验丰富的业务骨干担任,包括派出所所长、司法所所长、鉴定所鉴定人、法官、检察官、律师等;要求至少从业两年以上,具有丰富的工作经验,在学生跟班学习的过程中指导,起到切实提高学生实践能力,使其养成良好的职业行为规范。在导师的配备上,校内指导教师原则上由相关专业具有讲师以上职称的教师担任,每名指导教师指导的学生数原则上不得超过15人。

(二)导师的工作职责

"双导师制"的校内外导师分别来自不同的工作单位,在完成自身本职工作之外还需完成培养人才的任务,划分好两者的工作职责尤为重要。

1. 校内指导教师的工作职责

校内指导教师工作职责包括:①传授专业知识。完成教育教学工作是每个专职教师的基本责任。在大课教学后,校内指导教师要根据学生的基本情况因材施教,采取课后辅导"一对一"答疑解惑的个性化教学方式,或全体学生集体讨论的等方式。②实习工作指导和心理辅导工作。从学生入校到走向实习岗位直至毕业,校内指导教师与辅导员一起帮助学生实现角色多次转变,由高中生转变为大学生,再到实习生甚至准员工。发现学生实习工作上或者心理上的问题,及时疏导,做好心理干预。③指导毕业设计。根据学生所实习岗位和学生的兴趣点,引导学生选题并完成与本专业、实习内容相关的毕业设计。

2. 部门行业指导教师的工作职责

部门行业指导教师工作职责包括:①提升实践能力。校内指导教师在校期间为学生的专业知识打下了良好的基础,如何将这些知识灵活运用到工作中,需要一个领路人。学生在实习基地顶岗实习期间,了解本单位的规章制度,从基础的工作做起,譬如接人待物和整理档案。在半年的实习过程当中,跟着部门行业指导教师学习,不断提高自身的业务水平。②培养良好的职业素养和职业行为规范。在部门行业指导教师言传身教、边做边讲解的过程中,学生可以了解整个行业的发展前景,重视养成良好的职业素养和职业行为规范。

(三)"双导师制"的具体试行办法

1. 考核内容

(1)顶岗实习[1]

学生顶岗实习成绩由校企共同考核,考核成绩分两部分:一是实

---

[1] 湖南司法警官职业学院:《法律事务专业顶岗实习标准》,2016年。

习单位指导教师对学生的考核,占总成绩的60%;二是校内指导教师对学生的考核,占总成绩的40%。部门行业指导教师应对学生在岗位的表现情况进行考核,考核的重点在于应职应岗的基本素质、应职应岗的通用能力和应职应岗的专业能力,并填写《学生顶岗实习成绩鉴定表》,实习单位的指导教师签字确认后加盖单位公章。校内指导教师要对学生在实习单位的表现情况进行考核,考核的重点在于实习任务的完成情况,内容包括学生的实习日志、实习手册、实习任务完成情况等。

(2)毕业设计①

方案类作品毕业设计的评价,从选题、设计实施、作品质量三个方面进行。①选题以学生毕业设计任务书为主要考察对象,重点评价所选课题与高职目标定位和专业培养目标符合情况、所学专业知识和技能解决综合运用情况、与专业领域的对接情况、综合能力和职业岗位(群)中核心能力的培养情况及课题的难易程度和工作量适度情况。②设计实施以学生毕业设计说明书为主要考察对象,重点评价完成设计任务所制订的技术路线的可行性、步骤的合理性和方法的科学性。设计过程的完整性和语言表达的准确性。设计结论得出的可靠性、依据选择的合理性和依据应用的正确性。③作品质量以学生毕业设计形成的最终作品(方案)为主要考察对象,重点评价作品的规范、要素和技术文件与行业或企业标准规范的符合度。作品的可操作性、可执行性和设计任务的完成情况、作品的创新性和应用前景。

2. 交流方式

(1)定期与学生座谈

定期与学生座谈分为两种场合,一种是学生在校期间,另一种是顶岗实习期间。在校期间,学生与校内指导教师主要采用面对面的方式,每个月至少一次。针对专业知识上的疑难问题采用专题研讨的方式,让学生发现问题,教师引导学生发挥主观能动性解决问题。顶岗实习期间,校内指导教师采用微信、微博和QQ等联系方式与学

---

① 湖南司法警官职业学院:《方案设计类毕业设计成果评价标准》,2015年。

生远程座谈；部门行业指导教师根据工作单位的情况，采取一个月开一次座谈会的形式，也可每隔一段时间将实习基地全体实习生和部门行业指导教师集合起来开实习工作的总结大会。

(2) 校内指导教师下实习基地行业实践锻炼

每个实习基地按规模大小指派 1~2 名校内指导教师任基地负责教师，专门负责与实习基地沟通协调工作。该校内指导教师在学生下实习基地时，跟班学习一个月左右。与部门行业指导教师一同督促学生工作，一方面，帮助学生尽早适应实习基地的学习生活，尽早转变角色身份；另一方面，做好行业锻炼调研，发掘行业一线问题，通过实践完成自身的科研任务，进一步提升自己的教学科研水平。

(3) 优秀业务骨干去学院讲座

与签订协议的合作单位约定，每年选派 1~2 名优秀业务骨干来校讲座，这些优秀业务骨干必须承担部门指导教师的工作任务。选择一批长期合作、富有教学热情及教学能力强的部门行业指导教师聘为学院客座教授，定期来学院讲座。

(4) 校内外指导教师定期沟通交流

根据每个学生的具体情况，注重交流关于学生的入行体验、职业能力锻炼、综合职业素质等情况。交流专业知识和实践技能，一方面，提升部门行业指导教师的专业理论知识，另一方面，校内指导教师了解行业前沿，能够有针对性的调整教学计划。

三、"双导师制"在司法警官类高职院校试行中存在的问题

(一) 校内外指导教师分工不明确

由于定位及职责不明确，导致校内外导师指导学生过程缺乏系统性、规范性。校内指导教师重点负责学生的专业知识、心理辅导和毕业设计，而在实际指导过程中部分校内指导教师流于形式，仅满足于学生按时完成毕业设计，与学生之间的交流也停留在完成学院规定的次数，并不在乎学生完成的质量。而部门行业指导教师由于工

作繁忙,给学生安排一些琐碎的与专业无关的工作,并没有让学生直接接触到实际工作。

(二)三方沟通渠道不畅通

通过对我院特色专业学生的访谈,学生反映在接受校内外导师指导过程中,存在着与导师交流时间短、专业知识学习少、实际成效反馈少等一系列突出问题。校内外指导教师来自不同的单位,缺乏团队协作精神及有效的沟通机制。而校内指导教师与学生之间的交流状况、部门行业指导教师与学生的交流状况如何,在这个问题上校内外指导教师没有及时与对方沟通更新信息。致使双方不能全面的了解实习学生每一阶段处在什么状态下,更不必说双方商讨如何进一步做好指导学生的工作。

(三)指导教师队伍建设、监督与评价体系不健全

队伍建设方面,部门行业指导教师一方面工作繁忙,另一方面教师的学历层次不一。据调查有些实习基地的部门行业指导教师实践经验丰富,但是文化程度不高;有些教师不仅经验丰富且学识广博但对高职类院校学生水平存在质疑;教师的能力和对学生的态度都直接影响了其指导学生的效果。而校内指导教师忙于科研,指导学生时某些教师认为这完全是出于对学生教育成效的心理满足。即便学院对导师的工作职责制定了相关办法,但在试行过程中缺乏行之有效的评估和监督,干得好与坏都一样,使得校内指导教师以教学科研任务重为借口,对指导学生的工作积极性不大。如不解决以上问题,导师制恐将成为摆设。

学术不端行为的成因及其整合治理研究

王 明[*]

摘 要：2016年1月13日，国务院办公厅印发《关于优化学术环境的指导意见》，明确提出了学术不端的治理问题。目前，国内学术不端行为形势严峻，究其原因，主要缘于社会不良风气的影响，成果导向的科研管理制度以及诚信监管体系的不完善等方面。治理学术不端行为应坚持道德自律和制度规范相结合，力求从处罚主体、处罚对象和处罚程序上进行规范，构建集教育防范、诚信监督、奖惩并举于一体的治理体系。

关键词：科研管理 学术不端 监管体系 治理策略

引 言

学术不端行为严重背离了科学伦理和制度规范，不仅给学术界带来恶劣影响，而且与社会不良习气互为助长，给国家高等教育、经济与社会发展、国际诚信与声誉等多方面带来极大危害。可以说，治

---

[*] 作者简介：王明（1980— ），男，安徽东至人，湖南科技大学管理学院教师，博士，硕士研究生导师，主要从事科学文化传播、科技创新政策等领域的研究。联系方式：wmwithyou2013@126.com。

理学术不端行为既是净化科研环境,重塑求真务实科研精神的重要举措,也是规范我国科研管理体系,建设科学文化的治标行动。2015年10月,中国科学技术协会重申了《在国际学术期刊发表论文的"五不"行为守则》。2016年1月13日,国务院办公厅印发《关于优化学术环境的指导意见》,其中明确指出了学术不端及其治理问题,并就支持创新的学术氛围还不够浓厚、科学研究自律规范不足等焦点问题提出了若干解决思路,其中包括坚持道德自律和制度规范并举,建设集教育、防范、监督、惩治于一体的学术诚信体系。一系列政策文件的密集出台,既凸显了国家及相关部门对国内学术不端风气的深刻担忧,又体现了国家对国内科研学术问题的高度重视。本文基于上述政策思路,通过文献研究和专家访谈,分析导致当前学术不端的主要原因,并提出相应的资政性对策建议。

一、学术不端行为及其严峻形势

学术不端行为(英文文献译为 Academic Misconduct),也有人表述为"学术不正""科研不端""学术腐败"等名词,实质上,学术不端一词包含面甚广。对于学生群体而言,学术不端行为主要是指与完成学业课程(包括考试"论文写作"等)相关的错误行为或者不诚信行为;对教师而言,主要是指与发表论著相关的不诚信行为,也可能涉及为获取奖励等不当利益的作弊行为。对于科研人员而言,学术不端行为指在建议研究计划、申报课题、从事科学研究、评审科学成果、研究成果中有捏造、篡改、剽窃、伪造等违反科学精神的行动或经历。此外,目前市场上,充斥着"组织作弊""代写代发论文""代写申报书"等所谓为科研提供"全方位服务"的"学术腐败产业链"。对于协助这些学术不端的中介机构而言,其所从事的活动严重破坏了学术道德和理性,是一种典型犯罪行为。

必须承认,学术不端是全球普遍存在的一个问题,在全球积极抵制的高压态势下,时至今日,轰动全球的学术造假事件仍然时有发生,同时国内目前学术不端行为同样形势严峻,我们从一则报道便可"窥见一斑":2015年,《华盛顿邮报》在一篇题为《主要出版社撤回

43 篇科学论文剑指大面积"同行评审"造假丑闻》的文章中称,英国大型学术医疗科学出版商现代生物出版集团(BioMed Central)撤销了43 篇生物医学论文,其中 41 篇是中国作者,单位涉及上海交通大学、同济大学、中国医科大学等多家高校附属医院,还包括中国人民解放军空军总医院、成都军区总医院、济南军区总医院等多家部队所属机构。同样在 2015 年 8 月 18 日,国际著名的施普林格(Springer)出版集团宣布,撤回集团旗下 10 本学术期刊上发表的 64 篇科研论文。其中有 63 篇论文作者来自中国,包括上海、北京、山东等地的研究人员。2017 年 4 月,该出版集团再次发表撤稿声明,将旗下期刊《肿瘤生物学(Tumor Biology)》宣布撤回 107 篇发表于 2012 年至 2015 年的论文,原因是同行评议造假。107 篇论文全部和中国研究机构有关,还创下了正规学术期刊单次撤稿数量之最。就这几起事例就足以说明当前国内学术不端行为的严重性。当然,其他功利性申报课题、套取科研资金、代写代发论文等领域就更不必一一罗列,当然,这也不是本文需要阐述的重点。

下文将要探讨的重点是,为什么当前学术不端行为频频发生且愈演愈烈? 现有治理体系存在何种不足之处,又该实施怎样的治理策略加以完善。

二、学术不端行为的成因分析

由于学术不端牵涉多方面的问题,所以对于学术不端的归因分析同样十分复杂,然而,综合诸多研究来看,主要原因不外乎以下几种。

(一) 功利化社会风气的影响

信息通信技术的发展和社交媒介的泛化赋予了人们触手可及的信息获取能力,社会名流奢靡腐化、炫富攀比的报道不绝于耳。明星真人秀等娱乐节目的泛化扭曲了"务实进取"的价值观和人生观。一夜成名的"草根人物""草根故事"被媒体极力渲染放大,"走捷径一夜暴富"抑或"成名成星"已经成为不少中国父母对孩子的未来期盼,不少青少年更是在耳濡目染中把其视为"梦寐以求"的人生理想和成功人生的标签。种种社会不良风气不仅仅弥漫在现实生活和社会交往领域,对科学界也产生了恶劣影响,尤其功利化、商业化的社会风气与潜心科研、苦守清贫的现实似乎格格不入,巨大的"物质落差"无疑激化了不少高校教师、科研人员"穷则思变"的心态,使其教学、研究生培养以及科学研究日益变得功利化,急功近利的心理和社会攀比风气导致了学术不端行为时有发生、屡禁不止。

(二) 成果导向的晋升制度

一个不争的事实是,论文和科研项目已经成为目前高校和科研机构绩效考核的关键指标。更有甚者,绩效考核采用了"一刀切"的量化标准,唯"课题与文章"是宠,以文章课题级别论英雄,推崇 SSCI、SCI、EI 文章及其影响因子,过度强调这些成果与个人薪资待遇、职位晋升、职称评定相挂钩,导致科研人员的工作导向出现畸形。例如,对各类不同性质工作人员的职称晋升不加区分地一律要求在大于某一影响因子以上的刊物上发表一定数量的 SCI 论文,而不是评价其具体创新科学发现的实质内容。这种成果导向的晋升制度的直接危害在于,为了多申报课题、多发文章,不乏有人放弃了本应做长周期研究且更有价值的课题,放弃了本应发挥自己擅长的教学技能去培养更多人才,而埋头于快餐化的"论文发表"和"著作出版",功利性做科研,致使人心浮躁,部分高校教师不重视教学,而申报课题和文章质量不高,甚至出现大量"垃圾论文"、虚假论文,浪费大量科研资源,出现一系列的学术不端、学术腐败问题。

(三) 不完善的科研管理机制

当前,科研管理上基本遵循着项目申报、评比、拨款、评审、验收的基本程序,涉及管理制度非常复杂,总体上,国内各项科研工作顺利开展,也的确创造了许多杰出的科研成果,但是,我们同样需要看到,当前我国的科研管理机制仍有一些不完善之处,例如,在科研选题制度上,自由度依然受到多方面因素的制约。早在 2010 年,清华大学施一公教授和北京大学饶毅教授就联合在《Science》杂志上以社论形式发表了一篇名为《中国科研文化》文章,他们指出,尽管对于一些比如由中国国家自然科学基金委员会资助的小型研究经费来说,科学优劣可能仍然是能否获得经费的关键因素,但是,对来自政府各部门的巨型项目来说,科学优劣的相关性就小多了,这些项目的经费从几千万元到几亿元人民币。对后者而言,关键问题在于每年针对特定研究领域和项目颁发的申请指南。当然,在科研人员的收入分配与激励机制、课题经费管理机制、科研机构学术道德和学风监督机制、同行评议机制等方面,同样存在有待改进或创新的空间。因下文将在对策论证上辅以说明,限于篇幅,在此不一一赘述。总体而言,我国管理体制存在一系列干扰、束缚学术自主权的弊端,影响了科技人才创新积极性的发挥,同时,在一定程度上也导致了学术不正等问题产生。

(四)"学术腐败产业"主动创设需求

众所周知,没有需求,就没有市场。正因为大量高校科研院所存在"文章和课题"压力,所以产生了对学术的需求,市场自然会"契合需求、闻风而动",出现所谓的文章和课题"外包服务机构",实质就是协同学术不端的市场组织。当前,一些不良中介公司,竟然明目张胆推出"论文代写代发"这样难以置信的"服务项目",其实背后隐藏着严重的"学术腐败产业链",遵循着由论文写手、同行评审、期刊出版机构、市场推广及运作机构等多个主体协同学术不端活动及利益分赃机制。更值得关注的是,市场上的学术不端组织正在利用互联网技术,通过各种渠道获取科研人员信息,通过需求分析,不断创设和拓展新的业务,围绕"发文章和课题申报"提供"一条龙服务",形成完整的黑色产业链。与此同时,主动向其"目标客户"以及"潜在客户"推送邮件和广告,进行"密集轰炸"和病毒式营销推广。在这些"服务"诱惑和推动下,科研人员的自律精神与伦理规范受到严重挑战,一旦突破自我约束界限,一系列学术不端行为必然发生且日益严重。

三、学术不端行为的治理路径

(一)治理社会不良风气

当前,党和国家正在进行系统性党风廉政建设,"四风"问题已经得到有效遏制,正确引导了社会风气的方向,"风清气正"的社会氛围正在形成。然而,不容忽视的是,仍有不少知名娱乐明星、商界人士及社会名流不注意自身影响,生活奢靡腐化,行为伤风败俗,给社会造成了恶劣影响,与此同时,仍有不少媒体对明星名流的生活给予过分关注与渲染,这给社会民众,特别是青少年的人生观、世界观和价值观带来恶劣影响和教化,人们容易形成严重的功利思想,导致人们对社会名流及娱乐明星推崇有加,对潜心科研、艰守清贫的科研人士"漠不关心"。甚至在科学共同体内部,也出现了思想分化,部分科研人员为了追求物质,同样出现了急功近利、学术腐败等问题。

党和国家高度重视科技创新、尊重科技工作者,除了在宏观政策层面进行设计之外,应该继续整治社会不良习气,重点在于:一是遏制传媒界过分追星、娱乐泛化的倾向,减少对青少年的误导;二是鼓励媒体积极传播为社会进步做出贡献的科学家、英雄的事迹,弘扬社会主义核心价值观;三是治理高校科研院所"权力大于学术"的不良风气,通过社会风气的治理,促进求真务实的科学精神进入社会主流价值体系。

(二)完善科学共同体道德规范和伦理准则

南京大学高抒教授曾指出,欧洲"二战"后兴起的著名的 Gordon 研讨会,参会先要宣誓,绝不泄露会上听到的东西,这就是对当时剽窃之风的一个约束性反击和反制。从欧美各种科学团体的入会规则来看,学术信仰仍然是其核心原则,对于科学文化建设是不可或缺的。可以说,完善科学共同体的行为规范和伦理准则,是治理学术不端行为的精神内核。这里的行为规范和伦理准则重点在于:一是忠于祖国和人民,坚定学术信仰;二是甘于奉献,淡泊名利,三是持之以恒,摒弃心浮气躁;四是勇于理性批判和标新立异,摒弃墨守成规;五是求真务实,摒弃弄虚作假。

本文认为,其建设路径可按下述方式推进:一是以中国科学院和中国社会科学院为先导试点,率先建立科学共同体行为规范和伦理准则。二是在学科领域,围绕学会协会建立符合本学科领域研究规范的具体学术规则和职业操守。三是各级高校、科研机构、各类企业也要根据自身管理制度,建立符合自身实际工作特点的学术要求和具体行为制度。通过多层级、分领域的科研规范建设,使科研人员明确自身研究领域的基本道德底线和行为法则。四是充分发挥中国科协广泛联系科技工作者的优势,在各种活动中进一步突出科研诚信主题,利用各种活动广泛宣传《科技工作者科学道德规范》和《学会科学道德规范》,教育和引导科技工作者遵守学术规范,坚守学术诚信,完善学术人格,维护学术尊严。五是加大正面宣传引导力度,组织实施好"老科学家学术成长资料采集工程",大力弘扬老一辈科学家的优良传统和科研诚信意识,宣传优秀科技工作者和创新团队典型,引导科技工作者坚持科学道德、严谨治学以及维护良好的学术风气。

(三)加强科学共同体培训体系建设

加强科研人员的培训首先需要重视科学精神与科学道德、科研诚信与科研伦理等专题培训,提升科研人员的职业操守、诚信意识,同时,注重科研能力与素养方面的培训,帮助科研人员获取新的研究视野、研究方法、提升研究能力。

具体而言,完善科研人员的培训体系包括:一是诚信操守培训。要求所有高校、科研单位必须开展科研诚信教育,制定科研基本道德守则和行为条例,通过学习、调研、参观、交流等多种形式增强科研人员的自律意识和诚信观念,形成杜绝学术不端的自我意识。此外,在研究机构和科研群体内,营造一种促进科研道德建设的氛围,使诚信操守培训常态化。二是科学伦理培训。正确评估科学技术给人类带来的福祉与风险,不违规进行科学实验和滥用科技。加强科学伦理和道德建设,把自然科学与人文社会科学紧密结合起来,超越科学的认知理性和技术的工具理性,而站在人文理性的高度关注科技的发展,使科学研究和技术应用始终处在为人类发展服务的正确轨道上。三是国际培训与学习交流。通过培训定位前沿研究课题、提升自身科研技能、掌握新的实验方法,提升自我创新能力。四是构建继续教育机制。可以利用互联网线上平台,采取灵活继续教育模式,实行规范化管理,使科研伦理与学术行为准则培训成为科研人员的入职必备条件和职业生涯中的持续的必修课。

(四)整合学术不端治理机构

从全球治理经验来看,西方国家普遍建立了专门的机构,去管理科研学术不端行为,有些甚至在不同职能领域,分设了该领域的科研学术不端的治理机构。例如,美国早在1981年就设立了白宫科技政策办公室(OSTP),作为学术不端的责任治理机构,分设了美国国家科学技术委员会和美国总统科学技术顾问委员会两个协调机构。另外,设立了针对科研不端行为的专门监督机构,如研究诚信办公室(ORI)以及在联邦政府各部门机构中设立的监察长办公室(OTG)。这些机构陆续出台了针对学术不端行为的具有操作性的管理条例,涉及学术不端的定义、处理流程以及惩罚措施等。这些机构分工协作,可以直接响应任何针对学术不端的举报,并开展调查、质询工作,根据调查结论可以提议联邦是否终止其资助,并给予严苛的惩戒或处罚。

在我国,虽然早在1998年也设立了治理科研不端行为的管理机构,例如,国家自然科学基金委员会、科技部科研诚信办公室、教育部学风建设委员会、学风建设协调小组等。相关部委也针对科研道德问题,出台了制定了一些规则和条例,比如陆续出台了《科研活动诚信指南》《科技工作者行为准则的若干意见》《关于改进科学技术评价工作的决定》。2006年,国家科技部就颁布了《国家科技计划实施中科研不端行为处理办法(试行)》,但是,总体而言,这些治理机构彼此协调性不好,缺少一个主导性的学术治理机构,出台的政策文件存在一定的交叉和重复,且条文偏向原则性规定,在科研不端行为的主体责任、科研不端的举报、调查、质询和处理程序等方面欠缺具体性操作方案,缺乏政府一级的权威性的调查和处理各种不同类型的学术不端行为的具体程序,并且,惩治科学不端行为的法律法规目前仍不够健全。

因此,未来中国学术不端治理的重点建议在于:一是整合现有学术管理机构,成立主导负责处理学术不端行为的治理机构,形成以一个部门为主导、统筹设立各学术领域的监督管理机构的格局。二是分领域细化指定科研守则。由各领域学术管理机构联合相关学术委员会、学会、协会共同制定适合本领域的学术规范和具体科研准则。三是继续完善惩戒学术不端行为的法律法规。2015年,《中华人民共和国刑法修正案(九)》已经对"考试作弊行为"做出了具体惩处规定,未来,应当考虑将其他学术不端行为纳入行政处罚法或刑法之中,并给予明确的规定。四是建立学术不端管理机制。通过多种渠道设立多种举报制度,加强社会监督,完善学术不端的处理机制,包括调查、取证、质询、审查和处罚的程序等。五是基于问题导向,整顿科研管理问题。对高校科研院所的科研状态、科研经费使用情况进行动态抽查,整顿国内各类期刊、学术会议的违规及商业化行为,增强经费使用透明度和合理性,惩治论文代写代发、制售发票等助推学术不端的市场行为,净化科研风气。同时,联合国际学术管理机构,治理国内科研人员在国际学术领域的虚假不实的学术行为。及时透明地向社会公开以上调查处理结果。

(五)适度调整科研"量化标准"

前文原因分析部分已就科研"量化标准"问题做过分析,这里需要补充强调的是,有些领域的科研,尤其人文学科领域,一是科研成果很难量化,二是有些问题需要长达十几年甚至更长时间的长周期研究,才会有实质性成果,这类研究需要也必然会存在没有任何所谓"成果"的尝试性探索。过度强调"量化指标",不利于科研的潜心开展,却容易导致学术不端行为的滋生。因此,建议:

第一,减少"一刀切"的量化标准。高校、科研院所等科研机构应该综合考虑不同学科领域的研究特征和实际要求,照顾不同学科的差异性,减少"一刀切"的量化标准,设立多种激励方案,调动科研工作者自主研究的积极性。

第二,区别对待三类研究的成果量化形式。在科研成果形式上,注意区别对待基础研究、应用研究和综合研究。从事基础理论研究的更加注重论文质量,从事应用研究的工程技术人员、技术推广人员应着重评价新技术与新产品的应用的当期以及远期经济社会效益。综合研究的则在二者之间保持一定平衡。

第三,实施特别资助计划。基于"大科学工程"建设,国家应该基于长远战略考虑,实施特别资助计划,给予相关长周期的基础研究领域单独配套资源和特别科研资助,鼓励其做长时间的观测、实验和研究,潜心于长周期的科研工作。高校、科研院所应该突出学术为主,在研究方向、资源配置问题上,减少行政权力的干预,保持学术研究相对独立的自由。

第四,调整相关科研人员基本薪资待遇,制定符合本单位的绩效薪酬管理体系,目的在于,改善科研人员的收入分配机制,正面激励其安心科研,主动拒绝学术不端。正如李克强总理2015年7月27日在国家科技战略座谈会上所说,科技人员是科技创新的核心要素,是创造社会财富不可替代的重要力量,应当是社会的中高收入群体。在基础研究收入保障机制外,还要创新收益分配机制,让科技人员以自己的发明创造合理合法富起来,激发他们持久的创新动力。

(六)完善科研过程管理制度

1. 规范同行评议制度

中国科协"第三次全国科技工作者状况调查"报告指出,同行提名、同行评议是体现同行认可的重要形式,被50.1%的受访科技工作者所认可。但调查反馈中也显示实践中还存在一些问题:在院士评选、国家和地方各级科技奖励评选中,同行提名制没有得到充分实行,导致公信力不足、激励作用不足;个别部门组织的项目评审、奖励评审受行政力量干预太大,同行评议成为走过场的形式,甚至成为实现领导意志的包装过程;匿名评议原则落实不好,在评议过程中照顾师生、同学、亲戚、朋友等关系,照顾本系统、本单位的利益,重人情、拉关系等现象较为严重;缺少对同行评议过程和结果的监督,严重影响评议的公正性和权威性。因此,加大同行评议的违规行为的查处和惩戒力度，基于互联网寻求更好的匿名评议制，提高同行评议的公平、公正和公开性，对于学术不端行为治理必不可少。

2. 完善科研评价制度

国内科研评价常偏重 SCI/EI/SSCI 论文和国家课题等指标，导致很多科研人员为了完成项目，"跟风"发论文、"快餐化"出著作，出现学风浮躁、数据造假、抄袭剽窃他人成果等学术不端问题。因此，完善科研评价制度，应吸收能综合反映科研绩效的其他综合性或"隐性指标"，包括学术团队整体实力、青年科研人才的孵化水平、创新型人才培养状况、研究生的培养质量、学术国内外影响力、同行认可、长期的社会效益等指标。此外，需要严格按照国务院《关于优化学术环境的指导意见》中"四个不得"的要求，科研管理部门职能要从研发管理向创新服务转变，不以行政决策代替学术决策，减少对科研创新和学术活动的直接干预。淡化政府在科技评价中的主导角色，变直接管理为间接管理，在学术事务中，由高校科研机构的学术委员会主导日常科研管理制度设计到科研规划，自主开展项目立项、遴选到成果的评选等工作。同时，充分发挥专业协会、学会、第三方评议机构等学术共同体在考核评价中的作用，提高评价透明度，推行"评聘合一"制度，实现科研评价的社会化、多元化，通过制度的建设推动形成新的科研风习。

3. 完善科研过程管理制度

完善科研过程管理制度重点在于规范课题申报制度、经费使用制度、同行评议制度、成果共享制度。具体而言：

一要简化科研项目管理流程。建立统一的电子项目管理平台，建立单位账户和个人账户，单位和个人可以进行在线科研项目申报与管理、知识成果交易、查询组织和个人诚信电子档案（后文即将论述诚信档案的问题）等。二要分学科领域建立网络同行专家库。通过网络匿名随机遴选专家对项目申报和结题工作开展评审，严格执行专家评审回避和保密制度，防范项目评审中走后门、拉关系等不良行为，增强政府科技资源分配的公平性。三要继续推进研究选题制度改革。完善科研管理制度需要政府鼓励坚持长期研究和学术自由探索，变课题指南为课题参考，兼顾课题指南之外的"冷门问题"的资助,减少课题指南在科研资源配给上的不公正性。四要严格执行国家和部门项目经费管理制度。坚持专款专用和专人管理,提高资金使用的规范性。一旦发现弄虚作假、私自截留、套取、挤占或挪用等违规使用资金行为,及时记入电子诚信档案,并严厉惩处。

(七)构建科研诚信档案管理制度

构建科研诚信档案和管理制度是治理学术不端行为的常态化机制。建议分层级、分领域、分单位建立从组织、研究团队到个人的诚信档案,通过分级管理,实施定期抽查、接受社会学术不端举报等多种方式,每年进行综合诚信评估,并向社会公开诚信记录,并给予相应的奖惩。

仿效市场保险行业的投保机制,借鉴"出险理赔与保险费用动态相关"的思路,针对科研诚信档案,实施动态管理:一是区别对待诚信与不诚信。对于出现学术诚信问题的组织、团队和个人给予一定周期内课题申报限制、解散或调整研究团队、减少或停止拨付科研经费,并追究相关单位、主管领导直至个人责任等。对于科研诚信度高的组织或个人,可以优先获取更多的政府科技资源配置、课题指标和财政支持项目经费支持。这样既可以动态调配科研资源,提高政府科技资源使用效率,又可以实现诚信约束力的逐级传导,促进诚信管理成为常态化。二是实施诚信度周期化管理和累计制。讲究"惩前毖后、治病救人"的原则,即在受到诚信惩戒期间,科研行为有明显改善的,则在惩戒期后,诚信水平可以适当恢复,如果再犯,将受到更为严厉的处罚。通过诚信度周期化管理同样可以形成负面纠正与正面激励的双重作用,改善学术不端和科研不端行为,营造一个鼓励负责任的科研行为环境,逐渐将科研治理制度化。

参考文献

[1]李晓燕.美国高校治理学术不端行为制度研究[J].陕西师范大学学报(哲学社会科学版).2014,43(4).

[2]房琳琳,王春."同行评审"造假再曝学术丑闻[N].科技日报,2015 - 03 - 31(1).

[3]高润霖,陈新石.坚持科研诚信,抵制学术不端[J].中华医学杂志,2016,96(1).

[4]王盈颖,虞涵棋.107篇中国医学论文齐被撤/涉事524名医生名单公布[EB/OL].(2017-04-23)[2017-05-15]http://www.guancha.cn/TMT/2017_04_23_405000.shtml.

[5]昌增益,王志珍.美国学术不端行为监管体系的建设及其对中国的启示[J].科技导报,2015,33(15).

[6]Yigong Shi, Yi Rao. China's Research Culture[J]. Science, 2010, 329(3).

[7]Virginia Barbour, Committee on Publication Ethics (COPE). Perverse incentives and perverse publishing practices[J]. Science Bulletin, 2015, 60(14).

[8]喻思娈,蒋建科.5/6时间搞科研标准不高做到不易[N].人民日报,2016-01-14(21).

[9]高博.重塑科学文化:寻找丢失的灵魂[N].科技日报,2014-03-10(1).

[10]中国科协"第三次全国科技工作者状况调查"课题组.第三次全国科技工作者状况调查报告[R].北京:光明日报,2015.

法学人才培养

新形势下法治人才培养面临的问题及对策

胡 海*

摘 要:全面推进依法治国是"四个全面"战略布局的重要组成部分。但与党和国家事业发展要求相比,法治人才培养依然问题突出亟待解决。文章从强化法治人才培养的紧迫性入手,分析了法治人才培养面临的困境,提出了加强法学理论体系、学科体系、课程体系、教材体系四大体系建设、打造园丁团队、创新招录交流协同机制、优化法治人才培养模式、刷新实践教学方法、革新法学教育方法等切实可行的对策建议。

关键词:法治人才 培养 问题 建议

随着我国经济社会不断发展,法治作为国家治理体系和治理能力现代化的重要依托,其强有力的保障作用愈加凸显。全面依法治国是关系我们党执政兴国、关系人民幸福安康、关系党和国家长治久安的重大战略问题,是"四个全面"战略布局的重要组成部分。全面推进依法治国,人才是基础。如何培养法治人才显然是全面推进依法治国中备受关注的问题。党的十八届四中全会《中共中央关于全面推进依法治国若干重大问题的决定》(以下简称《决定》)明确提出,加强法治工作队伍建设,为加快建设社会主义法治国家提供强有

---

* 作者简介:胡海,男,中共湖南省委党校法学教研部主任、教授。

力的组织和人才保障。它指出了法治人才队伍建设的正确方向和法治人才培养的根本要求,明确了法学教育与法治人才培养是法治工作队伍建设的基础性工作。然而,与当前面临的新形势新任务新要求相比,法治人才的培养仍然存在一些新问题新挑战亟待解决。

一、新形势下加强法治人才培养的必要性

(一)全面贯彻落实十八届四中全会精神的要求

法治工作队伍是中国特色社会主义法治体系与社会主义法治国家的重要建设者。法治工作队伍主要由法治专门队伍(包括立法队伍、行政执法队伍、司法队伍)、法律服务队伍(包括律师、仲裁员、公证员、基层法律服务工作者、人民调解员等)以及法学教育与研究队伍组成。法治工作队伍的理想信念、职业伦理、专业知识与业务能力决定了立法、执法、司法、法律服务、法学教育与研究等各项工作质量与水平。党的十八届四中全会以全面推进依法治国为主题,提出了全面推进依法治国的总目标和重大任务,对全面推进依法治国做出了重大战略部署。全面贯彻十八届四中全会精神是当前我国法学教育改革工作的首要任务。四中全会《决定》明确提出要加强法治工作队伍建设,为加快建设社会主义法治国家提供强有力的组织和人才保障。法学教育与法治人才的培养是法治工作队伍建设的基础性、先导性工作。四中全会关于全面推进依法治国、加强法治工作队伍建设的决策部署为法学教育与法治人才培养工作提出了新的要求。因此,创新法学人才培养机制,培养造就一批熟悉和坚持中国特色社会主义法治体系的法治人才和后备力量是法学教育肩负的重要历史使命。

(二)法治工作队伍理想信念的要求

坚定的理想信念,是法治工作队伍的政治责任与社会担当。法治工作队伍要坚持高举旗帜、听党指挥、忠诚使命的思想基础,永远做党和人民利益的忠诚卫士。高素质的法治工作队伍首先必须有坚定的理想信念,无论是立法队伍、行政执法队伍、司法队伍还是法律

服务队伍、法学教育与研究队伍,都必须认同并自觉践行社会主义核心价值观和社会主义法治理念,坚持党的事业至上、人民利益至上、宪法法律至上这个社会主义法治的必然要求。也就是要求在法治人才培养过程中,必须把理想信念教育放在首位,高举中国特色社会主义旗帜,用马克思主义法学思想和中国特色社会主义法治理论全方位占领高校、科研机构法学教育和法学研究阵地。将社会主义核心价值观和社会主义法治理念教育融入、贯穿到法治人才培养的各个环节之中,为法治人才的培养提供坚实的理想信念保障。

(三)法治专门队伍正规化、专业化、职业化的要求

法治专门队伍的"正规化、专业化、职业化"是完善法律职业准入制度的基本要求,是法治工作对于从业人员的基础条件,是由法律职业的基本特点以及法治工作在国家和社会生活中承担的重要职能与所处的重要地位决定的。推进法治专门队伍的"正规化、专业化、职业化",要求在法治人才的培养过程中促进法学教育与法律职业之间有效衔接:从一个角度来讲,接受专业法学教育应当成为法律职业的准入门槛。只有经过系统的专业法学教育,方能保证法治专门队伍在理想信念、职业伦理、专业知识、思维方式与职业技能方面达到相应的要求;从另一个角度来讲,法律职业人才应当成为法学教育的培养目标。要将法学教育定位于法律职业教育,在法治人才培养过程中将法律职业伦理教育、法律职业技能教育与法学理论知识教育相结合,面向全面推进依法治国的现实需求设计培养方案,培养法律职业人才。[①]

二、新形势下法治人才培养存在的突出问题

(一)法治人才供需耦合协调度不高

一是当前我国法治人才在数量和质量上对接国家战略需求尚显不足。我国正在实施"一带一路"倡议、京津冀协同发展、长江经济

[①] 黄进:"不断创新法治人才培养机制",载《经济日报》2014年11月11日。

带发展三大战略，与此相应的是，需要大量专业化、职业化、规范化、多层次的法治人才。这类人才不仅要能满足区域治理需要，还要能通晓国际法律规则、善于处理涉外法律事务。然而现有这类人才队伍还不够强大，人才专业结构还不能很好地为实施国家战略提供强有力的人才智力支撑。二是法治人才培养同质化现象严重。2011年《教育部、中央政法委员会关于实施卓越法律人才教育培养计划的若干意见》强调，法律人才培养应避免简单的同质化，要注重专业化与职业化相结合的"类型化"。但近年来，高校法学类专业扩张过快、法学教育资源分布不均衡，法治教育方式和内容"千人一面"现象较为普遍，与国家治理体系和治理能力现代化的要求差距较大，差别化、特色化的人才培养格局尚未完全形成，因而不易有效满足各领域、各层次的法治人才需求。三是缺乏培养中国特色社会主义法治体系所需法治人才的长远发展规划和清晰的发展战略竞争战略。从目前来看，如何适应国内发展大势，培养出一大批始终能够忠于党，能够坚定不移地坚持中国特色社会主义法治道路，坚持把我国的根本政治制度、基本政治制度同基本经济制度以及各方面体制机制结合起来，坚持把党的领导、人民当家做主、依法治国结合起来的优秀法治人才，是目前面临的一个重大挑战，与此同时，还要最大限度激发法治人才的活力。当前这类法治人才的培养战略目标、战略规划还不够清晰。有的尽管有目标规划，但依然存在定位不清发展无序等问题，长此以往，效果难以彰显。

（二）有关科研院校与法治实务部门协调性协同性不足

一是高校等科研院校对法治人才培养的主体作用发挥得不足。一直以来，法学教育资源集中的高校普遍存在重科研、轻教育教学的不正常现象。高校的重点学科、重点研究基地、博士学位授权点、"2011"协同创新中心以及与之相应的各类人才工程项目等，其重要任务是法治科研工作，但完成这些任务应当促进教育教学，绝不能以削弱、牺牲教育教学为代价。目前忽视教育教学（特别是本科生教育教学）、弱化师生之间传道授业解惑的现象绝非个例也绝非偶然。二是相关教育科研单位法治教育的责任不够明确。如党校（行政学院)、有关社科管理部门、法学会、律师协会和中小学校等没有尽到应尽的培养法治人才的职责,自身的优势和培养渠道没有得到充分的发挥,法治人才的培养存在过于依赖高校教育的问题,过去还存在高校教育"一条腿走路"的现象。三是各种法治实务部门没有充分发挥人才培养的重要作用。立法机关、行政执法机关、审判机关、检察机关、党委党内法规工作机构以及律师事务所、企业法务部门等机构,对培养法治人才的职责定位模糊不清,造成法治人才实践教育这一重要环节严重缺失,导致法治人才培养与产业需求脱节等问题突出。

(三)对教学内容的意识形态性科学性实用性重视不够

一是对法治人才的思想政治工作的导向作用重视不够。部分高校存在偏重于西方法学理论、缺乏鉴别批判等问题。正如习近平总书记所指出的"实际工作中,在有的领域中马克思主义被边缘化、空泛化、标签化,在一些学科中'失语'、教材中'失踪'、论坛上'失声'"。该情况在法学领域表现格外突出。二是法律职业伦理和法治理念分量太少。无论是党校还是高校,均需要注重对具体法条的解读和抽象理论思辨能力的培养。但不能因为偏重法律知识的讲授,而削弱或缺少了马克思主义的法治理念教育、法律职业伦理的系统教育。不能在法释义学、比较法、案例研究中,忽视社会主义核心价值观的教育,而应积极引导法学专业的师生不断提高思想水平、政治觉悟、道德品质、文化素养,使之德才兼备、全面发展,成为社会主义核心价值观的坚定信仰者、积极传播者、模范践行者。三是未对复合型、应用型知识引起足够重视。有些高校过于看重法学本科专业化教育,忽略综合素质提升,导致培养的部分法治人才视野狭隘,很难适应社会全面发展对法治人才的需要。另外,一些地方的法治人才侧重于培养律师、法官、检察官等司法人才,不能有效满足立法者、执法者、普法者、党内法规工作人员等多环节法治人才的需求,不能有效为全面推进依法治国提供全方位系统性的人才保障。

(四)现有法治人才培养方式时代感吸引力不强

一是法治实践教学效果欠佳。法治人才的培养,无疑要用好课堂教学这个主渠道，但必须重视实践教学环节，如模拟法庭、法律诊所、法律谈判、法律调解、基层公共法律服务、法治演讲、法治文艺演出、法治夏令营等体验式、操作式、交互式学法、用法实践教学活动。但目前这方面还存在思想上不够重视、实践中流于形式、效果上达不到实践教学应有的要求等问题。二是对外交流效果不理想。从整体来看，一些高校蒙头关门、脱离社会需求办学的现象仍然不同程度的存在。主要体现在国内、国际交流渠道偏窄，"走出去、引进来"的教学方式渠道不畅。三是在法治人才培养中信息网络技术运用不充分。运用新媒体新技术使法学教育方式活起来动起来，推动法学教学的传统优势同信息技术高度融合，有助于增强时代感和吸引力，深刻改变人才培养方式。但目前相当一部分高校的法学教学模式、教学方式、教学方法因多种原因，固守传统思路的状况还比较明显。法学教育优质资源也难于实现有效共享。那种懂得通过利用互联网、大数据和新媒体，集聚优势资源、打造权威平台、推出示范品牌，开展形式多样的网上法治教育、舆情引导和营造出浓厚的法治氛围的人才培养方式，还比较少见。[1]

三、新形势下完善法治人才培养的路径选择

（一）加强四大体系建设

必须清醒认识到我国在法学理论体系、学科体系、课程体系、教材体系等建设上存在的问题。比如：法学理论体系建构没能汲取中华传统法律文化的精华，没能做到古今中外法学理论体系的有机统一；学科体系仍存在赶时髦、随大溜的现象；课程体系尚不够科学合理，还有应试教育的影子，专业必修课、选修课和实践课的比重不协调，特别是本科课程设置在不同地区、不同层次的高校和科研机构中没能因时因地制宜；教材体系存在教辅材料数量众多、质量良莠不齐，需要统一编纂的没有统一核心教材，需要专门编纂的没有专门的

---

[1] 梅哲、王志："创新法治人才培养机制"，载《红旗文稿》2017年第5期，第30~32页。

教材等问题。这种状况必须彻底改变。《决定》提出,要"加强法学基础理论研究,形成完善的中国特色社会主义法学理论体系、学科体系、课程体系,组织编写和全面采用国家统一的法律类专业核心教材,纳入司法考试必考范围"。全面推进依法治国,要求法治人才必须掌握扎实的中国特色社会主义法学理论,要求法治人才培养应当更加注重中国特色社会主义法学理论研究,形成完善的中国特色社会主义法学理论体系。法学教育工作者应当立足中国现实,扎根中国法治实践,放眼世界,深入研究,逐步形成具有中国特色、中国气派、中国风格的中国特色社会主义法学理论,为法治人才培养提供理论与学术的滋养。在学科体系和课程体系建设上坚持"立德树人、德育为先"导向,做到"高等法学教育坚持专业教育与通识教育并重、大众化教育兼顾精英教育",促进法学教育、司法教育及法律职业之间的良性互动,科学合理设置学科和专业,做到课程的研究性和应用性相结合,不单纯以学分为测试标准,利用网络技术改进教学方法,增加案例课和实习调研课,打造"鲜明的中国特色、完整的知识结构、适度的学分要求、丰富的选择空间"的法学课程体系。同时,应组织编写国家统一的法律类核心教材,强化法治的核心概念、理论和方法,将所学所知纳入到司法考试范围;编写与时俱进、分门别类的教辅材料,针对不同地区、不同院校对学生的教育模式、培养目标,做到因时、因地制宜。

(二)优化法学师资队伍

建设一支"有理想信念、有道德情操、有扎实知识、有仁爱之心"的高水平法学师资队伍是实现法治人才培养质量提升的重要保障。优化法学师资队伍,首先要坚定师资队伍的理想信念,让所有的法学专业的教师成为马克思主义法学思想和中国特色社会主义法治理论的坚定信仰者、积极传播者和模范践行者。其次要优化法学师资队伍的结构,要根据社会主义法学理论体系、学科体系、课程体系的建设需求,从学科建设的龙头地位和教学工作的中心地位出发,培育高层次人才队伍和创新学术团队,推动法学理论研究的发展与法学人才培养机制的创新。三是要鼓励支持政法部门有较高理论水平和丰富实践经验的专家到高校任教,鼓励支持高校教师到政法部门挂职,实现高校与实务部门的人员的双向交流机制,提升法学师资队伍的素质与水平。师资队伍是培养人才的关键环节,其政治立场、理论功底、职业情操等直接影响甚至会决定学生的一生。《决定》强调要"重点打造一支政治立场坚定、理论功底深厚、熟悉中国国情的高水平法学家和专家团队,建设高素质学术带头人、骨干教师、专兼职教师队伍"。为此,必须强化教师的专业素养、教学科研、实践经验和职业品德,同时,对法学类师资进行培训,采取课程轮训、集中研修等方式,特别是对法学重点类课程授课老师,基层、边远和民族地区的师资,中小学师资进行思想政治素质、业务工作能力、职业道德水准等综合培训。

(三) 创新招录、交流、协同机制

创新法治人才培养机制,须对人才的招录、交流和协同等机制进行全过程、多方位的开发和利用。第一,创新招录机制,即落实"卓越法律人才教育培养计划",提高应用型、复合型法治人才培养质量。同时,加强与法律实务部门的合作,实现联合培养法治人才的常态化和规范化。例如,在高校和科研机构招生计划中实行双导师制,推动专业学位与职业资格有机衔接。在法治专门队伍的招录方面,《决定》强调"健全从政法专业毕业生中招录人才的规范便捷机制",将从学与就业无缝隙对接,从而激励政法专业学生学知识和长本领。第二,创新交流机制,一是创新法治工作队伍内部的交流机制。《决定》指出"健全政法部门和法学院校、法学研究机构人员双向交流机制,实施高校和法治工作部门人员互聘计划"。二是创新法治人才内外交流机制。《决定》要求"建设通晓国际法律规则、善于处理涉外法律事务的涉外法治人才队伍"。涉外法治人才队伍的培养可以采取国外院校交流、双学位联合培养、国际组织实习、出国考察等人才交流机制,从而达到开拓国际视野,提升涉外法治能力的效果。第三,创新协同机制,即指法治人才的培养是一个系统工程,需要多部门、多主体的通力合作。在实际中已经有一些好的举措,国务院学位委员会、教育部、人力资源和社会保障部成立专业学位研究生教育指

导委员会,邀请最高人民法院、最高人民检察院、公安部、司法部等负责同志参加,有利于发挥各个部门的优势,集思广益,形成合力,打造知行合一的优秀法治人才。①

(四)改进法治人才培养模式

首先,法治人才培养模式的优化要与法治队伍建设的现实需求充分对接,在法律职业教育的总体目标与统一规格基础上,实现法治人才培养模式的类型化。要以"卓越法律人才教育培养计划"三个类型的人才培养基地为依托,以法治工作队伍建设需求为导向,夯实基础、强化重点、突出特色。其中应用型、复合型法律职业人才培养模式要进一步强化实践教学,重点突出与实务部门在联合培养人才过程中的常态化、规范化的体制、机制建设。其次,要坚持"宽口径、厚基础、提能力、多样化"的法治人才培养模式。要围绕教学与研究两大主题,对接法学基础理论前沿,并结合当代中国法治实践,准确把握中国特色社会主义法治理论最新成果,准确把握中国特色社会主义法治建设丰富实践,准确把握本学科领域的最新进展,提高法治人才应用能力。加强法学教育与司法考试、法律职业的衔接。创新开展博雅教育,注重人文底蕴和社科知识的培养,注重健全人格、公民素养、自律自制、终身学习、团队协作的培养,提高法治人才综合素质和复合能力。

(五)变革实践教学方法

全面推进依法治国,要求法治人才具备基本的法律职业技能和较强的法治实施能力,进一步优化实践教学成为法治人才培养的关键。实践教学是巩固理论知识和加深理论认识的有效途径,是培养具有创新意识的高素质人才的重要环节,是理论联系实际、培养学生掌握科学方法和提高动手能力的重要平台,是实现人才的知识、能力、素质协调发展的重要途径和手段。实践教学应和理论教学在时间、空间和内容上统筹考虑,贯通一体。但实际上国内高校实践教学

---

① 孙培军:"创新法治人才培养机制",载《学习时报》2014年12月22日。

环节目前仍存在不少问题和困难,导致未能形成实践教学活动创新项目与理论教学的有机融合,与法治人才实践创新能力培养目标相去甚远。笔者认为,只有在法治人才培养中始终坚持"注重基础、强化训练、加强综合、培养能力"的基本原则,不断深化实践教学改革,方能解决上述问题。具体而言,首先需要进一步提高实践教学学分比例,提高法治人才培养中的实践教学要求。其次需要加强实践教学过程控制,切实提高实践教学的效果。再次需要创新实践教学模式,重点是将实务部门的优质实践教学资源引入高校中,通过建立协同育人的长效机制,打破学校与社会、企业、政府部门的体制壁垒,加强校企、校府、校地、校所合作,引导政府部门、法院、检察院、律师事务所、企业等实务部门力量参与法治人才培养,真正实现在法治人才培养中同步实践教学。[①]

(六)改革法学教育方法

全面推进依法治国,要求法治人才能够主动适应时代要求,法治人才培养过程应当更加注重优化教育教学方法。首先要更新教育教学观念,追求高效课堂,转变教学方式,提升培训水平。更加注重落实学生主体地位,更加重视学生学习,更加注重教学为学习服务,为各类学生提供表现空间。其次要充分利用现代信息技术,探索并推广利用信息技术的多样化教学模式和教学方法。优化教学方法的关键是推动小班教学,鼓励教师采用参与式、讨论式、交互式教学方法,同时加强现代信息技术在教学过程中的应用。尤其重视推广案例教学法,强调学生参与体验,培养学生自主学习能力和创造能力。案例本质上是提出一种两难情境,没有特定的解决之道,教师在教学中扮演设计者、引导者和激励者的角色,鼓励学生积极参与讨论,以实现教学目的。教师可通过多案例、多讨论、多分析等良性互动方式展现教学内容,让每一名学生在极大的兴趣指引下理解和接受知识,在运用理论解决问题的过程中最终达到掌握理论知识,提高实践能力的目的。

---

① 黄进:"创新法治人才培养机制",载《人民日报》2014年11月12日。

法科学生在高校教学中的主体地位

黄栋梁[*]

摘　要：尽管教学活动中教师和学生各处于什么样的地位没有达成共识，但学生在教学中的主体地位为多数观点所认可。大学生的教学主体地位的树立和挖掘对高等教育的开展具有重要意义，但其主体地位的实现还存在来自教师、学生和教育体制等种种困境。真正发挥法科学生的主体地位，应该树立起主体的目标追求，发挥主体的主观能动性，当然还需要对应主体的协助。

关键词：法科学生　高校教学　主体地位

一、关于教学主体地位的争论

古今中外，教育界对于在教学活动中教师和学生应分别处于何种地位的问题的争议，无休无止。概括起来，主要有这么几种观点[①]：第一种是"教师中心论"，以赫尔巴特为代表，主张教师应在教育教学活动中处于绝对支配的地位，强调学生只是教师教育的对象而无视其主体性；第二种是与其相对立的便是以卢梭、杜威等为代表的"学

---

[*] 作者简介：黄栋梁，男，法学博士，湖南科技学院讲师。
[①] 参见胡弼成主编：《高等教育学》，湖南人民出版社2010年版，第132～135页。

生中心论",认为在教育教学活动中起支配地位或决定性作用的应是学生而非教师,教师在教学中的作用只是"引导"而非"直接干预";第三种是"主导—主体论",认为在教育教学活动中,教师是主导,学生是主体;第四种是"主体—主体"的"双主体论",认为在教学活动中,教师和学生都是平等的、民主的主体;第五种是"教育主体的一体两面论",认为教育主体是唯一的,即学生与教师在需求与满足需求过程中的合而为一,教学活动是教师的"教"与学生的"学"的两面的统一。

显然,上述几种理论中除"学生中心论"和"主导—主体论"外都毫无例外地承认了教师的主体地位,其次除了"教师中心论"外,其余几种理论也都认可了学生的主体地位,只是这种主体与教师的主体的地位权重不同。因此,笔者认为,尽管存在这些争议,但学生在教育活动中的主体地位应当得到重视和挖掘,法科学生尤为如此。

二、大学生作为高校教学主体的意义

第一,大学生是高等教育开展的前提。众所周知,高等教育是在中等教育的基础上,为社会培养各类高级专门人才的活动。因此,高等教育必须注重"以人为本"的教育理念,充分激发人的潜能,挖掘人的价值,引导完备人性的建构与发展,并通过文化的传递、内化、融合和创新使个体社会化。这里的"人"无疑是作为教学活动主体之一的大学生,缺之则所谓的"高等教育"就无从谈起。

第二,树立和加强大学生的教学主体地位是高等教育教学的题中之意。大学生不仅是高等教育开展的前提,而且还是高等教育开展的核心。所谓"教学"就应该有教有学,而且教为手段,学为目的。如果只注重于"教",一味重视教师在教学中的主体地位,而忽视了"学",弱化甚至无视学生的主体地位,那么,"教学"就沦为机械性的活动,学生只能是被灌输的对象,纵使知其然也不知其所以然。这样,"教"与"学"就会严重失衡,从根本上违背"教学"的规律,"学"的目的最终也不能达到。

第三,树立和加强大学生的教学主体地位是高等教育教学质量提高的重要环节。高校教育与其之前的教育一个最大的区别就是更应重视学生的主体地位。在中小学，教师的最大目的是教会学生知识，比如让学生知道"1加1应该等于2"，所以，教学更多的是一种传授知识的过程；而高校教学则不然，它更多的是一种分享知识的过程，比如应该向学生呈现出"1加1确定等于2吗？""1加1在哪些情况下不等2，为什么不等于2而等于其他呢？"等。所以，高校教学中，教师往往会抛出一个问题，引导学生从不同角度去分析问题，甚为很多问题还没有现成的解决方法，教师的答案也只是一个引导或参考。这样让学生最终掌握了学习的主动权，学会了学习，哪怕是离开了高校，离开了教师，依然可以自主学习。这样，就从根本上保证了高等教育教学质量的提高。

第四，树立和加强大学生的教学主体地位还是实现培养目标的重要保障。不同层次的高校、不同的专业都有着与其相符的培养目标。对法学专业而言，地方一般本科院校培养的都是应用型的法律人才。最普通的理解，应用型的人才应该是能解决实际问题的人才，是有主体意识的人才。所以，在高校教学中，法科教师若只是教学生一些基本的法学原理和理解重点法条，而法科学生在课堂里也只是背下老师教的理论和条文，又怎能期盼这样的学生在毕业后能用法律武器去解决社会中所碰到的纷繁复杂的法律问题呢？

三、主体地位实现的困境

尽管在上述几种关于教学主体地位的争议中，似乎除了"教师中心论"外，其余几种观点都肯定了学生在教学中的主体地位，但现实中，学生的教学主体地位却一直未得到应有的重视和挖掘，究其原因主要有以下几种：

第一，教师方面的原因。由于"尊师重教"等传统文化的影响非常根深蒂固，教师作为教学的主体或主导地位一直备至推崇。很难想象在这种理念下，大学课堂若没有教师的主导和参与，还怎能予以为继。于是，教师们的功力依然放在传统的"传道""授业"与"解惑"。责任心缺席的教师只能是四平八稳地"照本宣科"，责任心强的教师则花费很大的时间和精力来备课，搜集很多的相关知识，然后一股脑儿地灌输给学生。教学方法当然只能倚重于传统的"讲授式"，学生或听得被动、听得乏味，或记得辛苦，不知其所以然。

第二，学生方面的原因。一方面，由于在传统的教学环境里，"乖学生"的形象应该是上课毕恭毕敬地听，勤快地记笔记，积极地回答老师们的提问，所以学生也投其所好，以此来要求自己，以得到老师的肯定。这也就是说明双方都没有重视和挖掘学生的主体地位。另一方面，教师虽已重视学生的主体地位，改变了教学方法，但学生不配合，教学活动难以顺利开展。比如，研讨式教学非常能挖掘学生的主体地位，但对学生的要求也非常高：要求学生提前预习，查资料，整理思路，课中积极发言或辩驳，课后善于总结，等等。若学生课前不做足功课，研讨只能是空话，最后还得由教师来灌输。

第三，体制方面的原因。教学活动中，虽然教师或是学生能意识到学生的主体地位，但得不到应有的重视和挖掘，除了上述两种直接原因外，最根本的原因应该是教学体制的问题。虽然我们重视和推崇素质教育，但应试教育却始终如影随形。学生从懂事起，便树立起努力读书，将来考个好大学的崇高目标。中学的教育更是以高考为指挥棒，强调考纲和考点。大学生的目标更直接，近则是期末考试的过关或取得好成绩拿到奖学金，远则是司法考试或考研。甚至大有高年级的学生高举司法考试或考研的大旗而缺席课堂，或是无视课堂。在这样的背景下，大学生的主体地位得不到重视和挖掘，大学教学的目的和宗旨也就完全沦落了。

四、主体地位实现的途径

在充分意识到大学生在高校教学中的主体地位的重要性以及阻碍大学生主体地位得以挖掘的原因后，笔者认为，高校法科大学生主体地位的实现应从以下几个方面来寻找：

第一，树立起主体的目标追求。作为教学活动的主体，首先应该有自己的目标与追求。大学生在踏入大学的那一刻起就应树立起或逐渐树立起这种追求，浅言之就是问自己这四年大学要学会什么。

对法科学生而言,应树立的目标追求应该涵盖这四个方面:首先,总体而言,"大学之道在明明德,在亲民,在至于至善"。即要搞懂为什么读大学,读大学的目的和宗旨是什么。这是发挥高校学生主体地位的第一步,只要走出了这一步,学生在今后的学习中的主体地位基本便能得到保障。其次,全面的、系统的法学知识。法科学生今后要解决的是法律问题,全面而系统的法学知识是今后顺利履职的基础,要打好这个基础,被动地听是不够的,还得主动地去学。再次,高超的法律技能。丰富的理论知识本身并不代表高超的办事能力。所以,法科学生除了在课堂里学好法律基础知识外,功夫还得下在课堂外,如去法律实务部门学习,参加模拟法庭或辩论赛等,以培养和提高自己的辩驳能力、法律文书的写作能力等。最后,法科学生不能忘了自己的"法律人"的身份,应该有着天下为公的法律情怀。唯以此为指引,而发挥自己的主体作用,才能最终保证职业上的成功,真正成为我国法治建设的主力军。

第二,大学生教学主体地位实现的关键和根本途径在于善于发挥其在学习中的主观能动性。能动性是"主体"的最大特征,学生的主体地位要体现在对学习的兴趣性、积极性和主动性上。既然选择了这个专业就应热爱这个专业,积极主动地学习专业知识。对于法科学生而言,首先课前要做好准备,这里也就是通常所讲的"预习"。预习的材料包括教材、图书、网络资源,预习的过程中要善于标识,要抓大意、抓重点,将不懂的、有疑问的记下来。这样,课堂就不再纯粹是教师的课堂,而是自己的课堂。因为,主体已经在潜在地掌握课堂的进程了,即这堂课我要学会什么知识,而不是只指望老师这节课会教什么知识。其次,课中还要善听、善思、善问、善辩,要求"三子(脑瓜子、笔杆子、嘴巴子)"并动。善听,不是被动地听,而是在预习的基础上有目的有重点地听,听的对象不仅仅是教师的观点,还可能是同学们的观点。在听的过程中,同时要学会识别,学会分析,要明确赞同什么、反对什么、主张什么、理由是什么、疑问是什么等,并且要呈现于课堂,做到"三子"并动。这样,学习的主体性将会发挥得淋漓尽致。当然,课后还得善于归纳总结,活学活用。所以主体的能动性是贯穿于整个学习过程的,并不局限于课堂,这样前述主体的目标追求才能根本实现。

第三,高校学生教学主体地位的实现还需对应主体的协助性。主张学生的教学主体地位并不代表否认教师的教学主体地位,反之,需要教师这一对应主体的协助,才能真正发挥与实现学生在教学中的主体地位。具体来讲包括三个方面:其一,教师应采用合适的教学方法。教师应根据不同的教学内容采用不同的教学方法,总体上应大力提倡能激发学生主体能力的研讨式教学法或参与式教学法,尽可能地避免灌输式的讲授式教学法。其二,教师应设计科学的考试模式。考试不应成为考查学生记忆力的工具,而应全面地客观地考查学生主体地位发挥的程度,即运用具体知识解决实际问题的思路和能力。其三,社会评价对学生主体地位的实现也有一定影响。实务部门在录用毕业生时,不应只重视学生的成绩,还应注重学生的应用能力和综合能力。

法治中国视野下法学本科职业人才培养模式的反思

杨传兰[*]

摘　要：随着经济的发展和社会的变革，法律人才培养是通业教育还是专业教育，是理论教育还是职业教育越来越受到关注。如何对法律人才培养模式进行改革，培养出适格的法律人才成为法治中国视野下各高校法律院系追求的目标。分析法律人才培养出现的瓶颈，究其原因进而提出对法律职业人才培养模式的构建为以后法律教育教学改革提供了一定的方向，利于创新性和实践性法律人才的培养。

关键词：法律人才　实践教学　培养模式

随着社会经济的高速发展，各项改革的全面深入进行，依法治国的进一步推进，传统法律教学培养的人才能否适应实用性很强的当今社会受到质疑。因而在全面深化改革的今天如何培养法律人才，培养什么样的法律人才，采取什么样的培养模式培养法律人以适应日新月异的社会变革成为各大高等院校法学院系本科专业人才创新追求的目标。

---

[*] 作者简介：杨传兰，女，山东临沂人，湖南文理学院法学院讲师，研究方向为民商法。

一、法学本科人才培养模式出现的"瓶颈"

(一)盲目推崇法学教学改革,缺乏实用性

其一,随着全面深化改革部署的进行,依法治国的进一步深入实施,各大高校法学院系紧跟时代步伐,为培养法律创新性实践人才积极推行法学教学改革。首当其冲,就是盲目修订法学教学大纲,增减课时。为了培养法学专业学生所谓的具有实践能力、创新能力以及综合能力,而增加实践课时,缩短理论课程的教学课时。特别是依托学生考司法考试这一优势而去修改调整法学教学大纲,更甚至为了司法考试而盲目增加某些课程的课时,减少某些在以往司法考试中考试分值少的核心专业课时,这样不仅仅歪曲了法学人才培养的目的,甚至扭曲了司法资格证考试的本质作用。作为法学学生法学知识认证书的司法资格证是进入法律职业的敲门砖或者是进入某些特殊行业的必备条件,是为了检验法学学生在掌握基本法学理论基础上形成的法律思维、法律意识和法律实践能力,是督促学生、见证学生对法学知识掌握程度的测量表,却不是进入法学领域的唯一目标。

其二,盲目改进理论课上的教学方法,形成学和教深层系脱节。正如学者所言,法学教育与法律职业的脱节已经在深层次上制约、影响甚至阻碍着我国法学教育进一步改革和发展。[1] 不分课程性质,不分上课学期,盲目改进教学方法对法律人才培养的效果适得其反。尤其是在第六学期,学生准备考司考和考研的初级阶段更是教学严重脱节。这个时候的学生本身就比较迷茫,无论是案例教学还是诊所式等让学生自己参与进来的其他教学方法,多数情况下都流于形式。因为学生根本无兴趣,多数情况下只是为了应付老师的教学,完成所谓的任务。尽管同传统法学教学模式相比较,某种程度上改变了以往老师以满堂灌为主的授课方式,打破了老师主体地位,在理论

---

[1] 符启林:"中国法学教育的过去、现状与未来",载《太平洋学报》2007年第6期,第11页。

课堂上对学生的学习起到了促进作用,但是传统教学中抑制学生主动性、创造性,无法适应新形势下的法律人才的需求现象改观并不多。课堂出现的低头族、神游族、谈话族、司考族、公务员族和考研族等并没有减少,而所谓的学生面无表情,老师对牛弹琴,双方各自为政的上课局面仍然存在。

其三,实践课程无法真正满足培养学生的实践能力。在整个法学改革的浪潮下,各种实践性教学被提上日程,各院校追求实践能力的培养。尽管模拟法庭,法律旁听、毕业实习等实践课程学时增加,但是并没有达到开设的初衷。以毕业实习为例,一般学生在第七学期进行毕业实习,进入公检法司、律所和公司等单位进行法律毕业实习。这是对学生三年法学理论知识的检验和实践能力的认可,但是由于实习时间比较短,加上与考研、考公务员、考司考的时间相冲突等,学生并不能真正遵守学校和单位的实习纪律,有的学生干脆不参与毕业实习;即使有的学生参与了,但是基于实习单位的不信任,学生也只是去帮忙做端茶倒水、擦桌扫地等琐事,这样根本接触不到专业性的实务,更无法达到毕业实习人才实践能力的培养目标。

因而尽管各高校在法学教育领域实施教育改革,探求新的法律人才培养模式,但仍不尽如人意,也没有直接达到法学教改创新人才培养目的,学生实践能力并不没有得到很好的提升。

二、法律本科人才培养受限制的原因分析

对于法学人才培养之所以法学理论与现实相脱节,出现瓶颈现状主要有以下几个方面的原因。

(一)人才培养目标定位不准,容易导致偏离实践

首先,法律人才培养目标决定法律人才培养方向。因而法律人才培养目标的定位基准不同是导致法律人才培养模式出现瓶颈现状的主要原因。在法治中国的今天,各大高校法学院系都凭借自身优势进行法学教育转型的同时也在借鉴其他高校法律专业人才培养的模型,意图将其为己所用。但是各个高等院校法律专业培养的实际

情况不一致,是进行所谓的大众化的通才教育好还是进行精英似的专业教育好呢?尤其是二本院校中的法律人才培养,是纯粹的进行纯理论的法律基础知识的教学,培养通论人才,还是针对实际情况进行深入的专业理论教育,培养纯粹理论研究性的法律人才?是结合自身优势和当今学生就业情况,针对性的培养职业性法律人才,还是仅仅只是一般性的进行实践性教学?正是各大高校法学院系面临的困境。对于法律人才培养目标的模糊界定导致各院校在法学实际教学中盲目追从,失去自我优势和特色,出现了学生课堂上失去兴趣、手动能力差、实践能力弱的怪现象。

总之是纯粹学习法律理论知识、培养研究型法律人才,还是在掌握基本知识的同时进行职业化教育、培养法律职业型人才,是目前法律人才培养目标所面临的抉择。

(二)教学体制不完备,容易误导学生

缺乏正确的培养人才目标,影响了教学体制,误导学生的发展方向,容易导致理论与实践脱节,进而学生容易缺失分析问题、解决法律问题的实际能力和创新能力。而教学体制的不完备从另一方面也催发了人才培养模式瓶颈的出现。

1. 教学大纲设置不合理

教学大纲是进行法律人才培养的宏观性指导规则,是教学老师进行教学的依据。但是教学大纲的频繁修改和理论教材的随意变换,让其缺少了前后的衔接性和稳定性,使教学老师在理论教学中无法维护法律思维的统一性。而理论课时的随意更改和缩小,虽然是为了增加实践课时,突出了实践课程的重要性,更是为了彰显学生实践能力培养的重要性,但是从另一方面也显露该校法律教学目标的不稳定,更没有根据学生就业和院校所处的实际情况而制定教学中人才培养目标,其法律人才培养模式的局限性自然显露。

2. 法学考核制度的不适格

尽管法律人才培养中,各大高校都注重实践能力的形成,但是很少真正实现培养目标,其主要原因之二就是考核方式的不适格。我国目前各大高校法学领域中考核学习和实践能力的主要标准还是考

试形式,多数情况下采用闭卷考试,并要求题型多样化,如单选题、多选题、不定项及主观类的名词解释、简答题以及论述和案例分析等。而对于学生来说难度最大的就是不定项和案例分析题。这类多样化的考核方式,并不能对学生很好的起到激励作用。因为平时课堂上的听课和实践性的动手能力强的学生并不一定是期末考试高分的获得者。而奖学金恰好与期末考试的分值相关,有的学生课堂上根本不听,甚至不到堂,平时实践课也只是仅仅限于老师点名到场,但是在所谓的考试期末周,只要肯花时间好好复习所谓的重点就可以取得高分,拿到奖学金。这种考核方式不能真正彰显学生实力,甚至打击学生的学习积极性,更不用谈学生学习的主动性和学生法律能力的创新性,导致的最终结果是抑制学生的动手能力,培养不出所谓的真正具有实践性能力的法律人才,更不用提给社会真正输送具有较强综合能力的律师、检察官、法官等综合性人才。

(三)教学主体错位,导致学生缺少兴趣

教学相长,有教有学,其突出老师和学生双方的主体地位,但是以哪个为主,突出了不同人才培养目标的不同。在传统教学中,师者授业解惑也,重在师,以师的传教为主,学生重在听学。但是现代社会追求学生的实践能力和创新能力,突出学生的动手能力。而教学中受过去法学教学模式影响,老师还是以讲授为主,虽然在某些课程中实现了案例教学法、模拟法庭式教学,以及设置了法律旁听的辅助实践课程,但是并不能达到以学生为主,培养学生主动性的目标。案例教学时老师往往以案例为主分析法学理论,仍然以老师讲授为主,模拟法庭也是老师弄好剧本,学生背诵台词,重在表演;连法律旁听这样的辅助实践教学,也是从网上下载一篇小论文,稍加手动修改即可混够学分。这根本达不到所谓的学生为主,老师为辅的目的和培养职业人才的目的。究其原因主要在于老师不愿真正转变,学生恰好利用身份偷懒,学生还是沿袭高中时的角色,在课堂上老师不问我就不主动参与讨论、不主动动手,自己可以节约很多时间做低头族,尤其是大三还要参加考司法考试,正好可以在课堂上充当空气,自己多看司法考试书,取得法律知识的认证书才是真道理。在这样逻辑

思维的影响下,学习是老师的事情,最后是四年科班学习结束,背包一无所有闯社会,或者转行做其他。错误的思想影响错误的人生,错误的思维影响错误的能力。正是教学逻辑思维的影响导致教学主体的错位,从而影响实践能力的培养,导致越来越缺失真正的具有创新能力的职业性的法律人才。

三、依法治国视野下法律本科职业性人才培养模式的构建

(一)正确定位法学本科人才培养目标

对于法学本科人才培养目标来说,只有正确定位才能量体裁衣确定好适合本院系的人才培养模式。对于法律人才的培养目标,有的高校将其确定为纯粹理论习性教育,有的学校将其确定为纯粹实践性教育,有的学校将其确定为基础性教育,有的学校将其限制为专业性教育。其实一般的法律本科教学的目标应该是在基础教育上的职业性人才培养。将其定性为职业性人才,主要取决于本科院校法学类学生以后的就业趋势。法学学生10%左右能够通过司法考试,15%左右可能会考研进一步深造,另外余下的绝大多数法律类学生会直接考公务人员,进入公检法系统,少数法律学生会进企业从事法务。但是不论哪一类,社会这个大市场需要具有职业能力的人才,希望学生进入社会后就可以直接融入工作中,即使是考上研进一步深造,但是也离不开实践工作,因而把本科法学类人才培养目标界定为职业性人才符合当今社会的走势,这与理论学习并不矛盾。

(二)解决三大矛盾,建立适格教学体制

教学体制适格与否在某种程度上决定了法律人才培养目标能否实现。即对于一般的法律本科院校,想推行职业人才培养模式必须做到教学体制适格,而教学体制中适格的关键是制定合理的教学大纲。法学类学生对于4年的学习生涯,真正法学理论的学习只有5～6个学期,剩余的学期有模拟法庭、毕业论文、毕业实习等实践课程,同时还要面临考公务员、考研和司法考试等诸多与理论学习在时间

上的矛盾。如何解决面临的诸多矛盾，合理安排教学大纲即成为形成职业性人才培养模式的关键。只有解决好三大矛盾，才能真正达到培养人才的目标。

其一，法学理论课程体系内部矛盾。高校法学教学理论课程具体包含哪些法学课程，哪些是核心类，哪些是非核心，哪些是必修专业课，哪些是选修课，向来存在诸多不同。解决此类矛盾应该由高校根据自身的实际情况决定，一般法学体系内容至少包含民法、民诉、刑法、刑诉、三国法等14门核心课，太过精简无法形成法律课程体系，太过繁杂则教学课时不足，甚至会影响实践课的进行。本着能够形成法律框架、便于培养学生法律思维和法律实践能力的观点进行安排。同时核心课内部之间课时的多少，应根据课程内容的多少和难易来确定，而不是把司法考试作为评判安排课时多少的依据。

其二，理论课与实践课之间的矛盾。理论课安排的学期和课时的多少关系到实践课程内容的学习，解决好这一矛盾对于培养研究型人才还是倾向职业型人才至关重要。第一和第二学期可以尽量安排多些理论课程，实践课尽量安排在第六学期以后，而且基于就业压力问题，可以在大四尽量不安排理论课的学习。尽管理论和实践相矛盾但是不能完全分开，在课堂传授理论时可以适当加入实践，正如前所说，参与互动式教学，只是课时分配上各院系根据自身实际情况而定。

其三，课堂学习与其他考试的冲突。第六学期学生一般准备考司考、考公务员和考研，即没有太多时间进行理论和实践学习，如何化解这对矛盾对学生能力培养也至关重要。因而修改教学大纲时，正如前所述可以把法学理论课程尽量安排在大一、大二和大三上学期，即前五学期。大三下学期最好少安排课，大四两学期最好没有课程安排。可以实行选课制，要求学生提前修完专业课，为以后的考研、考公务员节约时间，化解矛盾。

（三）确定合格的考核方式

尽管高校教育是素质教育，各高校也一直致力于实践性和理论型人才的培养，但是对学习成果的重要的衡量标准还是一直沿用传统的以考试方式为主,只有所谓的选修课才准许以考核方式。这种闭卷形式的考试只能逼着学生当书呆子或者逃避上课只要期末周好好复习就可以达标,与实践型人才培养目标不相匹配。法学职业型人才培养,重在培养学生的实践能力,理论课学习只是基础性知识,掌握与否关键在学生自身,因而可以换成平时考查和期末考查的方式。平时考查的评分标准可以由教师根据学生上课的学习和参与程度来决定,而期末考查则可以以论文或者报告等自由的形式来决定,给老师自由也给学生自由,以达到在学生学习过程中培养人才的目的。

(四)转换师生角色实行开放式互动教学

为实现法律人才职业性教育的培养目标,创造更好的环境培养学生的学习兴趣,开发学生的主动性、创造性;培养学生正确的法律思想和法律意识,形成学生自己的法律思维,必须教学双方转换身份,形成教学互动。首先,教学老师不仅仅要有深厚的法学理论知识,具有传授理论知识的能力,还应该具备实践教学的能力,适当时候学校应投入一些资本,让教师在教学的同时有机会走出去,提升自己;也可以引进具有实践经验的法官、检察官、律师等兼职教师给学生上课。课堂上,应该按照各门法律学科的特色,采用不同的教学模式,是案例式教学还是模拟研讨式教学,由教师自行决定。最关键的是让学生真正参与其中,形成真正的互动式教学。课下可以充分利用网络时代的特点,形成所谓的开放式教学,课上互动与网络开放相结合,网络答疑和社会实践相结合,促进学生自己发挥自身的积极性和主动性,从而引导学生发挥潜力。其次,各高校法学院系可以结合地方的优势,与公检法等机关一起建立真正的教学实践基地,根据学生的自身爱好,在学习理论的同时自己可以直接进入基地学习实践知识,条件许可的情况下,教师可以直接带领学生从事法律工作。法律专业是技术性专业,做法务更是个技术性的活,只有经过真正的锤炼才能具备真正的法律知识和解决问题的能力,才能在法治中国下培养出真正的法律人才。

总之,法律人才培养模式的构建取决于法律人才培养目标的定性,如何培养出适合现代经济高速发展的职业型法律人才是高校法学院系追求的目标,也是检验法律职业技术的标准,但是其会随着社会进步、经济发展而变化。

参考文献

[1]焦富民."法治中国"视域下法学教育的定位与人才培养机制优化[J].法学杂志,2015(3).

[2]凌瑞金."教师指导下学生参与型"法学教学模式探究[J].企业家天地,2009(3).

[3]胡锐,杨丽艳,薛然巍.对法学应用型人才培养模式的反思[J].教育探索,2012(1).

[4]毛牧然.我国法学本科实践教学的重要作用与强化措施[J].沈阳大学学报(社会科学版),2014(2).

领导干部法治教育的现状问题与完善对策研究

段红柳*

摘　要：加强领导干部法治教育对全面推进依法治国意义重大。针对当前领导干部法治教育在教育对象、教育内容、教育模式及教育效果上存在的问题，建议进一步明确重点，丰富内容，强化领导干部法治素养教育；创新方式，拓宽渠道，增强领导干部法治教育的针对性与实效性；健全制度，加强监督，推动领导干部法治教育制度化、长效化。

关键词：领导干部　法治教育　依法治国

党的十八届四中全会《关于全面推进依法治国若干重大问题的决定》明确指出："坚持把领导干部带头学法、模范守法作为树立法治意识的关键，完善国家工作人员学法用法制度"。习近平总书记也多次强调全面依法治国必须抓住领导干部这个"关键少数"，要求领导干部做尊法的模范，带头尊崇法治、敬畏法律；做学法的模范，带头了解法律、掌握法律；做守法的模范，带头遵纪守法、捍卫法治；做用法的模范，带头厉行法治、依法办事。这既表明了党中央对加强领导

---

* 作者简介：段红柳，女，湖南益阳人，中共湖南省委党校法学教研部教授，联系方式：402580387@qq.com。

干部法治教育的高度重视,也体现了党中央在依法治国新形势下对各级领导干部法治教育的新要求,为领导干部法治教育提供了重要遵循。如何贯彻落实党的十八届四中全会精神和习近平总书记重要讲话精神,切实加强领导干部法治教育,助推领导干部做尊法学法守法用法的模范,是当前全面推进依法治国,建设社会主义法治国家的一项重要任务。

一、加强领导干部法治教育的重要意义

(一)加强领导干部法治教育是全面推进依法治国的必然要求

各级领导干部是中国特色社会主义各项事业的组织者和管理者,是经济社会领域各项政策的制定者和执行者。在全面推进依法治国新形势下,领导干部在建设社会主义法治国家进程中肩负着重要职责与使命,他们的一言一行,代表着党委政府的形象,显示着国家法律的权威,体现着国家治理法治化水平。只有领导干部真正尊崇并带头遵守宪法和法律,弘扬法治精神,坚持依法办事,才能有效推进依法治国,实现社会主义法治国家奋斗目标。因此,全面推进依法治国,必须抓住领导干部这个"关键少数",着力提高领导干部法治素养,增强领导干部运用法治思维和法治方式办事的能力。这就要求深化对各级领导干部的法治教育,帮助领导干部学习和掌握中国特色社会主义法治理论和法律知识,推动领导干部牢固法治观念,提高法治思维能力和水平,带头遵从法律,自觉在宪法和法律的范围内活动,切实维护国家法制的统一、尊严、权威,努力做到依法执政、依法行政和依法办事。实践证明,哪个地区、哪个单位重视领导干部学法用法,法治建设就有实效;相反,哪个地区、哪个单位领导干部法治教育图形式、走过场,就会造成该地区、该单位干部群众的法律素质低下,违法违纪问题突出,不利于法治进程的推进。

(二)加强领导干部法治教育是提高领导干部法治素养的现实需要

在全面推进依法治国的大背景下,一名合格的领导干部不仅需

要具备党性修养、理论思维、战略眼光、辩证思维能力等多种素养，而且必须具备较高的法治素养。改革开放以来特别是党的十五大提出依法治国、建设社会主义法治国家以来，我国社会主义法治建设取得了重大成就，各级领导干部不断增强了法治观念，提高了依法办事的能力，在推进依法治国进程中发挥了重要作用。但也必须看到，在现实生活中，领导干部的法治素养与依法治国要求尚有一定差距，不懂法、不敬法、不守法、不用法的现象依然存在。一些领导干部的法治意识还比较淡薄，人治思想、长官意识较为严重，以言代法、以权压法，个人说了算。有的把法律当摆设，借口改革创新而突破现行法律，自行其是，背离法治大搞人治；有的无视法纪，滥用权力，知法犯法、徇私枉法；有的在应对经济社会发展中各种复杂矛盾和问题时，仍然习惯于运用经济的、行政的手段，而不善于运用法律的手段依法妥善地化解矛盾纠纷，协调利益冲突，造成工作被动，甚至激发矛盾。这些问题的存在，无疑影响了党和国家的形象，损害了人民群众的利益，妨碍了经济社会的发展，阻碍了法治进程的推进。可见，加强领导干部法治教育，提高领导干部法治素养是当前十分紧迫的任务。

(三) 加强领导干部法治教育是引领全民守法的有效途径

加强领导干部法治教育，深化领导干部学法用法，不仅是推动领导干部树立法治观念，提升法治能力的重要举措，也是引领全民守法的有效途径。各级领导干部作为治国理政的领导者和组织者，其自身的法治实践对广大人民群众起着重要的引领和示范作用。领导干部带头学法、模范守法，自觉依法办事，必将以上率下，带动广大人民群众学法尊法守法，引领人民群众充分相信法律、自觉运用法律，形成遇事找法、解决问题靠法的行为习惯，使人民群众争做社会主义法治的忠实崇尚者、自觉遵守者和坚定捍卫者，进而在全社会形成崇尚法律、遵守法律、维护法律的良好风尚，推动法治国家、法治政府、法治社会一体建设。

二、当前领导干部法治教育存在的问题

我国法制宣传教育自1986年开展以来,历经30余年,应该说,在全民法律知识和法律意识的普及上取得了明显成效,各级领导干部的法律素质和依法办事的能力和水平普遍提升。近年来,随着依法治国方略的全面推进,领导干部的法治教育更显重要,各地各部门按照党的十八届四中全会提出的一系列新论断、新要求,积极探索建立领导干部学法用法制度,丰富领导干部法治教育内容,创新领导干部法治教育方式,取得了积极效果,为推进国家法治建设发挥了重要作用。但是,与全面推进依法治国的要求相比,与建设社会主义法治国家面临的艰巨任务相比,当前领导干部法治教育仍存在诸多不足,亟须完善与改进。

(一)在教育对象上,重业务领导教育,轻主要领导教育

各地区、各部门、各单位能否真正做到依法执政、依法行政、依法办事,与主要领导关系密切。因此,领导干部法治教育应当首先是对主要领导干部的教育,关键也是对主要领导干部的教育。但是,长期以来,组织开展领导干部法治教育,针对业务领导的较多,针对主要领导的较少。原因在于,认为主要领导干部特别是层级较高的主要领导干部,管大事、把方向,且工作头绪多,时间有限,对他们而言,学政治、懂政治是最为重要的素质要求,而学法律、懂法律、依法处理具体事务的能力则是业务领导应当具备的素质,因此,学法懂法用法被理所当然地认为主要是业务性领导干部的事情,而与主要领导干部关系不大。

(二)在教育内容上,重法律条文教育,轻法治精神培育

法治教育,固然需要对受教育者传授法律规则条文,但是对领导干部而言,在缺乏民主法治历史传统的条件下,加强其法治精神的培育,帮助其摒弃长期存在的传统"人治"观念,树立现代法治意识和法治信念尤为重要。法治的核心含义在于官员守法,官员依照法定

的权限和程序行使公共权力，克服权力的任性与妄为，彰显法律的公平正义。这就需要领导干部不能仅停留在法律规则条文表层的学习上，而要深入了解法律规则条文背后的原则、目的、精神，参透法律内在的价值真谛，领悟法律的公平正义。唯有真正认识到法律的内在价值和正义品质，才能使领导干部发自内心的认同和接受法律对权力的外在约束，进而在行使权力过程中遵从法律，自觉依法。现在有些领导干部之所以知法犯法、以言代法、以权压法、徇私枉法，就在于法治观念淡薄，法律精神缺失。这与以往领导干部的法治教育不无关系，在过去的法治培训教育中，长期以来都是以具体法律制度、法律规则教育为主要内容，而忽视领导干部法治精神、法治理念的传播与培育。

（三）教育模式上，重普法性教育，轻依法履职能力培养

多年来，领导干部法治教育往往以基本法律或新颁布的重要法律为主要学习内容，采取以会代训、集中培训、自主学习或组织法治讲座等形式进行。这种教育模式大多有着较为明显的普法性特点，体现在：在学习内容上，注重法律条文的宣传、法律规定的学习；在教育对象上，不分类别，统一施教；在教育目标上，意在通过学法而使领导干部知法，进而不违法。在依法治国的大背景下，这种普法性质的教育模式越来越凸显其不足，不能做到因人施教，因需施教，也使得教育流于法律常识的普及，浅显而不实用，难以满足各级领导干部对法治培训教育的现实需要。领导干部作为国家治理的重要主体，执掌着党的执政权力和国家权力。对国家事务和社会公共事务的有效治理，需要他们积极履行职责，依法行使权力，正确适用法律，做到依法执政、依法行政、依法办事。唯有如此，才能保障国家法律的实施，全面推进依法治国进程。这就要求在法治教育中，要强化需求导向，结合领导干部的岗位需要，坚持干什么学什么、缺什么补什么，用什么练什么，有针对性地加强与履行岗位职责密切相关的法律的学习，加大对如何适用法律、如何依法积极履行岗位职责的培训教育，做到学以致用，切实提高领导干部依法履职的能力和水平。因此，必须改变领导干部学与用、知与行相脱节的法治教育模式，增强法治教育的针对性和实效性。

(四)在教育效果评估上,重考试,轻实践

多年来,开展领导干部法治教育,其工作流程往往是制定计划、组织培训、举行考试。考试既是法治教育工作的最后一个环节,也成为法治教育效果的检验方式和判断依据。这种评价机制的明显缺陷在于重形式,轻实效。领导干部法治教育是党的宣传工作的重要内容,属于思想意识形态领域的一部分,其首要目的是促进领导干部思想观念的转变,即把领导干部长期存在的传统"人治"观念转变为适应建设法治国家需要的法治观念。法治教育是否有效,观念是否转变,远不能仅凭书面考试来判断,而必须依据行为实践去判断,即领导干部是否将法治要求落实在自己的行动中,是否依法用权、依法履职,是否运用法治的思维和法治方式处理改革发展稳定中的问题,是否尊重公民基本权利、维护公民合法权益等。因此,必须改变过去重考试的不合理的评价机制,建立以实践为重心的科学评价机制,以实现领导干部法治教育的最大效能,助推领导干部法治实践不断走向深入。

三、进一步加强领导干部法治教育的对策建议

加强领导干部法治教育,助推各级领导干部争做尊法学法守法用法的模范,可以从以下几方面下功夫。

(一)进一步明确重点,丰富内容,强化领导干部法治素养教育

为适应中国特色社会主义法治国家建设对领导干部提出的新要求,适应全面从严治党、依规治党新形势,领导干部法治教育必须紧贴实际,突出重点,丰富内容,促进领导干部牢固树立基本法治观念,提高法治素养,增强依法管理和服务社会的能力。

(1)加强社会主义法治理论教育,培养领导干部特别是主要领导干部的法治精神。党的十八大报告强调:"深入开展法制宣传教育,弘扬社会主义法治精神"。社会主义法治精神是社会主义法治的价值内核与灵魂,是社会主义法治所尊崇的法律之上、公平正义、制约

权力、保障人权、社会和谐等价值追求的总和,它融贯法治各个环节,成为法律制度构建的理性基础、法律实施的科学指南。① 培养领导干部的法治精神,在法治宣传教育中不能仅仅灌输法律知识,而必须加强社会主义法治理论的宣传教育。要通过法治理论的讲授与展示,将法治的要义、法治的价值、法治的内在机理等贯穿其中,唤醒领导干部对法治价值、法治精神的认同,培养领导干部的法治情怀,牢固领导干部的法治信仰。要通过法治理论的宣讲与教育,促使领导干部真正把握法治的精髓,厘清法权关系,摈弃旧有的法律工具主义思想,破除法律治民不治官的错误认识,树立权由法定、权依法使等基本法治观念,推动领导干部将法治精神内化于心,外化于行,形成依法用权、从严约束的法治自觉。

(2)加强宪法教育,把宪法教育作为领导干部法治教育的基本内容。宪法是国家的根本大法,坚持依法治国首先要坚持依宪治国,坚持依法执政首先要坚持以宪执政。作为各级领导干部特别是各级主要领导干部必须具备一定的宪法知识,弘扬宪法精神,增强宪法意识,这是保证其贯彻践行依法治国基本方略的重要前提。因此,开展领导干部法治教育,必须将宪法作为基本内容学好、学透,掌握宪法确立的国体政体、领导核心、指导思想、根本制度、根本任务、公民的权利义务等主要内容,深刻理解党的领导是社会主义法治最根本的保证,不断增强宪法观念,维护宪法至上权威。

(3)加强党章和党内法规教育,将党章党纪与法律法规并列作为领导干部法治教育的重要内容。党章是党的最高纲领,是党内"宪法";党规党纪是党内一切活动的准则,起到"准法律"的作用。加强领导干部法治教育,必须把"学党章守纪律讲规矩"摆在重要位置。纪在法前、纪严于法,把纪律和规矩挺在前面,教育引导党员领导干部增强党规党纪意识,严守纪律规矩,坚持廉洁自律,言有所归、行有所止,就能为领导干部遵从法律筑起一道坚实的防护墙,确保党员领导干部在法律范围内活动,依法行事、秉公用权,自觉远离党纪国法红线,成为党纪国法的自觉尊崇者、模范遵守者、坚定捍卫者。

---

① 江必新:"法治精神的属性、内涵与弘扬",载《法学家》2013年第4期,第1页。

(二)创新方式,拓宽渠道,增强领导干部法治教育的针对性与实效性

加强领导干部法治教育,必须紧跟经济社会发展的实际需要,结合领导干部的岗位、职业特点,创新方式方法,采取针对性措施,全面提高领导干部法治教育的实用性和实效性。

(1)突出需求导向,坚持学用结合。需求是创新领导干部法治教育方式方法、提高领导干部法治教育实效的前提和基础。不同层级、不同领域、不同行业的领导干部,由于其职能和工作特点不同,其学法用法的需求也有所不同。这就需要实施法治教育的相关部门和组织者通过各种途径和渠道,如健全法治宣传教育工作成员单位联席会议、信息通报等制度,依托诉讼、调解、信访等争议纠纷解决平台,运用网站、微博、微信等现代手段等,全方位、多层次了解各地区、各部门领导干部学法用法需求,有针对性地开展法治宣传教育,传授法律知识、传播法治理念、引导法治实践,真正做到因需而学、因人施教,学以致用,知行并进,解决学法用法相脱节的问题。

(2)强化科技运用,推进"互联网+法治宣传"行动。在信息时代背景下,对领导干部的法治宣传教育要在党校轮训、集中培训、专题辅导报告等基本培训形式基础上,注重运用互联网传播平台,加强新媒体新技术的运用,拓展法治宣传教育的渠道与途径。各地应构建起覆盖本地区所有党政机关的、统一快捷的开放式网上领导干部学法用法网络平台,组织新闻网络进行宣传教育,借助微信、微博、微电影等喜闻乐见的新兴媒介开展普法活动。各地区、各部门应依托党员远程教育网、党政机关局域网,开办领导干部学法网校,开设领导干部学法用法讲坛,并通过定期发送手机短信、举办网上考试等形式,充分发挥信息化在领导干部法治教育中的作用。

(3)坚持法治教育与法治实践相结合,增强教育实效。从法制的内在特质来看,它本身是一种实践理性。也就是说,法制不仅仅是一整套自洽的知识体系,更是一套以问题为指向的解决社会矛盾与冲突的方法。[1] 因此,在大力开展常规宣讲、知识理论灌输的同时,应更

---

[1] 转引自刘志刚等:"法学教育的转型与法律硕士专业学位研究生培养模式的探索",载《研究生教育研究》2013年第1期,第71页。

多地、更广泛地利用以案说法、现场教学等生动直观鲜活的宣传形式，在案件审判、纠纷调解等法治实践中开展法治宣传教育。为此，要积极探索参与式、互动式、体验式领导干部法治教育模式，通过领导干部自身的参与、体验，让他们深切感受法治的本质、真谛所在，增强法治教育效果。一方面，可以选取政府行政、官员渎职等典型案例，组织领导干部走进法庭，参与法庭旁听，把庭审现场作为法治教育课堂，以案释法、以案普法，教育领导干部牢记法律天平不能倾斜、法律红线不能触碰、法律底线不可逾越；另一方面，把从事法治实务一线工作的具有丰富经验的党政管理专家、法官、检察官、律师等请进培训课堂，为领导干部结合实务、运用实例讲授法治，并针对工作实务难题，提出法律对策，切实提高领导干部依法办事的能力与水平。此外，组织模拟法庭、结合本单位、本部门、本人依法推进工作或化解矛盾等事例开展法治交流等活动，也是将领导干部法治教育融入法治实践的好形式，有利于引导领导干部在法治实践中自觉依法行权，依法办事，不断提升运用法治化手段解决实践问题的能力。

(三)健全制度，加强监督，推动领导干部法治教育制度化、长效化

多年来，各级党委、政府和法治教育主管部门不断总结经验，认真探索和制定了一系列领导干部学法用法制度，如党委(党组)中心组集体学法、领导干部法治讲座、法治培训、法律知识年度考试考核、任前法律知识考试、任时宪法宣誓等制度，很大程度上推动了领导干部学法用法工作，并取得了明显成效。为深化领导干部学法用法，应在已有领导干部学法用法制度的基础上，进一步健全完善领导干部法治教育的制度链条，重点深化领导干部用法制度，加强考核，强化监督，推动领导干部学法用法从观念到制度、从认识到实践的全面落实，实现领导干部法治教育的制度化、长效化。

(1)深化述职述廉述法考核制度。把领导干部学法用法情况作为向上级报告工作和个人年度考核的重要内容。领导干部在年度考核述职述廉中要围绕法治学习情况、重大事项依法决策情况、依法履职情况等进行述法，包括是否落实好各项学法制度，坚持学法经常化，坚持重大决策前专题学法，是否保证学习时间和学习效果；重大

事项决策时是否严格按照法律的规定,进行专家论证、风险评估、合法性审查等,以预防和减少违法决策行为发生;在履职过程中,是否善于运用法治思维谋划工作,用法治方式分析和处理改革发展稳定中的各种问题,是否严格遵循宪法和法律的要求,自觉依法履职,做到法无授权不可为,法定职责必须为,是否坚持信息公开,自觉接受社会监督;等等。不仅如此,还应把述法考核结果当作衡量领导干部工作实绩、提拔任用职务的必要依据,以此作为内在动力推动领导干部尊法学法守法用法,厉行法治。

(2)完善检查监督机制。各地各有关部门应在党委的统一领导下,明确职责分工,加强协调配合,齐抓共管,加强对领导干部学法用法情况的检查监督:

一是发挥人大、政协的监督职能作用,经常地组织人大代表、政协委员对相应领导干部学法用法情况进行检查或视察,形成常态化,并将检查监督与人事任免、考核奖惩结合起来。二是采取自上而下的方式,由上级部门对下级所属部门的领导干部进行学法、执法情况定期检查,对存在问题进行跟踪和督促整改,推动领导干部学法用法工作有效发展。三是组织、人事和法治教育主管部门联合进行检查,切实把法治教育工作落实到领导干部培训和干部选拔任用等各个环节之中,使领导干部真正成为学法、守法、用法的模范。四是充分发挥社会舆论和新闻媒体的监督作用,对领导干部学法用法情况及其在学法用法中涌现出来的先进典型等进行报道或刊登,鼓励先进,激励后进;对领导干部学法用法中暴露的问题及违法违规行使职权行为等予以曝光,促进领导干部法治教育落到实处,取得实效。

新形势下实现我国法学本科毕业生充分就业的完善对策研究

李 灿*

摘 要：普通高校法学本科毕业生就业工作当前面临着诸多的问题，法学本科毕业生就业工作的有效解决对于全面推进依法治国有重要的意义。对当前普通高校法学本科毕业生就业问题可以从经济学层面探寻其原因，从改善人才培养结构和优化高校法学本科教育等入手来解决问题。

关键词：普通高新 法学本科 毕业就业

一、我国法学本科毕业生就业的基本概况

十八大报告提出："要推动实现更高质量的就业。就业是民生之本。要贯彻劳动者自主就业、市场调节就业、政府促进就业和鼓励创业的方针，实施就业优先战略和更加积极的就业政策。鼓励多渠道、多形式就业，促进创业带动就业。加强职业技能培训，提升劳动者就业创业能力，增强就业稳定性。健全人力资源市场，完善就业服务体

---

* 作者简介：李灿，女，湖南长沙人，中共湖南省委党校法学教研部副教授，联系方式：147117338@qq.com。

系。健全劳动标准体系和劳动关系协调机制,加强劳动保障监察和争议调解仲裁,构建和谐劳动关系。"积极做好高校法科毕业生就业工作。规范和协调劳动关系,完善和落实国家就业的政策,依法维护劳动者权益。

随着我国市场经济的不断深化、高校招生规模的不断扩大、人才买方市场的形成,就业竞争日趋激烈,法学本科毕业生的就业表现出多元化,法学本科毕业生就业受到政府、高校、就业市场、用人单位和法学本科毕业生自身等多种因素影响。社会、政府、学校、家庭有责任教育和引导法学本科毕业生树立正确的就业观念,法学本科毕业生本人的就业心理也要更加理性。本文选取这一主题作为研究对象,旨在通过对市场经济条件下法学本科毕业生就业难的原因进行分析,从而提出解决法学本科毕业生就业难问题的对策。

我国高校法学本科毕业生就业大致分为三个阶段,第一阶段:改革开放前,计划经济时代,高等学校法学教育实行的基本上是精英教育,当时被称为"天之骄子"的法学本科毕业生极其稀缺,供不应求,国家实行的是统一招生,财政统一出钱培养,毕业后国家统一分配政策,不存在就业难的问题。第二阶段:20世纪90年代初,国家开始实行劳动合同制,由于我国的教育发展比较滞后,高学历人才短缺,所以法学本科毕业生毕业就业制度的演变落后于全国就业制度的改革步伐,但仍然实行"以统和包为特征的毕业生分配制度",也不存在大学毕业就业难的问题。第三阶段:20世纪90年代中后期,随着计划经济体制向市场经济的转轨,我国的劳动力就业也逐渐向市场化转变,传统的就业制度逐步改革,用人单位和劳动者都有了一定的自主选择权,市场化就业模式开始形成,法学本科毕业生不包分配而是直接进入人才市场,即"市场导向,政府调控,学校推荐,学生和用人单位双向选择"。

近几年,法学本科毕业生人数不断增多,已经成为近年来需要解决就业岗位的首要考虑因素。因此可以预测,随着我国的大学入学率的不断提高,法学本科毕业生的就业难问题不会在近几年内得到较大程度的缓解。法学本科毕业生就业形势可以说越来越严峻,问题越来越突出。

二、我国法学本科毕业生就业难问题的经济学分析

(一) 国内劳动力市场供给与需求的总体不平衡

现在我国劳动力市场上的供给出现了中华人民共和国成立以来从未有过的"叠加"（应届法学本科毕业生、农村剩余劳动力转移以及下岗职工的再就业人员）态势,给我国的劳动力就业市场带来了较大的压力。城镇新增就业劳动力也于近年来达到峰值,每年需要安排的就业岗位为2200多万个,而每年新增的岗位只有800万个左右,供需缺口大,此外还有1.5亿~2亿的农村剩余劳动力要逐年向城镇转移,4%失业人口中的部分还需再就业。这样,总体性的劳动力供大于求的局面在短期内无法改变,供求失衡的严峻状况构成了法学本科毕业生就业难的基本框架。

(二) 供给与需求构成了结构性矛盾

这种错位主要表现在因区域经济发展不平衡,就业地理及行业的选择上,不少法学本科毕业生往往局限于传统的就业地区与领域,向往经济发达的大中城市以及收入较高的部分行业,而忽视对其有较大需求的中小城市、中西部地区以及各类基层。近年来,高校毕业生在大中城市就业者占就业总数的80.8%,其中京、沪、津、鲁、苏、浙、闽、粤8个经济较为发达的省市就占了57.6%,而在县、镇和农村就业者只占19.2%。另外,金融、贸易、IT等行业成为毕业生的就业首选,而大大忽略了对其他行业的进入。不对称的供求结构造成了一种结构性的过剩以及人力资源的某种浪费。

(三) 就业壁垒是法学本科毕业生就业中的又一外部制约因素

所谓就业壁垒就是指有些用人单位并不以学生的现有知识和能力来决定录用取舍标准,而是以从业经验、客户渠道、性别、生源地等因素作为评判标准。从经济学的角度讲,任何壁垒都会给经济主体的运行带来额外的经营管理成本,从而增大市场的交易费用,降低资

源配置的效率,影响社会公平。从经济理论上讲,在一国经济奔小康的过程中,第三产业应成为吸纳新增劳动力的主要领域,第三产业每增加一个百分点,就会平均增加就业岗位85万个。但由于在金融、保险、证券等高端第三产业中广泛存在着诸如经验、客户渠道、性别等非智力壁垒,使应届法学本科毕业生的潜在竞争优势变成了现实的竞争劣势,使不少学生在这一就业门槛前却步。另外,性别、生源地歧视,更使他们的就业状况雪上加霜。非智力壁垒构成了当今大学应届生就业中的一道难以逾越的屏障。

(四)对就业前景的非理性的期望值过高是造成法学本科毕业生就业难局面的重要心理原因

经济学上的非理性预期主要是指人们无法在拥有过去情况和经验的条件下,根据经济变量变化的概率或规律性而提前调整经济行为,做出适应性的反映。结合我国的情况来看,在传统的精英式高等学校法学教育向大众化高等学校法学教育转轨的过程中,进入大学学习与将来高人一等的就业之间的联系已日渐松散,读大学并不意味着绝对的高收入以及令人仰慕的社会职位。但仍有少部分学生仍然一味地以"天之骄子"自居。把读书看作进军功名利禄的捷径、把大学学习当作脱离大众劳动的通途、把自己凌驾于普通民众之上的读书心态,就业岂能不难?

(五)高校法科毕业生的无差异性削弱了其在就业市场上的核心竞争力

从企业经营的角度来看,所谓的核心竞争力就是指企业对人无我有的核心技术的拥有,而这种技术是不易被他人所模仿的。现今我国不少高校的法学课程设置、教学内容差异不大,相同的多,创新的少,各学校缺少培养特色,使学生的知识结构、能力水平高度趋同,缺少特色。大学要不断按照社会需求调整办学方向,学校发展要为社会生产服务,本来就反映了高校法学教育办学的本质,但如果割裂大学办学的具体历史,脱离学科发展的必要积累,"没有条件创造条件也要上"的办学做法不仅践踏了学科发展的严谨性,而且会使大量的同质教育产品在几乎同一时间挤入同一劳动力市场,那么该类产品的供过于求也就成为一种必然,新的结构性矛盾又将产生。

三、多措并举实现法学本科毕业生充分就业的对策思考

(一) 要结合社会经济的发展,促进人才培养层次和结构的科学协调发展

高等学校法学教育如何适应我国政治、经济、社会发展对人才的需求,如何处理高等学校法学教育同基础教育、职业教育的结构、层次、比例关系,从而实现"规模、质量、结构、效益"的协调科学发展。一方面,应当根据社会发展变化的新情况新趋势,不断调整高等学校法学教育人才培养层次、学科专业和教育结构。对各层次高等学校法学教育都有一定的比例控制和引导。要通过政府宏观政策调节、学科专业办学水平评估、高校排名、公布高校及其学科专业毕业率以及就业人才市场预测等手段,逐步建立起科学有效的学科专业结构和人才培养结构以及层次的监控、优化、调整机制。另一方面,对学校来说,应以就业为导向,给自己有一个明确的定位,不能盲目地发展,适时的调整学科专业和学生招生数量,逐步形成鲜明的办学特色,不仅能使学生的就业能力与社会的需求一致,还能推动社会需求的发展。对学生来说,更要面向实际,选择适合自己能力素质和价值追求的发展目标。高等学校改革的方向是"面向社会,自主办学"。高等学校培养的人才能否被社会所接纳,应该作为衡量高等学校办学质量好坏的一个主要标志。让高等学校进入市场,促使高等学校根据市场和社会的实际需要培养人才,特别要结合社会经济发展状况、产业结构、经济和社会发展规划来培养人才,既要考虑当前的社会需求,也要考虑国家长远发展的人才需求。高等学校法学教育通过自身层次结构的调整和优化,就可以形成比较合理的层次、结构,以适应国家产业结构调整和升级需要,进一步全面优化人才培养结构,提高学科专业整体对社会变革的适应力。

(二)要保证教育经费持续稳定增长,提高高等学校法学教育经费的使用效益

当前阻碍高等学校法学教育质量提高的原因是多方面的,但是资金投入不够与高校扩招直接导致学校经费投入不足、基础条件差、教学设施短缺应是主要原因。教育投入占 GDP 的比重是衡量一国教育投入水平的重要指标之一,世界各国公共教育支出占国民生产总值(GNP)的百分比按地区划分,北美和西欧最高,平均达到 5.7%,其次为拉美和加勒比海及撒哈拉以南非洲为 5.0%,中东欧 4.9%,东亚和太平洋 4.7%,阿拉伯国家 4.5%,南亚和西亚 3.6%,中亚 3.2%。欧盟国家中丹麦 8.28%,瑞典 6.97%,芬兰 6.31%,发展中国家巴西 4.4%,墨西哥 5.3%。而中国的教育投入不足,经费资源远远赶不上高校规模的扩大。由于政府投入不足导致的一系列问题,从根本上影响到高校的收费项目和收费尺度。为此,教育部提出了加强制度创新和依法治教,切实转变政府职能,探索建立现代学校制度;建立与公共财政体制相适应的教育财政制度,保证教育经费持续稳定增长,同时建立社会投资、出资和捐资教育的有效激励机制;大力发展民办教育;进一步扩大教育对外开放,加强教育的国际合作交流等。当然高等学校法学教育还要通过深化改革,不断提高高等学校法学教育经费的使用效益。效益和投入是一个问题的两个方面。一要不断增加教育的投入,二要精打细算地把现有的经费用好。同时采取多种措施,向管理要效益、向改革要效益,把有限的经费用在"刀刃上",从而保证高校教学质量的提高。

(三)优化法学本科毕业生的供给质量,培养高级复合型人才

从供给角度看,核心是提高法学本科毕业生综合素质和能力,用人单位是看重法学本科毕业生运用专业知识的技能,敬业精神和可塑性,沟通协调能力、分析问题和解决问题的能力。

首先,高等学校改革的发展方向要"面向社会,自主办学",并紧跟世界经济全球化步伐,培养时代发展需要的高级复合型人才。大

力推进教育体制的改革,让高等学校进入市场,促使高等学校根据市场和社会的实际需要培养人才,特别要结合社会经济发展状况、产业结构、经济和社会发展规划来培养人才。同时扩大高校的办学自主权,使其真正走向市场。

其次,大力加强法律职业教育,培养高素质的"银领"劳动者。中国正处于快速工业化过程中,被称为"世界加工厂"。但我国高技术人才严重短缺。据统计,全国技术工人仅有7000万名,其中中高级工占40%,与发达国家占85%相比差距很大。由此可见,大力发展法律职业技术教育、调整人才的培养方向已迫在眉睫。但应当注意的是,高等学校法学教育的兴衰关键取决于以下几点:一要专业设置合理,符合国家经济建设的需要;二要紧紧围绕法科学生的动手、实践、素质能力进行培养,加强校企双方的"订单式"合作培养。把企业的实践环节引入学校的法学教学过程中,真正建立起校企合作培养的机制,缩短学生与企业的磨合期,使培养出来的法科学生能与企业很好的接轨,把学生在学校学习的理论知识和实际动手操作能力有效的结合在一起,达到学校培养学生的目的;三要建立一套科学、高效的学生"进口和出口"管理体系。

最后,高等学校应该积极调整专业结构和课程设置,实行厚基础、宽口径的新专业格局,培养应用型、复合型的人才。在法学专业教育中,学校应积极推进一些教学改革,要加强综合性教育,拓宽基础学科范围,适当增加人文学科知识和自然科学知识。把单纯的精专业教育转变为通识教育基础上的大专业教育。由于高校教学计划始终滞后于人才市场的需求变化,因此,每年都会有相当数量的法学本科毕业生找不到对口专业的工作,都必须改行。如果法学本科毕业生具备了不同专业的知识,那么就增加了就业的机会;另外,在同类高校之间实行互认学生学习学分,使得有精力的学生多掌握一门技能,成为复合型专业人才,也可增加学生就业的机会。要加强专业基础教学,不能盲目专业方向,不断研究和追踪学科、专业的基础理论、基本知识、基本技能的新进展,提供给学生最必要、最先进、最有效的基础课程;要体现不同学科交叉、渗透、融合而推动专业发展的时代特征,解决专业课程过于讲求学科自身结构的问题。要按照知识、能力、素质的要求,构建多样化的人才培养模式。即各种人才模式的基本要求应包括对学生进行基础知识、专业知识、相关知识等的传授;对学生进行多方面能力的培养;同时加强对法科学生进行思想道德素质、科学文化素质、心理素质、身体素质的培养。如日本教育为了提高学生的创新能力、实践能力的培养,在20世纪末将教育与科技两部委合为一体,成立新的文部科技省,就是其重要的举措之一。其理由是日本要在新的世纪继续成为世界经济强国,就必须使教育从以往培养长于模仿的人才向善于创新的人才转变,通过提升国民基本素质努力在竞争中掌握主动权。

(四)建立健全毕业生就业指导服务体系,加强政府对就业市场的管理、服务、引导和鼓励

随着我国市场经济的发展和我国高校就业体制的改革,对学校的就业模式提出了新的挑战。高校不能将学生推出校门了之;更不能为了"政绩",制造虚高就业率,贻误学生前程。第一,高等学校要提高认识,加强领导,把毕业生工作作为一项战略性和经常性工作来抓。建立健全毕业生就业指导服务机构,在经费投入、人员及办公条件方面给予保证。要加强就业指导教师队伍建设,提高就业指导的水平。毕业生的就业率应成为高校评估和领导班子考评的重要内容。第二,要充分提供就业信息。法学本科毕业生刚刚跨出校门到社会去择业,就必须通过多种途径,积极主动地联系单位推销自己。但限于势单力薄,他们的信息来源主要是学校。因而学校要履行好"中介人"的角色,公正、透明、及时、有效地收集、整理、储存和发布用人单位的需求信息以及相关法规政策,组织好各种形式的校园招聘会。要切实增进招聘者和应聘者之间的沟通,尽力减少信息的不对称性,这是高校促进法学本科毕业生就业的优势所在。第三,政府要建立高校毕业生社会服务体系,加强对毕业生就业市场的管理和监督。发达国家的法学本科毕业生就业指导和服务对促进法学本科毕业生就业尤为重视,设立专门职业服务部门,除了帮助毕业生找工作,还

为那些难以进入劳动力市场的毕业生提供特别技术服务，帮助学生开发职业管理技巧，提供建议，甚至在学生毕业两年之后还为他们提供这些服务。各地应尽快建立毕业生就业市场，要根据市场的需求定期举办职业技能培训，通过网络提供丰富的信息服务。政府主管部门要对以不实之词、虚假信息吸引参展单位和学生的招聘会主办单位和个人予以查处，对各类毕业生招聘会予以引导、规范，改善招聘会的软硬环境，提高毕业生招聘会的质量。第四，国家鼓励高校毕业生到西部地区、到农村和基层工作。据调查，在理工、农、医等学科门类的毕业生中，农学和医学学生的就业形势最严峻，而农学、医学专业法学本科毕业生又恰恰是西部地区和广大农村最紧缺急需的。因此，国家要采取多种优惠鼓励措施，如提高工资待遇、提前晋职（定级）、给予较高额的住房补贴和安家费、提供深造及发展机会、工作期满自由流动等。在市场经济条件下，采取上述办法才有可能吸引法学本科毕业生到西部、农村等最需要人才的地方工作。值得注意的是，目前大中城市存在"教育过渡"现象，即接受高等学校法学教育的劳动力供给过渡机会，导致越来越多的高学历劳动力从事低学历就可以完成的工作，致使广大农村、牧区、小城镇及边疆海岛人才严重匮乏。

（五）法学本科毕业生的就业观念亟须更新

法学本科毕业生的就业观念是影响法学本科毕业生就业的重要因素之一。目前，毕业生的就业观念并没有得到根本的转变，就业期望值较高，理想与现实存在较大差距。应引导他们树立"先就业，后择业，再创业"的观念，让他们认识到，只有脚踏实地才能有所作为，切勿眼高手低。应鼓励他们到基层去，到艰苦的地方去，到国家建设需要的地方去。中共中央办公厅和国务院办公厅下发了《关于引导和鼓励高校毕业生面向基层就业的意见》以后，各地也先后出台了实施意见和配套措施，引导和鼓励法学本科毕业生到基层就业。这确实是具有战略眼光的重大决策，对国家的建设、高校毕业生就业，以及毕业生的成长和发展，都是非常有利的。

总之,人才的流动与择业是由其内在的规律决定的。我们必须对高等学校法学教育体制进行反思和变革。而创新和变革必须有国家政府部门和全社会的齐心合力的支持,有根植于民族优良传统和世界优秀文职的精神做基石,有居安思危的意识和勇于拼搏的意志做动力,有严明公正的法律和以诚信为基础的契约做公证,有全球教育发展的经验教训做借鉴,法学本科毕业生就业难问题一定会有较大改观。

提升领导干部法治素养的几点思考

王 晔[*]

"奉法者强则国强,奉法者弱则国弱。"法治是治国理政的基本方式。我们党对法治的认识,建立在反思历史教训和借鉴人类文明经验的基础之上,并且逐步深入。从党的十一届三中全会提出的健全社会主义民主,发展社会主义法治,到党的十五大提出依法治国、建设社会主义法治国家的治国方略;从党的十六大提出的依法执政,要提高依法执政的能力,到党的十八大提出的要全面推进依法治国,可以说,我国国家治理领域在不断地进行持续、广泛而深刻的革命。

要把全面推进依法治国建设的宏伟蓝图和纲领落到实处,需要全党、全社会共同努力。其中,关键的在于各级领导干部的态度、决心和行动。党的十八届四中全会更是明确提出,要"提高党员干部法治思维和依法办事能力。党员干部是全面推进依法治国的重要组织者、推动者、实践者,要自觉提高运用法治思维和法治方式深化改革、推动发展、化解矛盾、维护稳定能力,高级干部尤其要以身作则、以上率下"。[①] 各级领导干部法治素养的高低,直接决定着依法治国、依法执政、依法行政水平的高低,事关我们党执政兴国,事关人民幸福安康,事关党和国家长治久安。全面依法治国,必须抓住领导干部这个"关键少数"。因此,提升领导干部的法治素养意义重大。

---

[*] 作者简介:王晔,男,中共湖南省委党校法学教研部副主任、副教授。
① 汪永清:"法治思维及其养成",载《求是》2014年第12期,第38~41页。

一、法治素养的概念与内涵

(一)法治素养的概念

法治素养是指接受法律调节和规范的社会主体在实践中形成的关于法治的认知、观念、知识、能力和思想体系的总称。我国法治素养概念的提出是一个法治理念成熟深化的过程。从1986年开始的"一五普法"提出的"法制观念",到党的十八大提出"法治思维和法治方式",再到十八届四中全会和习近平提出"法治素养",这并不是概念转换,而是法治内涵认识的深化,是对领导干部法治思维、法律知识和法治能力等素养构成的高度概括,是对领导干部的新要求。① 党的十八届四中全会以及中共中央、国务院印发的《法治政府建设实施纲要(2015—2020年)》和中共中央、国务院转发的《七五普法规划(2016—2020年)》都提出把法治素养作为衡量干部德才的重要内容。

(二)法治素养的内涵

我国法学理论上关于法治素养的内涵并没有一个统一的观点。笔者认为法治素养应该包括法治意识、法律知识、法治思维、法治能力和法治信仰。法治意识是对法律作用与功能的认识。法律知识是关于的法律的具体内容。法治思维是指以合法性为中心,以公平正义为核心价值取向的逻辑推理思维。具体讲,是指人们运用法律规范、法律原则、法律精神和法律逻辑,对所遇到的问题进行综合、分析、判断、推理,形成决定的思维过程。法治思维是一种世界观,更是一种方法论。政治思维方式的核心是利与弊的权衡,道德思维方式的核心是善与恶的评价,经济思维方式的核心是成本和效益的对比,法治思维方式的核心则是合法与非法的预判。法治思维是反对人治

---

① 任进:"新形势下如何提高领导干部的法治素养",载2016年4月28日人民网—理论频道。

思维、是理性文明思维、是守法思维。法治能力是指社会主体运用法治思维、采用法治方式,认识处理和决策有关问题的能力;对新时期领导干部而言,就是运用法治思维和法治方式深化改革、推动发展、化解矛盾、维护稳定的能力。法治信仰是社会主体在对法治理性认识的基础上自然而产生的一种认同感和归依感。

二、领导干部法治素养的基本要求

(一)正确认识和行使权力

法治的本质在于规范政府权力,保障公民权利。对应各级领导干部来讲,法治素养的基本要求之一就是要正确认识和行使权力。党的十八大报告指出:任何组织或者个人都不得有超越宪法和法律的特权,绝不允许以言代法、以权压法、徇私枉法。

(1)国家的一切权力属于人民。正确认识权力的来源,国家的一切权力属于人民,人民行使国家权力的机关是通过选举产生各级人民代表大会及其常务委员会,有权的各级人民代表大会及其常务委员会制定法律和产生各级行政机关和司法机关。各级领导干部代表其所在的机关依法行使权力,其权力来源于人民的信任,来源于法律的授权。

(2)遵循职权法定原则。这是各级领导干部行使权力必须遵循的基本原则。我国法律对各级国家机关的权力类型、权限范围、行使的程序和方式都做出了明确具体的规定。各级领导干部必须依法、依规、依程序行使权力,否则就构成违法,就会给国家和人民造成危害。

(3)法无授权不可为,法定职责必须为。这是对各级领导干部行使权力的具体要。要坚决纠正不作为、乱作为,坚决克服懒政、怠政,坚决惩处失职、渎职。这要求:一是推行政府权力清单制度,行政机关不得法外设定权力,没有法律依据不得做出减损公民、法人和其他组织合法权益或者增加其义务的决定;二是建立行政机关内部重大决策合法性审查机制,未经合法性审查或经审查不合法的,不得提交讨论;三是建立重大决策终身责任追究制度及责任倒查机制;四是建立健全行政裁量权基准制度,细化、量化行政裁量标准;五是全面推进政务公开,以公开为常态、不公开为例外。这样的权力行使要求对那种"拍脑袋决策、拍胸脯保证、拍屁股走人"的"三拍"干部,那种"我走后,哪管洪水滔天"的不负责任行为,那种"拿着鸡毛当令箭,罚你多少是多少"的任意裁量,那种动不动以"国家机密"为借口拒绝信息公开的"暗箱"操作,就会大大减少。

现在,或许仍有个别领导干部头脑中存在着的十分错误的权力观,如认为权力是靠个人奋斗得来的,是辛辛苦苦几十年熬出来的;或认为权力是千方百计拉关系、找靠山弄来的;或更直白认为权力是花钱买来的,过期作废,不用白不用。习近平对此特别提醒:"在这样的权力观支配下,怎么可能不出问题?如果法治的堤坝被冲破了,权力的滥用就会像洪水一样成灾"。[1] 因此,他强调,要把厉行法治作为治本之策,把权力运行的规矩立起来、讲起来、守起来,真正做到谁把法律当儿戏,谁就必然要受到法律的惩罚。

(二)充分尊重和保障权利

权利至上是法治的核心精神,美国学者 L.亨金认为"我们的时代是权利的时代"。一般情况下,公民的权利是国家公权力的边界。我们党提出的执政为民,从权利角度讲,就是充分尊重和保障公民的合法权利。

(1)以尊重和保障权利为目的。各级领导干部依法行使权力,就是为了人民的福祉,就是为了充分尊重和保障公民的合法权利。偏离这个目的,都会使这一权力行使行为带来违法的后果。

(2)以尊重和保障权利为边界。领导干部的权力是一项公权利,是为了公共利益的需要而设立和行使。公民的合法权利与公共利益是相互补充、相互协调统一的。领导干部行使权力以是否侵害公民的合法权利为边界、为是否合法的判断标准。因此,各级领导干部面

---

[1] 习近平:"在省部级主要领导干部学习贯彻十八届四中全会精神全面推进依法治国专题研讨班开班式上讲话",2015年2月2日。

对当前社会关注的征地补偿、国企改制、信访维稳中要充分尊重和保障公民的合法权利。这既是领导干部法治素养的体现,也是领导干部法治素养的要求。

(三)最大限度促进公正

(1)社会公正是我国社会主义制度的基本特征。社会公正是我国社会主义制度的重要价值和基本特征。公正是社会主义的本质体现。社会主义优越于资本主义的重要特征就在于它以消灭两极分化、实现共同富裕为根本要旨。以往一切阶级社会的发展都以某个集团的利益为目的,以某个集团的意志作为公正的尺度。只有社会主义代表最广大人民群众的利益和意志。

(2)最大限度促进公正是党的价值追求。公平正义是人类社会孜孜以求的理想和社会文明进步的重要标志。《说文·廌部》曰:"灋者,刑也,平之如水,从水;廌,所以触不直者而去之,从去",说明公平公正是法律的应有之义。党的十七大报告明确指出,"实现社会公平正义是中国共产党人的一贯主张,是发展中国特色社会主义的重大任务。"党的十八大提出,"公平正义是中国特色社会主义的内在要求"。十八届三中全会也强调,全面深化改革,"必须以促进社会公平正义、增进人民福祉为出发点和落脚点"。习近平总书记曾指出,促进社会公平正义是政法工作的核心价值追求,也是我们党追求的一个非常崇高的价值。他要求各级领导干部尤其要弄明白法律规定我们怎么用权,什么事能干、什么事不能干,"心中高悬法律的明镜,手中紧握法律的戒尺,知晓为官做事的尺度"。

(3)促进公正是领导干部法治素养的价值要求。公正既是社会主义核心价值观的组成部分,也是法治的价值构成。法治内包含着公正,也是公正的外在体现。领导干部在日常工作中必须最大限度促进公正。

(四)模范地尊法、守法

(1)模范尊法。领导干部的素养主要体现在观念、知识和能力等方面。其中,尊崇法治、敬畏法律,是领导干部必须具备的基本素质。

习近平总书记曾讲,之前通常提的是"学法尊法守法用法",他在准备专题研讨班开班式上的讲话时反复考虑,"觉得应该把尊法放在第一位,因为领导干部增强法治意识、提高法治素养,首先要解决好尊法问题。只有内心尊崇法治,才能行为遵守法律。只有铭刻在人们心中的法治,才是真正牢不可破的法治"。[1]

（2）带头守法。法律是领导干部必须遵守的规矩,任何人包括各级领导干部都没有法律之外的绝对权力。习近平总书记指出,"领导干部要带头依法办事,带头遵守法律,对宪法和法律保持敬畏之心,牢固确立法律红线不能触碰、法律底线不能逾越的观念,不要去行使依法不该由自己行使的权力,也不要去干预依法自己不能干预的事情,更不能以言代法、以权压法、徇私枉法。如果领导干部都不遵守法律,怎么叫群众遵守法律?"

三、提升领导干部法治素养的途径和方法

在现实生活中,不少领导干部法治素养不高,法治意识比较淡薄,有法不依、违法不究、知法犯法等还比较普遍,特别是少数领导干部不尊崇宪法、不敬畏法律、不信仰法治,崇拜权力、崇拜金钱、崇拜关系,一些地方和单位被搞得乌烟瘴气,政治生态受到严重破坏。对此,"所有领导干部都要警醒起来、行动起来,坚决纠正和解决法治不彰问题"。因此,全面推进依法治国,实现国家治理体系和治理能力现代化,首先必须提升领导干部这一"关键少数"的法治素养。

(一)加强法治学习,树立法治意识

法治意识的树立和法律知识的获取都离不开学习这个基本而有效的途径。领导干部必须掌握基本法律知识和必要的工作业务法律知识。党的十八届四中全会指出,要"深入开展法治宣传教育""坚持把领导干部带头学法、模范守法作为树立法治意识的关键"。

（1）开展党委(党组)中心组集体学法活动。中心组集体学法是

---

[1] 习近平:"加快建设社会主义法治国家",载《求是》2015年第1期,第1页。

各级领导干部接受经常化法治教育的保证,可以把每月某一周的某一天确定为学法活动日,使之固定下来。举办法治专题讲座。广泛学习法律理论知识,学习用法治推进科学发展、解决影响社会和谐稳定问题的典型事迹,提高对法治价值和精神的认同,强化法治意识。

(2)发挥干部培训机构在领导干部法治教育中的主阵地作用。党校、行政学院、干部学院要把宪法法律列为各类干部培训的必修课,通过开设法治专题课程或举办法治专题培训班,对领导干部进行法律知识的轮训。特别是各级党校作为培训各级领导干部的主渠道、主阵地。要发挥好提升领导干部法治素养的重要作用,把领导干部法治素养纳入党性修养的范围,科学设计法治主题课程,遴选高水平的法学师资,科学选择培训方法是提高领导干部法治素养培训质量的要求。

(3)注重自我学习。根据领导干部自己工作所需从书籍、报刊、广播、电视、网络以及各种新媒体上进行法律知识的学习。领导干部要通过各种方式的学习教育,牢固树立宪法和法律至上的观念、法律面前一律平等的观念、法大于权的观念、尊重和保障人权的观念、依法决策依法行政依法管理依法办事的观念、权力必须受到制约的观念,真正把法治内化于心、外践于行,成为社会主义法治的忠实崇尚者、自觉遵守者和坚定捍卫者。

(二)增加法治实践,提高法治能力

(1)参与法治实践。党的十八届四中全会指出,要"提高党员干部法治思维和依法办事能力"。要多实践。对深化改革、推动发展、化解矛盾、维护稳定的问题,在众多的解决方式中,要首选法治方式或者以法治为主要方式去解决,把依法办事作为重要职责,想问题、做决策、下指示首先要考虑"合法不合法",力争把法规制度贯穿其中,推动依法从政有效落实。要讲程序。按法定程序办事,是依法行政的重要内容,也是依法行政的重要保障。① 例如,在做重大决策时,

---

① 叙岚:"法治素养应成为检验领导干部的'试金石'",载《华声在线》2015 年第 12 期,第 3 页。

要把公众参与、专家论证、风险评估、合法性审查、集体讨论决定确定为法定程序,确保决策制度科学、程序正当、过程公开、责任明确。

（2）重视法律咨询。领导干部不可能都是法律方面的专家,在实际工作中也会遇到法律难题,要向法律专业人士进行咨询。积极推行党委、政府法律顾问制度,在制定重大行政决策、推进依法行政中要听取法律顾问意见建议,使决策于法有据。2016年11月30日实施的《党政主要负责人履行推进法治建设第一责任人职责规定》明确要求严格依法依规决策,落实党委法律顾问制度、公职律师制度,加强对党委文件、重大决策的合法合规性审查；严格执行重大行政决策法定程序,建立健全政府法律顾问制度、公职律师制度,依法制定规章和规范性文件,全面推进政务公开。

（3）出庭应诉,增加法律体验。领导干部出庭应诉,是增强法律知识和法治能力,提升法治素养作为有效的一种方式。提倡各级领导干部尽可能出庭应诉,增加法律体验。《国务院关于加强法治政府建设的意见》及各省市出台的相关规定,都提倡或要求行政首长出庭应诉。

(三) 完善四个制度,提升法治素养

（1）学法考法制度。我国已制定学法考法制度,我国已开展了七个五年计划进行普法,各地方也成立了法治办等机构。特别是对于领导干部有学法的具体制度要求。对大部分领导干部也有年度法律基本知识考试的举措,特别是领导提拔和选用都必须参加法制考试。但有些地方流于形式,没有严格执行制度,效果不佳。这需要创新学法与法治宣传教育形式,增强法制考试实效,完善领导干部学法考法制度。

（2）激励引导制度。提升领导干部的法治素养需建立健全对领导干部实施法治状况的激励和引导机制。习近平总书记指出,"各级组织部门要把能不能依法办事、遵守法律作为考察识别干部的重要条件"。建立激励引导机制就要把法治建设成效作为衡量各级领导班子和领导干部工作实绩的重要内容,纳入政绩考核指标体系。在相同条件下,优先提拔法治素养好、依法办事能力强的干部,激励和促进领导干部自觉学法守法,提升法治素养。

（3）述职、述廉、述法三位一体的考核制度。《党政主要负责人履行推进法治建设第一责任人职责规定》明确规定上级党委应当将下级党政主要负责人履行推进法治建设第一责任人职责情况纳入政绩考核指标体系，作为考察使用干部、推进干部能上能下的重要依据。实行述职、述廉、述法三位一体的考核制度，把法治建设的成效考核作为领导干部政绩考核的重要内容。每年由上级党委对下级党委政府和部门的领导班子及领导干部学法守法用法情况进行全面考评。被考评对象的述法报告要包括单位及个人学法守法情况、重大事项依法决策情况、依法行政或公正司法情况。这对促进领导干部提升法治素养意义深远。现在必须把这项制度执行好，发挥其应有的作用。①

（4）违法问责制度。健全领导干部违法责任追究机制和倒查机制。对决策严重失误或者依法应该及时做出决策但久拖不决造成重大损失、恶劣影响的，严格追究行政首长、负有责任的其他领导人员和相关责任人员的法律责任。《党政主要负责人履行推进法治建设第一责任人职责规定》明确规定：党政主要负责人不履行或者不正确履行推进法治建设第一责任人职责的，应当依照《中国共产党问责条例》等有关党内法规和国家法律法规予以问责。将领导干部在履职过程中，因违法违规、失信违约被司法判决、行政处罚、纪律处分、问责处理等的信息纳入失信记录。

---

① 胡建淼："法治思维的定性及基本内容"，载《国家行政学院学报》2016年第1期，第83~87页。

试述电大毕业论文质量下滑的原因及解决办法

——以法学专业为例

万 静[*]

摘 要：随着高等教育的不断扩招，电大学生入学门槛低，文化水平参差不齐，导致电大毕业论文质量严重下滑。要提高电大毕业论文的质量，必须从明确专业培养目标、学校重视对毕业论文写作课程的指导、加强指导老师与学生之间友好沟通与交流这几方面共同努力。

关键词：培养目标 毕业论文写作指导课程 沟通交流

毕业论文是大学生运用专业理论知识和实践技能分析问题并解决问题的综合体现，是每一个受过高等教育大学生综合能力的最终体现。近年来，电大毕业论文质量严重下滑，有人提出了取消电大毕业论文的建议，我们不能因为教学本身的问题而降低对学生毕业的要求，而应该学校、指导老师、学生三管齐下，共同努力写好毕业论文。本文分析了毕业论文写作质量下滑的原因，并以法学专业为例，提出提高电大毕业论文质量的措施。

---

[*] 作者简介：万静，女，张家界市广播电视大学法学讲师，主要研究远程教育视野下的法学教育。

一、电大毕业论文质量下滑的原因

电大毕业论文质量严重下滑的原因,除了学生因工作、家庭负担重没有时间和精力写论文、缺乏专业知识理论水平和写作能力外,还有学校忽视毕业论文写作过程监控管理,指导老师缺乏责任心等。具体表现如下。

(一)学生不重视毕业论文写作,敷衍了事

电大学生中,有一部分是为了获得一纸文凭,有的学生在基层工作,家庭和工作都非常忙,他们根本不在乎是否学到了知识,更不可能静下心来写好一篇毕业论文,以至于电大毕业论文质量严重下滑。近几年,电大学生应付毕业论文的手段应有尽有:有找"枪手"代写的,有截取别人论文东拼西凑的,有直接从网上下载原文的,更有学生直接用前几届毕业生写的论文。在论文指导过程中,有的学生一天时间内可以上传几篇论文,有的学生直接请求指导老师给他书写论文,还有的学生在截止日期上传论文,指导老师根本没有时间修改论文,由此可见,真正自己花时间花精力写论文的学生少之又少。由于学生对待毕业论文写作的态度极其不端正,不认真,不重视,在最后论文答辩时,很多学生都是一问三不知,或答非所问,导致论文答辩不能顺利通过。

(二)论文指导老师与学生缺乏沟通交流,论文指导形同虚设

论文指导老师与学生在论文写作过程中主要通过 QQ、微信、电子邮件以及论文写作平台进行交流,时空上处于分离状态,无法面对面交流,缺乏系统和完整的指导,简单的语言交流根本无法达到论文指导的效果。特别是学生在选题和书写论文提纲的时候,指导老师几乎不参与该过程,而是直接看毕业论文内容,在毕业论文内容的指导上,也往往只看论文格式、论文结构,对论文的实证性欠缺实质的指导。更有的指导老师对抄袭的论文"睁一只眼,闭一只眼",轻松地让学生通过。

（三）学校忽视毕业论文写作过程监控管理，没有设置毕业论文写作课程指导

电大学生很大一部分是来源于具有高中、中专学历的生源，甚至有一小部分是初中学历，他们的学习能力、知识能力、写作能力都非常有限，根本就没有接触过论文，对于什么是论文一无所知，更不可能写好毕业论文。学校根本不重视毕业论文写作这项教学实践活动，没有设置毕业论文写作指导这门课程，而是认为毕业论文只是完成学业的一种形式，"走过场"罢了，只要将毕业论文的写作要求下发给指导老师和学生，由指导老师全权负责指导，指导老师是否负责任，学生是否会写论文、如何完成毕业论文都无所谓，学生最终能够顺利毕业就可以了。

二、提高电大毕业论文质量的几点措施

毕业论文作为大学生顺利毕业的最后一道门槛，应该有一套系统的教学和指导管理体系。这套体系应包括：学校对毕业论文指导老师的业务培训与指导、学校对学生的毕业论文写作课程指导、论文指导老师对学生的指导、学校对论文指导过程的监控。学生如何发挥主观能动性并独立思考，运用专业理论知识和具体实践，从无到有创造出一篇较高质量的毕业论文，在明确专业培养目标，确定毕业论文体裁外，关键在于学校对学生的毕业论文写作课程指导和论文指导老师对学生的指导。为了让学生尽早接触和了解论文，在第三学期开学初，学校资深论文指导老师以讲座的形式将毕业论文写作指导课程呈现给学生，同时在本学期，在指导老师的帮助下，学生完成毕业论文的选题和确定论文提纲；第四学期，在指导老师的帮助和指导下学生完成毕业论文正文写作。这样学生就有足够的时间撰写高质量的毕业论文。

（一）明确专业培养目标，确定毕业论文体裁

专业培养目标是根据学校教育对象的特点，按照各专业的社会

需求培养不同领域的高级专门人才。专业培养目标不同,毕业论文的表现形式也多种多样,有学术论文、调查报告、案例分析、工作总结等。根据开放教育、"农民大学生培养计划"的法学专业本(专)科学生的培养目标和学生实际情况,毕业论文的体裁也各不相同,例如,开放教育本科学生的毕业论文体裁必须是学术论文,专科学生毕业论文的体裁可以为学术论文也可以为具有一定专业理论性的调查报告和案例分析,而"农民大学生培养计划"的本科毕业论文以论文或案例分析的形式完成,专科毕业论文则以案例分析的形式呈现。学生根据自己的学习身份特点,确定毕业论文体裁。

(二) 做好毕业论文写作课程指导是学生写好毕业论文的前提工作

按照电大法学专业教学计划的安排,毕业论文写作安排在第四学期,从选题到写作的过程时间非常少,学生根本无法完成高质量的毕业论文。另外,在教学课程安排中,毕业论文根本就没有具体的教学课程和教学指导。学校仅仅下发《本专科毕业论文格式》《法学专业实践环节实施方案》和《法学专业毕业论文选题参考》极其有限的文件供指导老师和学生参考,对于电大学生来说,没有进行系统的毕业论文写作课程指导,有些学生不清楚什么是论文,甚至都没有见过论文,更不知从何下手去写论文,所以毕业论文课程教学指导必不可少。

毕业论文写作指导课程具体应该包括以下几个方面内容:一是从思想上认识毕业论文的重要性,端正写作态度;二是了解毕业论文的基本概念和基本内容、基本格式;三是如何收集和整理文献资料;四是如何选题,如何写好开题报告以及论文正文写作;五是如何做好论文答辩的准备工作。

(三) 加强指导老师与学生的沟通交流、共同探讨论文是学生写好毕业论文的重点之重

学生学习完毕业论文写作指导课程后,应该及时与指导老师取得联系。指导老师将本专业的毕业论文要求、本专业论文题目下发给学生。同时,指导老师还应上传一批有代表性的优秀论文供学生

参考,组成讨论小组,共同学习优秀论文、探讨论文写作。指导老师和学生的沟通交流应该贯穿毕业论文写作的每一个环节。

1. 选题以及论文大纲的确定

选题是写好毕业论文的第一步,也是毕业论文能否成功的关键一步。电大法学专业学生缺乏深刻的法学理论研究和系统完整的专业知识熏陶,要想亲力亲为写好毕业论文,就必须从身边的小事去发现法律问题,结合自己的兴趣和爱好,确立毕业论文题目。学校可以组织学生参加教学实践活动,如到法院旁听,到律师事务所、司法所实习,组织模拟调解会,等等,以扩大学生的视野,拓宽学生的知识面,从教学实践活动中发现法律问题,针对某个案例或某个法律知识进行分析和思考,从而确定论文题目。当然,指导老师也可以推荐论文题目供学生参考。

学生选好论文题目后,以论文指导老师小组为例,指导老师可以组织学生进行小组讨论,看论文题目是否标新立异,是否简练且有深度,是否适度。论文题目是否过大,如以"论我国司法制度改革""论故意杀人罪"为题则围绕论点展开论证的知识点需要面面俱到,完成这样的论文对于基础比较薄弱的电大学生来说根本力不从心,写出的论文也会空洞无力。另外,法学专业论文选题要与我国司法实践相结合,具有时代性和前沿性。

学生选定毕业论文题目后,就要围绕题目收集材料。学生可以利用搜索引擎搜索资料,可以到图书馆查阅相关书籍,也可以利用学校电子图书馆查阅相关文献。收集材料时,要紧紧围绕论题选择材料,吸取前人的思想精华,把握国内外最新法学思潮及司法动态,边搜集边思考,边分析边整理,通过对资料的分析、对比和研究,提出自己的新观点和新思想。

确定好论文题目,搜集完充足的材料后,接着开始拟写论文提纲。电大学生大部分是初次撰写论文,论文提纲有助于学生厘清思路,把握整篇论文的逻辑结构和层次,将丰富的资料有机结合组成论文的基本框架。论文提纲包括论文中心论点,围绕中心论点展开分析的分论点,还要罗列出每个分论点的小论点,这样论文基本框架基本形成,论文结构清晰明了,层次分明。论文提纲是撰写论文的基本思路，指导老师应该给予耐心的指导，与学生沟通交流，为撰写论文打下良好的基础。

2. 正文写作

选题和论文提纲经过老师审核通过后，学生开始进行论文正文写作。根据论文提纲的思路，运用整理好的大量材料，利用科学的方法论证自己的论点。在论文写作过程中，学生往往会忽略论文格式，很多论文层次不够清晰，一级标题二级标题混乱，注释与参考文献分不清楚等，严重影响了论文的质量。在注重论文格式的同时，法学专业论文指导老师在指导论文过程时还应特别注意以下几点：

（1）电大法学学生欠缺法学理论功底，很难写出理论性较强的法学论文，所以论文内容的重点在于学生将自己的社会实践和法学专业知识融会贯通，分析问题并创造性解决问题。

（2）法学论文语言要精练，法学专业术语用法要正确，从多个方面反复论证自己的观点，做到主次分明，重点突出，论证充分。

（3）撰写法学论文时对法律知识的认识一定要具有时代性，与国内外法学研究动态，与我国最新的立法、司法、执法实际相结合。

（4）学生遇到困难时要积极向老师寻求帮助，老师耐心的指导并解决问题；指导老师还要定期督促论文写作进度，对内容和质量严格把关。

3. 论文答辩

论文答辩是论文写作的最后一个环节。论文答辩是为了考查学生对所论述的问题是否具备扎实的法学专业理论基础，是否联系实际，是否有自己独特的见解，是否具有清晰的逻辑思维能力和流畅的语言表达能力。为了让学生顺利通过论文答辩，指导论文小组可以组织模拟答辩。指导老师先拟好论文答辩问题，由指导老师和学生组成答辩评审团，这样学生既可以学习其他论文的思路也可以提前熟悉答辩过程，掌握论文内容，消除紧张情绪。

高质量的毕业论文是检验学生在大学期间对已学专业知识掌握、理解和运用能力的综合体现，是学校教学质量的集中体现。学校要将毕业论文写作指导课程作为教学实践环节中的重要内容，指导老师要用热心、细心、耐心和有责任心地指导学生撰写毕业论文，学生更要重视毕业论文写作,只有学校、指导老师和学生三管齐下,才能提高毕业论文的质量,才能培养出适应社会需要的应用型高等专门人才。

参考文献

[1] 郑朋树.开放教育法学本科毕业论文多元化探讨[J].内蒙古电大学刊,2015(6).

[2] 熊绍高,左泽文.提高电大学生毕业论文质量的举措[J].湖南广播电视大学学报,2013(3).

[3] 丁相丽.开放教育法学专业毕业论文存在的问题探究[J].山东广播电视大学学报,2012(1).

[4] 肖宝华.论开放教育毕业论文质量的有效保障[J].继续教育研究,2011(7).

[5] 欧阳爱辉.非法学专业本科生撰写的相关法学毕业论文研究[J].河南广播电视大学学报,2010,23(3).

[6] 徐伟.关于提高成人法学专业毕业论文质量的思考[J].中国成人教育,2010(12).

[7] 刘建杰,许国强.基层电大法学本科毕业论文写作问题研究[J].河北广播电视大学学报,2007(4).

[8] 曹清石.电大开放教育法学本科教学实践环节若干问题的探讨[J].现代远距离教育,2005(6).

[9] 崔平.开放教育毕业论文质量与指导教师的规范化管理[J].成人教育,2005(5).

[10] 柯阳友.怎样写法学毕业论文[J].河北大学成人教育学院学报,2003(3).

[11] 范晓峰.浅谈电大法学专业学生毕业论文的写作[J].河北广播电视大学学报,2002(2).

[12] 卢佩玲,王惠龙.浅议电大法律专业毕业论文的写作[J].山西广播电视大学学报,2000(2).

[13] 马启花.独立学院法学毕业论文质量提高路径探析——基于对某独立学院学生需求的调查研究[J].湖北科技学院学报,2013,33(7).

普通高校法学本科毕业生就业难现状分析与原因探究

杨启敬*

摘　要：加强普通高校法学本科毕业生就业工作对全面推进依法治国具有十分重要的意义。当前普通高校法学本科毕业生就业在就业形势、就业岗位、就业结构及就业效果上存在着问题,体制因素、就业观念以及高校法学本科教育存在的缺陷是就业问题产生的主要原因,应当引起高度重视和关注。

关键词：普通高校　法学本科　毕业就业

一、普通高校法学本科毕业生就业难的现状分析

1. 我国区域经济发展不平衡以及学科、层次等结构性矛盾的影响

现在的情况是法学本科毕业生想去的地区和单位不要人,而急需人才的地区和单位却要不到法学本科毕业生。长期以来,我国经济发展比较落后的中西部地区和边疆地区很少能接收到法学本科毕业生。即使从这些地区考上大学的法科学生,毕业后绝大多数也不

---

* 作者简介:杨启敬,男,湖南长沙人,中共湖南省委党校法学教研部副教授。

愿回家乡,形成"孔雀东南飞"现象。再从层次和专业上看,法学专业研究生在人才市场上比较走俏,供不应求;本科生中的工科,特别是计算机、电子通信等专业,还有药学、师范等专业需求较旺,而法学专业需求不足。

2. 全国总体就业形势的影响

过去法学本科毕业生的就业去向主要有:国家机关、事业单位和国有大中型国企等。但是随着国家各项改革措施的出台,传统的主渠道吸纳能力下降。政府机关和国有企事业单位长期以来是接收法学本科毕业生的主渠道,但从1998年以来,中央政府机构大幅度分流和精简人员,地方政府的机构改革也在逐步实施当中,往往只出不进或是出多进少,因此不可能大量吸收法学本科毕业生。在历次机构调整中,分流人员基本上是在事业单位找到出路,而事业单位由于经费紧缩等原因本身也面临着精简的问题。国有企业也因经济效益、社会负担等多方面的原因,都在深化企业内部改革,减员增效,因此吸纳的法学本科毕业生的人数也大大减少,导致就业压力进一步增大。

3. 法学本科毕业生择业观念的影响

目前很多法学本科毕业生存在着攀比、心理不平衡、自负、依赖性强等心理,择业观远不能适应当前的就业形势。教育部高教司对部分高校6000多名法科毕业生择业行为的调查显示,期望在沿海开放城市就业的学生比例高达66.67%,仅有6.37%和2.59%的人选择内部省会城市和中小城市。高薪、白领、大城市成为很多法学本科毕业生就业的首选。一些法学本科毕业生中流传着这样一句话:"找单位要找金(金融)银(银行)财(财税)宝(保险),两电(邮电和电力)一草(烟草)。"当年流行的"到农村去、到边疆去、到祖国最需要的地方去"的口号,现在演变成了"到沿海去、外国去、到挣钱最多的地方去。"

4. 用人单位用人观的影响

现在的法学本科毕业生就业市场上,部分用人单位人才高消费的现象十分严重,许多用人单位对人才需求的思路不清晰,用人配置不准确,过分地强调工作经验,急功近利期望进的人马上发挥作用,创造价值,要招有经验的往届生,以减少企业对职工培训的成本,并把这种成本不切实际的转嫁给了法学本科毕业生。接收毕业生是盲目追求高学历,互相攀比,这无形中提高了法学本科毕业生就业市场的门槛。本来法科本科生就可以胜任的工作,偏要法学研究生来做。在许多地区的人才市场上,不少单位不管自己的级别如何,都打出了只招法学研究生的牌子。由于用人单位对人才的推波助澜,使得法科毕业生相互挤占岗位的现象比比皆是,在一定程度上也加剧了法学本科毕业生的就业难度。

5. 我国的法学本科毕业生就业制度改革的影响

1998 年我国实行"并轨",从统招统分到自主择业的变革,毕业生资源不再是通过指令性计划而是主要通过市场进行配置。自主择业像一把"双刃剑",在把选择的自由给了毕业生的同时,也把自由给予了用人单位。从过去的"统包统分"到今天的"双向选择、自主择业",从"包"分配工作到自己"找"工作,一字之差,两个天地。这使得法学本科毕业生坐不住了,纷纷走出象牙塔。这是高校毕业生就业体制改革中出现的好现象,也是法学本科毕业生观念更新、思想解放的实际体现。法学本科毕业生只有从过去的等待到今天的走出校门求职择业,才能寻找到适合自己的理想单位。这也是从校门走向社会迈出的可喜一步。法学本科毕业生只有观念转变了,做到了真正意义上的自主择业,就业难的现象才有可能开始真正消除。

二、法学本科毕业生就业难给经济和社会带来的消极影响

法学本科毕业生就业难,关系到人民群众的切身利益,关系到国家经济社会持续稳步发展。法学本科毕业生的就业难不仅造成人力资源的巨大浪费,而且还会进一步加剧目前我国的就业压力,给经济和社会造成一系列的负面影响。

(1)造成社会资源尤其是人力资源的极大浪费。一名法学本科毕业生接受了几年相关专业的系统学习和训练,具有一定的理论水平和实践能力,是人力资源中的优秀者。如果法学本科毕业生这一劳动力脱离社会生产过程,就会丧失其使用价值,不能发挥其应有的

作用。而且劳动力资源的生产能力具有不能储存、不可保留性等特点,随着时间的推移,它会逐渐消失。所以,大量的法学本科毕业生若不能顺利就业,必然会造成高素质劳动力的巨大浪费,对整个社会来说无疑是不利的。

(2)法学本科毕业生就业难不仅是智力资源的浪费,而且也不利于社会的稳定。读大学已不能带来直接、明显的实惠,特别是一些下岗和农村家庭"读书致贫和返贫"的现象,以致许多人认识到并非所有上了大学的人都能找到一份理想的工作、达到自己期望的薪酬待遇。上大学与好工作、高工资没有因果关系,更不能画等号。一些毕业即失业的法学本科毕业生由于得不到工作将可能会引起其行为的越轨,助长其反社会行为的出现,如家庭经济困难学生负债读书毕业后找不到工作,可能会对社会和政府产生怨恨,怀才不遇而愤世嫉俗,甚至铤而走险,成为一种潜在的不安定因素。

三、法学本科毕业生就业难问题的原因分析

(一)体制因素是导致法学本科毕业生就业难的主要原因

我国的高等学校法学教育体制始于计划经济时代,高等院校属于事业单位,学校在教育部(厅)统一部署下运作,自主权很小。许多部委几乎都有隶属于本系统的高校,这在当时人才缺乏的情况下,对提高人才的培养效率和适应计划下人才需求结构,起到了积极推动作用。然而,随着经济的发展,市场化逐渐从经济领域进入到社会各个层面,人才市场已经成为与生产要素市场并列的市场要素,高校原来的教育体制已经不再适应当今社会发展了。

1. 我国现行高等学校法学教育的人才培养层次和定位存在不清晰现象

这主要反映在两个方面:一是大多数高等学校都希望不断地"升格",学院升大学,大学与大学之间合并,不断地争取硕士点和博士点学科,不断提高学校办学水平的排名和知名度。二是许多办学水平比较高的高校都将自己的办学目标定位在世界一流或者世界知名大

学的层次上。其实,即使是在高等学校法学教育非常发达的国家中,能够成为世界一流大学的也都是少数,很多都是一些专业性的学院。人才培养应符合"金字塔型人才结构规律",即塔尖少量人才为研究型人才,塔中及塔基为技能型、应用型、操作型人才。而目前我国高等学校法学教育的办学层次却是趋向于倒金字塔形人才结构。此种趋向对国家经济发展及法学本科毕业生就业都是极为不利的。这里应该明确的是,从就业的角度看,并不是层次越高就越容易就业,在成熟的劳动力市场中,能否就业主要看人才的适应性。在开放的教育体系中教育的层次并不意味着封闭和隔离,其层次的分化实际上也是高等学校法学教育大众化的必然要求。因为,高等学校法学教育的大众化不仅意味着高等学校法学教育规模的扩大,还由于接受高等学校法学教育的学生本身层次差异的扩大,它也同时意味着高等学校法学教育层次的不断分化。所以,为适应劳动力市场和学生就业的要求,高等学校法学教育体系本身应该更多地关注自身层次结构的调整和优化,形成比较科学合理的层次结构。

2. 教育的投入不够,教育资源匮乏,高校学生综合素质下降

教育部原部长周济说过:"我觉得最难的还是教育的投入不够,要想满足大家的需要,就需要不断增加我们的优质教育资源,但是我们的投入还是远远不够的。实际上我们是已经用一个比较小的投入办了世界上最大规模的教育,而且是一个质量比较好的教育。""在这种情况下,我们还要办让人民满意的教育,人民群众对我们的期望值很高。"国务院早在1993年颁发的《中国教育改革和发展纲要》就确定在2000年国家财政性教育经费要达到国内生产总值的4%,但这个目标从未达到。现阶段我国教育财政投入仅占GDP的3.28%,与世界5.1%的平均水平仍相差甚远。投入不足的后果严重:一是增加了大量贫困生和失学学生;二是使学校通过多渠道向学生收费来弥补教育经费不足;三是促使学校在缺少师资、场地、设施等基本条件下不断扩招学生规模增加教育经费。据中国网报道,教育部职业教育与成人教育司司长葛道凯曾表示,今后10年,我国中职教育师资将有47万人的缺口。据介绍,这一缺口是按目前我国高级中等教育的师生比1:16测算得出,如果以《国家中长期教育改革和发展规划纲要（2010—2020年）》中提出的中职教育在校生2020年达到2350万人来算，这个缺口更大，将达50多万。葛道凯说，今后5年，教育改革发展的基本思路就是保证规模、调整结构、加强管理、提高质量。教育的师资队伍建设和培养培训基地建设要走内涵为主的发展道路，要构建师资队伍补充机制、加大师资培养培训力度、完善师资培养培训体系、健全师资管理规章制度。

3. 法学本科教育内容、专业结构与社会的实际需求存在脱节现象

许多高校的法学专业及课程设置没有能够以市场需求为导向进行规划，近年教育主管部门对高校专业进行了大的调整，同时高校招生制度改革也使得高校在招生自主权上取得突破，但是教育体制的改革明显滞后于市场的发展速度。近年来高等学校法学教育大众化并没有从根本上改善长期计划体制下的高校专业结构，大学的专业及课程设置缺乏科学的需求预测和规划，导致专业趋同现象十分严重，专业人才的产出与岗位需求不成比例。法学专业造成供大于求。不少学校课程设计划分过细，培养出的法科毕业生知识面过窄，学习能力和适应能力较差。设置过细，怎么调整也难以跟上市场化的步伐，在经济持续增长过程中，一些新行业会不断涌现，而一些企业却招不到他们所需要的理论知识扎实、动手能力强的应届法学本科毕业生。

我国是发展中国家，在发展高新技术产业的同时，应大力发展劳动密集型的制造业。因此社会对中、高级技工人才有着巨大的需求量，而与此相对应的却是高级技工人才的严重短缺。在高等学校法学教育大众化的背景下，我国高校还是按照传统的精英教育模式，培养的多为理论型人才。众多毕业生在就业市场上屡屡碰壁后感言：学校教的是一套，而现实需要的又是另一套。据调查，一些用人单位经过挑选和试用，认为基本合格与适用的人才仅占各类院校毕业生总数的2%或3%。国内某知名网站一项最新在线调查显示，1500多名被调查者中，认为是教育体制不适应社会需求的人占55%，只有10%的人认为是人才过剩或法学本科毕业生眼高手低造成法学本科毕业生就业难。

4. 户籍、社会保障制度的不完善阻碍了法学本科毕业生的自由流动和自主择业

在市场经济中,劳动力作为一种生产要素,要得到利用,就必须能够自由流动。目前我国正处于由市场经济转轨时期,劳动力市场总体上说还处于发育过程中,全国统一、开放、竞争、有序的劳动力市场尚未形成,户口是人们普遍关心的问题,也是影响法学本科毕业生就业的一个重要因素,用人单位在招聘法学本科毕业生的过程中,并不是很重视户口的作用,但对应届毕业生来说仍然十分重要,户籍制度在法学本科毕业生就业制度中,联系最密切的生源关系到指标控制管理,就业方案管理等一系列就业管理的内容,直接关系到毕业生就业的地区选择。目前我国虽然走的是市场经济道路,但行政上仍沿用计划经济时代的较为严格的户籍管理制度,福利和社会保险又是与户口紧密地联系在一起的,这种制度直接影响到法学本科毕业生的就业选择,会导致法学本科毕业生在找工作时,不得不考虑到户口和档案,有时甚至由于户口和档案的限制不得不放弃一些工作。同时,有的企业在招聘时也会明确指出本地户口毕业生优先,甚至仅招收本地生源的毕业生。由此可以看出,户籍制度和社会保障制度改革的相对滞后极大地阻碍了法学本科毕业生的自由流动,限制了部分法学本科毕业生的就业选择。

5. 中小企业的发展相对缓慢不能吸引法学本科毕业生就业

世界各国的中小企业历来是吸纳劳动力的主力。我国无论从每千人中小企业数量方面,还是从劳动力在中小企业中就业的比例来看,都与发达国家相差甚远。目前我国已注册的中小企业尤其是非公有制中小企业,在发展环境上还面临着不少困难和障碍,例如,工商对企业经营限制过多、税费负担太重、融资难、贷款难等,都在一定程度上抑制了中小企业的生存和发展,从而影响其吸纳法学本科毕业生的能力。另外,中小企业本身制度建设也相对较慢,制度到位率远远低于国有企业和外资企业,具体表现为:员工的工资和福利由雇主确定,刚毕业的法学本科毕业生因无任何经历和资本,工资待遇与福利保险相对较低且不稳定,毫无安全感可言。因此,中小企业因为稳定度太差而不能大面积地吸引法学本科毕业生就业,一些法学本科毕业生对中小企业只能敬而远之。我国目前最大的市场是中小企业,我们恰恰缺少的也是为中小企业服务的高等学校法学教育,这样就造成了中小企业找不到合适技术人才。尽管我国已采取了一定的优惠政策,但愿意去基层、中小企业及相对穷贫艰苦而又急需人才的西部地区的法学本科毕业生却也是凤毛麟角,出现了"就业难"与"招聘难"共存的尴尬。这样,市场需求与高等学校法学教育供给的错位直接导致部分法学本科毕业生就业难问题。

(二)法学本科毕业生的就业观念和自身素质不适合社会的需要

1. 法学本科毕业生就业观与企事业单位用人观的背离

经济学中,当一种经济资源越稀缺时,其边际效用也就越大,其在经济交易过程中的讨价还价能力也就越强。随着我国高等学校法学教育的迅速发展,法学本科毕业生急剧增加,法学本科毕业生的稀缺性在不断消失。在大学教育由精英教育向大众教育转变的过程中,部分法学本科毕业生似乎并未意识到这一点,过高地估计了自己,就业期望值偏高,进而导致他们在找工作时,只愿意去经济发达的大中城市,期望做白领,拿高工资,不愿意去相对落后的西部地区,不愿意踏踏实实地从基层做起,对工作挑挑拣拣,过度选择。

而与法学本科毕业生就业观形成鲜明对比的是企事业单位的用人观。在我国,作为市场经济主体的企业仍是吸纳法学本科毕业生的主力军。企业追求的是利润的最大化。企业在雇用法学本科毕业生时也是考虑其是否能给自己带来利润。对于初涉社会的动手能力相对较差的法学本科毕业生来说,刚到企业时很难给企业带来较好的经济收益,甚至完全不能带来收益。在这一段时间内,企业显然是不愿意支付较高的工资,更何况若法学本科毕业生在此工作一段时间、积累一定经验后,再跳槽到其他单位,这样,企业不仅白白支付一部分成本,而且还成了另一家企业的培训机构,岂不是"赔了夫人又折兵"?所以面对部分毕业法学本科毕业生应聘时的薪金要求时,企业有时也感到无奈。据统计,有67%的企业认为现在法学本科毕业生的工资要求过高。

2. 法学本科毕业生的自身素质不适合社会的需要

首先,法学本科毕业生较高的"跳槽率"。面对如此激烈的竞争,许多人提出"先就业后择业","先生存后发展"的建议,虽然可以在短期内摆脱就业难的困境,但这并不一定是一个很好的办法。对于用人单位而言,为员工付出高额成本后,却因其流失而得不到回报,甚至会造成损失。而对于个人,不仅增加了职业探索期和个人成本及风险,还会对其信用带来危害。所以有的用人单位做出"拒绝接收应届毕业生"的决定,其实也是规避风险的无奈之举。

其次,法学本科毕业生普遍缺乏社会阅历和工作经验。为了减少对员工的培训费用及较长的磨合期,实现企业利润的最大化,用人单位常常需要有一定经验的人来满足其需求。可是对于整日在学校里读书的法学本科毕业生来说,实践经验正是他们所缺乏的,于是许多应届毕业生被自己心仪的单位拒之门外。

最后,一定数量的法学本科毕业生自身综合素质不高,是影响就业率的内因。随着高校的扩招,法学本科毕业生数量增加,一些高校在硬件设施和师资力量等方面跟不上高校扩招速度,造成学校教育质量的下滑;长期的应试教育,造成学生学习缺乏主动性,那种"一切为了高考"的思想根深蒂固。上了大学以后,就认为该松一口气了,结果这口气松的时间太长了,有的甚至等到临近毕业才发现,原来自己大学期间什么都没有学到。

3. 制度经济学认为,在制度变迁的过程中存在着"路径依赖"

"路径依赖"是由诺斯在分析不同国家制度变迁途径时提出的,是指一个国家长期形成并习惯的某种特殊发展轨迹对制度变迁的惯性影响,即无论该轨迹好坏,都有一种沿着该轨迹继续发展下去的"惯性"。当代法学本科毕业生及其家长,一是受传统的计划经济时代"上大学就一定有工作"就业观的影响,随着经济体制由计划经济向市场经济体制转轨,经济迅速发展,大学入学率逐年提高,"进校难"的问题逐年得到缓解,"就业难"的问题却日渐凸显。法学本科毕业生的就业观念并未随之转变过来,似乎还未习惯自己找工作的处境。于是,坐等吃"皇粮"的一批法学本科毕业生面对自己未来的工作去向时只有茫然不知所措。二是法学本科毕业生缴费上学的巨额投资急切渴望回报。目前高校收费制度也对法学本科毕业生这一择业观产生一定的影响。享受过高等学校法学教育的人和未享受过高等学校法学教育的人在劳动市场上的境遇是不同的,其预期的个人收入和社会地位也是不同的,根据"谁受益,谁分担"的公平原则,对这一阶段的教育(非义务教育)适当的收费是符合经济学原理的。但是,高校的收费在一定程度上会导致毕业生顾及回报率问题。大学实行缴费上学后,不说东部,就在西部上学,一个法学本科毕业生每年的投资也将近万元,去基层,几百元的工资,投入何时收回?不符合投入产出的经济规律。于是就导致他们过分地追求高薪,要留在大城市,希望找到一个效益好的单位或岗位;渴望高薪、高待遇,就成为多数法学本科毕业生的必然选择;同时由于高学历就业竞争相对较弱,促使部分法学本科毕业生不愿就业而等待升学。刚毕业的法学本科毕业生由于能力和经验等因素其竞争力不强,同时新一代法学本科毕业生是改革开放后富裕环境里成长起来的"90后",这使他们以自我为中心,许多人独立能力弱,合作精神也不强,对自己不了解,不能给自己正确定位,大学学习也是盲目的,只注重书本知识的学习,忽视实践能力、社会能力的培养,同时责任心、事业心不强。自然就缺乏竞争力。上述种种原因,共同造成了当前法学本科毕业生就业难的局面。

(三)法学本科毕业生的就业服务体系不完善,就业渠道亟待疏通

从社会外部分析,一是我国人事制度改革相对滞后,法学本科毕业生就业渠道不畅。很多地方对于录用法学本科毕业生有户口、用人指标的限制,有的还有干部身份的要求。民营企业、外企不能根据需要招聘法学本科毕业生,企业的用人自主权没有到位。高校毕业生还经常面临出地区、出系统收费的阻碍。二是高校毕业生就业市场不成熟。一些大型毕业生招聘会的组织者以赚钱赢利为目的,发布不符合实际的虚假广告。组织部门对参展单位不严格审查,招聘会环境混乱,学生交钱买票参加这种招聘会后往往没有收效,反而有种上当受骗的感觉。三是很多单位用人观念脱离实际。盲目要求高学历、名牌大学,要求有实际工作经验。甚至拒绝接收非名牌法学本科毕业生、专科生、女生和应届毕业生。有的还在招人时拒绝外地学生,只招本省、本市的学生。

从高校内部分析,高校毕业生就业市场还不成熟,就业渠道不畅,也是造成就业难的重要原因之一。法学本科毕业生就业工作社会化、市场化、信息化与现行的工作模式存在矛盾。法学本科毕业生就业信息和单位主要依靠高校、人事、劳动部门分别举办的各类招聘会和他们收集来的人才需求信息来引导就业。随着毕业生人数的不断增长,这一工作模式已面临较大的压力。加上这些部门相互沟通不够,不能充分发挥已有的资源的作用。由学校及人才市场举办招聘会等方式获得信息,渠道比较窄,成功率比较低。就业指导是从20世纪90年代初开始提出并推广的,迄今,无论是从机构设置,职能的发展,职业化和专业化的队伍建设还是工作场地与经费乃至职业开发方面都处于起步阶段,远未发育成熟。存在就业指导渠道过于单一,有专业性的高素质的就业指导教师太少,缺少就业指导课程教材。尽管各校基本上按上级要求成立了毕业生就业指导中心,但由于定位不准、任务不明,大部分就业指导中心没有把毕业生就业指导工作与学校的发展联系起来。不主动开拓市场,始终认为法学本科毕业生不包分配,找工作是学生自己的事,与学校关系不大。此外,随着信息时代的到来,网上求职就业已深受法学本科毕业生的欢迎,但网络资源开发的利用还严重滞后,加上网络监管不力,影响其可信度;也造成这一新的方式不能充分发挥作用。这就要求政府来调控、整合,以实现资源最大效益。